清华社科文库

数字时代的
安全竞争与国际秩序

Security Competition
and International Order
in the Digital Age

孙学峰　李　彬◎主编

清华大学出版社
北京

内容简介

21世纪以来，以数字技术为代表的新兴技术正加速推动人类社会进入数字时代。在这一时代背景下，透视数字时代初期国际关系的变化和趋势成为学界关注的前沿领域。清华大学国际关系研究院2020年成立了相关课题组，围绕数字时代初期的国际/地区秩序、国际安全竞争以及对外战略选择等方向展开攻关和研究，本书是课题组过去三年主要研究成果的集中体现，旨在深化数字技术发展影响国际关系的理论认识，推动数字时代国际关系学科的持续发展。

版权所有，侵权必究。举报：010-62782989，beiqinquan@tup.tsinghua.edu.cn。

图书在版编目（CIP）数据

数字时代的安全竞争与国际秩序 / 孙学峰，李彬主编. —北京：清华大学出版社，2023.10
（清华社科文库）
ISBN 978-7-302-64558-0

Ⅰ.①数…　Ⅱ.①孙…②李…　Ⅲ.①数字技术—影响—国际关系—研究　Ⅳ.①D81

中国国家版本馆CIP数据核字（2023）第183155号

责任编辑：商成果
封面设计：北京汉风唐韵文化发展有限公司
责任校对：薄军霞
责任印制：曹婉颖

出版发行：清华大学出版社
网　　址：https://www.tup.com.cn, https://www.wqxuetang.com
地　　址：北京清华大学学研大厦A座　　邮　编：100084
社 总 机：010-83470000　　邮　购：010-62786544
投稿与读者服务：010-62776969, c-service@tup.tsinghua.edu.cn
质量反馈：010-62772015, zhiliang@tup.tsinghua.edu.cn

印 装 者：天津鑫丰华印务有限公司
经　　销：全国新华书店
开　　本：165mm×235mm　　印　张：18.5　　字　数：283千字
版　　次：2023年11月第1版　　印　次：2023年11月第1次印刷
定　　价：89.00元

产品编号：099329-01

丛书编委会

主　任：彭凯平　欧阳沁
委　员：王天夫　赵可金　李　颖
　　　　孟天广　戎　珂　刘　嘉
　　　　杨雪冬　汤　珂　唐晓阳

序　言

自互联网问世以来，人类对于数字技术如何影响社会发展的认识在不断深入。最开始人们以为数字技术是通过信息推动社会变化，于是有了"信息高速公路"和"信息经济"的概念。之后，人们意识到数字技术的进步不仅加大了信息传播的速度而且提升了知识增长的速度，于是"知识爆炸"和"知识经济"的概念取代了"信息高速公路"和"信息经济"的概念。随着第五代移动通信技术（简称5G）的发展，人类活动进入高度依赖数字技术支撑的时期，"数据安全"和"数字经济"的概念又取代了"知识爆炸"和"知识经济"的概念。

上述有关数字时代概念的变化表明，人类对数字时代的认识是一个从主观猜想到接近客观实际的过程。因此，不断深化数字技术进步对国际政治影响的认知就成了国际关系重要的研究方向。近年来，我国国际关系领域的学者在这方面的研究取得了一些前沿性的成果，《数字时代的安全竞争与国际秩序》就是典型代表。这本书的研究成果有两个突出的特点。

一是研究结论建立在实证的基础上。以往许多关于数字时代的研究都是从数字技术的功能演绎推理出数字技术进步对人类社会的影响，这有点类似科幻电影的思维方式。然而，后来发生的事实否定了这种思维方式得出的许多结论。与此相反，本书中的研究结论都是建立在已经发生的客观事实基础上，是归纳而成的结论。虽然归纳性结论也有被未来历史否定的可能，但至少符合当下的客观现实，在数字技术没有取得新的重大突破之前，其结论被客观世界否定的可能性较小。

二是研究成果体现出研究方法的科学性。清华大学国际关系专业的学术特点之一是注重研究方法的科学性。本书各章的作者均为清华大学国际关系学系的教师或博士生,都接受过科学研究方法的训练,因此他们的研究成果充分体现了其在研究方法上的科学素养。

数字时代的大国竞争与以往几千年的大国竞争有一个重大区别,就是竞争的空间从物理空间向网络空间延伸。物理空间与网络空间的一个重大区别在于前者的范围是有限的而后者是无限的。例如,物理空间的自然资源是有限的,而网络空间的数据资源则是无限的;物理空间的大国竞争受到自然地理状况的极大影响,而网络空间的竞争则不受自然地理因素的影响。

两种空间的性质差别,促成了数字战略思维和地缘战略思维的不同,两种思维的融合直接影响着大国决策者们的战略选择,大国竞争的行为也随之发生了一些改变。例如,数字技术已经被广泛地运用于军事冲突之中,乌克兰借助北约的网络空间优势使得俄罗斯仅凭借其在物理空间上的军事优势无法获得战争的主导权;大国的发展战略向数字经济发展倾斜,中国、美国、日本、俄罗斯等国和欧盟都已制定了数字发展战略;中美战略竞争的核心聚焦于数字技术领域,使得当下的国际秩序不同于冷战时期。

"数字时代"有可能是与畜牧业时代、农业时代、工业时代属于同一层级的时代概念。倘若如此,数字时代将可能是以世纪为时间单位的历史时期,这意味着当前人类对于数字时代国际关系的研究尚处于初始阶段,有广阔的未知领域在等待着我们去探索。核武器出现于20世纪40年代,20多年后国际关系学界才意识到核武器是一种"终极武器",具有防止世界大战的政治功能。数字技术的进步将推动国际政治走向进步还是走向倒退?目前尚无定论。

以往30多年的历史表明,数字技术的进步曾与冷战后前20年的全球化并行,而5G技术的出现和应用则与2016年开始的逆全球化并行。数字技术的进步与国际政治的走向是什么关系?这是学界须进一步研究的重大问题。具体而言,数字技术进步对国际政治发展方向的影响是技术本身决定的,还是由数字技术与其他因素结合决定的?数字技术推动国际政治进步的条件是什么?其推动国际政治倒退的原因是什么?如何才能让数字技术进步服务于人类?如何防范其发展可能导致人类毁灭的风险?这些问题不仅具有重要的学术意义，也有重大的社会意义。

我相信，《数字时代的安全竞争与国际秩序》的出版必将增加读者对数字技术影响国际政治的新认识，也将会促进国际关系领域更多的学者加入到这一领域的研究中来。

阎学通

2022 年 9 月

前 言

21世纪以来，以数字技术为代表的新兴技术正加速推动人类社会进入数字时代。在进入数字时代的过程中，数字技术的不断创新与发展为国家提升综合国力、维护安全稳定以及拓展国际影响力开辟了全新路径，同时也带来了不同以往的挑战与竞争。为此，不少国家（特别是大国）开始努力适应数字时代的安全竞争，与之相伴的则是相关国际规范/制度面临转型压力，国际/地区秩序的变迁与延续也由此成为国际关系学界更加关注的关键问题。为了更好地把握数字时代国际关系的变化和延续性，在阎学通老师的推动下，清华大学国际关系研究院从2018年开始关注"数字时代的国际关系"这一新兴课题，并于2020年成立了相关课题组，围绕数字时代初期的国际/地区秩序、国际安全竞争和对外战略选择等方向展开攻关和研究，本书即为课题组过去三年主要研究成果的集中体现。

阎学通发现，在数字时代初期，数字经济在大国国内生产总值中所占的比重大幅上升，网络安全正在成为主要大国国家安全的核心，网络空间竞争的重要性超越了传统地缘竞争。数字技术竞争由此成为中美战略竞争的核心，这与美苏冷战集中于意识形态的对抗有着明显区别。在这一过程中，冷战思维和数字思维将对数字时代的外交决策产生混合影响，进而塑造形成以和平但不安定为核心特征的国际秩序。在这一秩序下，大国之间难以爆发直接战争，但全球化和全球治理将面临更大困难，主要表现包括国家违反协议、相互欺骗、网络攻击以及技术脱钩等。

刘晓龙和李彬则以信息和通信技术为例，集中分析了技术标准与大国竞争之间的关系。传统观点认为,一国的技术优势可以通过国际技术标准不断扩大,美国等西方国家也以此作为散布"中国威胁论"的理由。不过,刘晓龙和李彬发现,技术标准领域的竞争中,"赢者通吃"的说法并不能成立,以技术标准为基础的技术与贸易优势具有暂时性和周期性,单纯依靠某项技术标准根本无法长期获取垄断利益。国家之间的竞争可能导致不同国际技术标准在特定时间内并存,从而导致不同的技术圈子和技术壁垒;技术标准竞争也可能会带来一定的政治利益,政府因此愿意介入国际技术标准竞争。但是,政府的介入无法挽救过时的技术标准,也无法长期实现垄断利益。因此,中国企业参与国际技术标准的建设是正常现象,西方据此鼓吹"中国威胁论"并无依据。

地区安全秩序是相应区域内国家维持本国安全和地区稳定的互动模式。进入21世纪以来,东亚安全秩序逐渐呈现出以战略对冲为核心特征的互动模式,即地区内的国家通过有上限的竞争和有底线的合作维护自身安全和地区稳定。孙学峰的研究发现,尽管美国全面打压甚至遏制中国数字技术发展给东亚安全秩序带来了冲击,但中国和其他东亚安全体系内的国家在政策选择上并未脱离既有的安全战略模式。在进入数字时代的过程中,东亚安全秩序展现出较强的延续性,其主要原因有两个方面:一是东亚安全秩序的形成基础并未弱化甚至有所巩固和强化;二是数字技术竞争背景下美国的战略选择和实力特点,使得东亚安全体系内的国家深化与美国的数字合作面临更大的不确定性,从而进一步强化了其维持既有战略模式的倾向。

军用人工智能近年来成为国际安全领域备受关注的核心议题。李彬的论文分析了军事活动中人工智能的角色及其应用原则。研究表明,在军事活动中机器有时可能会参与判断和决策,从而带来误导或擅权违法,而人工智能军事应用的迅速发展则增加了军事活动违反国际法的风险。从国际法合规的角度出发,李彬建议,在军用人工智能设计和训练的早期,应将国际法中的相称性原则、区分原则、比例原则转化为操作化的逻辑与算法,输入或者培训人工智能程序。此外,军事指挥官对军用人工智能所作判断和决策的审核也有利于减少相关军事活动违法的风险。

部分安全专家和决策者认为人工智能军事应用中的先行者优势显著且持久。这一认知虽缺乏理论和实际证据的支撑,却可能导致人工智能军事应用的国际竞争日趋激烈。罗易煊和李彬按照先行者优势传递的逻辑建立了分析框架,进而对人工智能军事应用的先行者优势进行了理论分析。研究发现,先行者在人工智能军事应用的不同领域中确实具有优势,但优势持续时间均较为有限,并未呈现"赢者通吃"的趋势。因此,人工智能军事应用的竞争在不同领域虽烈度不同,但都难以一锤定音,而对先行者优势的客观评估有利于逐渐形成对军用人工智能国际竞争的有效管控。

近年来,越来越多的国家加入了采购、研发和装备军用无人机的行列之中,特别是在中东地区军用无人机不仅实际投入使用的次数最多,其种类和应用场景也十分丰富。目前有关无人机使用及其可能带来的安全影响的讨论和预测层出不穷,但大多数缺乏基于现实案例的比较研究,同时在理论层面也缺乏系统的探索和归纳。根据对抗阶段和空中优势归属,佘纲正和罗天宇将军用无人机的使用划分为四种类型。研究发现,在无人机系统所受威胁程度和无人机行动造成人员伤亡问题上,不同类型的应用会产生明显差异,进而塑造攻(使用方)防(目标方)双方应用无人机的选择偏好。尽管四类应用中攻防双方的动机与行为有所区别,但总体看来,军用无人机对国际/地区安全的影响却相对一致,即使用军用无人机会增加军事冲突的频次,但难以提升军事冲突的烈度。

随着互联网日益普及和数字技术的发展,网络胁迫逐渐增加。就网络胁迫能否成功,既有研究提出了两类解释:一是强调网络武器的特性(溯源难、易扩散以及无法直接造成人员伤亡)限制了胁迫效果;二是认为针对同一目标反复发动网络攻击会造成巨额经济损失,从而有助于实现胁迫目标。不过,刘子夜认为,前者无法解释胁迫成功的关键案例,后者则缺乏事实检验和支撑。为此,作者提出了新的解释思路,认为能够损害决策者个人利益的网络胁迫更可能成功,其核心逻辑是搜集相关决策者的丑闻并以之相威胁,决策者会出于保全个人利益而非集体利益的目的作出妥协,从而提升了网络胁迫成功的可能性。研究表明,这一发现同时适用于国家和非国家行为体,从而在一定程度上深化和拓展了国际关系中的胁迫理论。

数字技术竞争是中美战略竞争的核心领域。为维持和扩大数字技术优势,近年来美国采取了多种措施打压中国企业的技术能力和全球影响。不过,在这一过程中，美国的盟国对中国数字技术的态度呈现出较为明显的差异。融合国内和国际政治因素，孙学峰和张希坤提出了解释美国盟国华为 5G 政策的分析框架和逻辑机制。研究发现，是否认为中美威胁其政权安全是首要的影响因素。如果美国的盟国认为美国对其政权安全构成威胁，这些国家将接受华为 5G；一旦美国的盟国形成中国威胁其政权安全的认知，相关盟国会禁止华为 5G。对于未感受到美国或中国威胁其政权安全的美国盟国，对华为 5G 的政策主要取决于其对中美国际秩序取向的态度。具体而言，不认可美国国际秩序取向或者对中美国际秩序取向持中性立场的美国盟国将接受华为 5G，而不认可中国国际秩序取向的美国盟国会委婉禁止华为 5G（即政府未明确禁止但电信运营商并未选用）。这些发现揭示了美国打压中国数字技术的全球影响及其作用条件和机制，一定程度上深化了数字时代大国战略竞争的理论认识。

陈根锋和孙学峰专门研究了美国的盟国对中国智能监控技术的政策选择。研究发现，有关中国对其政权安全影响的认知是造成美国盟国政策差异的核心因素。具体而言，认为中国的政策和行动不利于其政权安全的国家更可能采取限制使用政策；认为中国的支持和合作有助于其维护政权稳定的国家则更可能采取欢迎使用的政策；认为中国的政策和行动对其政权安全没有实质影响的国家将更可能采取默许使用的政策。

衷心感谢清华大学出版社商成果编辑在本书出版过程中专业及时的指导和帮助！感谢清华大学国际关系学系 2022 级博士生陈根锋和 2021 级硕士生蔡子慕两位同学在体例编校过程中的辛苦付出！书中的章节此前曾以论文形式发表，收入本书时作者进行了小幅订正。在此十分感谢《当代亚太》《国际安全研究》《国际政治科学》《世界经济与政治》以及《战略态势观察》等期刊或辑刊的版权许可。本书的研究和出版得到了清华大学自主科研计划（项目号：2021THZWJC36）和"清华社科文库"丛书出版项目的资助，在此深表感谢！还要特别感谢新加坡国立大学亚洲研究所（Asian Research Institute）蒂姆·邦内尔（Tim Bunnell）教授和岛津直子（Naoko Shimazu）教授对孙学峰的支持和帮助。

孙学峰

2022 年 9 月

目 录

第一章　数字时代初期的国际秩序..................................阎学通 / 1

第二章　国际技术标准与大国竞争
　　　　——以信息和通信技术为例............刘晓龙　李　彬 / 32

第三章　数字技术竞争与东亚安全秩序........................孙学峰 / 52

第四章　军事活动中机器的角色与国际法的合规........李　彬 / 83

第五章　军用人工智能竞争中的
　　　　先行者优势...罗易煊　李　彬 / 99

第六章　军用无人机的使用偏好及
　　　　安全影响...佘纲正　罗天宇 / 132

第七章　论网络胁迫成功的条件....................................刘子夜 / 175

第八章　美国盟国华为 5G 政策的
　　　　政治逻辑...孙学峰　张希坤 / 209

第九章　美国盟国对中国智能监控技术的
　　　　政策选择...陈根锋　孙学峰 / 243

索引..279

第一章
数字时代初期的国际秩序[*]

阎学通

在 2019 年 9 月 24 日开幕的第 74 届联合国大会上,联合国秘书长[①]安东尼奥·古特雷斯(Antonio Guterres)在开幕词中说:"世界有碎片化的危险:世界一分为二,地球上两个最大的经济体创造了两个相互独立并且相互竞争的世界,每个世界都有各自的主导货币、贸易和金融规则,拥有各自的互联网和人工智能技术,以及各自具有零和性的地缘政治和军事战略。"[②]作为现任联合国秘书长,古特雷斯的讲话证实了一种目前普遍流行的看法,即中美战略竞争主导的世界正在形成。然而,中美竞争将会形成一种不同于冷战时期的国际秩序,因为当下两国进行的主要是数字竞争,不同于冷战时期的意识形态扩张为主的竞争。本章通过分析新秩序与冷战秩序的区别来分析新秩序的特点。

---

[*] 本章译自 Xuetong Yan, "Bipolar Rivalry in the Early Digital Age," *The Chinese Journal of International Politics*, Vol. 13, No. 3, 2020, pp.313-341。中文版首发于《国际政治科学》2021 年第 1 期,原文标题《数字时代的中美竞争》。
[①] 本书中国际组织、政府机构中官员的职位,均为文章发表时的任职职位,后同。
[②] In "World of Disquiet," UN Must Deliver for the People, Guterres Tells General Assembly, September 24, 2019, https://news.un.org/en/story/2019/09/1047172,访问时间:2019 年 12 月 29 日。

一、是不是新冷战？

有关中美之间将会爆发新冷战的预言已经流行了很多年。2014 年 2 月 21 日，英国《金融时报》发表了一篇题为《美国 vs 中国：这是新冷战吗？》的文章，记者杰夫·戴尔（Geoff Dyer）根据他的观察表示，五角大楼的"海空一体战"概念"主要针对的就是中国"，然而"迄今为止，即使将公开的证据推向极端，也难以表明这些做法就是新冷战的宣言"[1]。一年之后，中国现代国际关系研究院美国研究中心主任达巍认为，中美关系恶化演变成新冷战的可能性在逐渐增大。这位来自中国最大的官方国际关系研究机构的学者强调，"新冷战是指，（中美）经济、社会联系都存在，但是政治上、战略上敌对"[2]。其实，自奥巴马政府于 2010 年实施"重返亚太"战略以来，就有越来越多的中国学者预测中美竞争将会走向一场新冷战。[3]

自 2017 年特朗普政府发布第一份《国家安全战略报告》后，越来越多的人认为中美冷战不可避免。这份文件将中国定义为美国的主要挑战者，并判定美国面临的主要战略问题是大国地缘政治竞争，而非恐怖主义。[4] 2018 年 10 月，时任美国副总统迈克·彭斯（Mike Pence）在哈德逊研究所发表演讲，这一演讲的内容进一步强化了人们有关冷战即将来临的信念。他说，"北京违反国际规范的行为违背了美国利益"。[5] 从中国南海领土争端到所谓的中国干涉美国选举，他都批评中国。他那充满敌意的论调让人们回忆起美国过

---

[1] Geoff Dyer, "US vs China: Is This the New Cold War?" *Financial Times*, February 20, 2014, https://www.douban.com/group/topic/49391156/，访问时间：2019 年 12 月 29 日。

[2] 人民网：《达巍：中美或滑向"新冷战"需建立长期稳定框架》，2015 年 6 月 6 日，http://world.people.com.cn/n/2015/0606/c1002-27113810.html，访问时间：2019 年 12 月 29 日。

[3] Minghao Zhao, "Is a New Cold War Inevitable? Chinese Perspective on US-China Strategic Competition," *Chinese Journal of International Politics*, Vol. 12, No. 3, 2019, pp.373-374.

[4] "A New National Security Strategy for a New Era," The White House, December 18, 2017, https://www.whitehouse.gov/articles/new-national-security-strategy-new-era/，访问时间：2019 年 12 月 29 日。

[5] Alex Ward, "Pence Says US 'Will not Back Down' from China's Aggression in Fiery Speech," October 4, 2018, https://www.vox.com/2018/10/4/17936514/pence-china-speech-text-hudson，访问时间：2019 年 12 月 29 日。

去批评苏联时的做法。美国的中国问题专家葛来仪（Bonnie Glaser）认为："这是特朗普政府版的'邪恶帝国'论。""在我看来，这就是故意对抗。"①

彭斯的演讲内容非常明确，因此很多人将其视为中美新冷战的重要标志。美国对外政策专家查尔斯·埃德尔（Charles Edel）和哈尔·布兰德斯（Hal Brands）在解释新冷战为何不可避免时表示："随着北京和华盛顿之间的紧张关系加剧，人们开始担心中国和美国正在进入一个新冷战——又一个可能持续数十年的国际体系重塑之战。"② 2019年9月，美国前驻华大使鲍卡斯（Max Baucus）说："我认为我们正处在某种冷战之中，它比上一次冷战更为险恶……上一次的冷战相对简单，因为上次MAD③，也就是相互确保摧毁战略，造成某种透明性。而这次的冷战要困难得多，问题也广泛得多。"④

然而，包括笔者在内的一些人（主要是学者）不同意新冷战即将来临的观点。这派学者强调，虽然中苏两国在意识形态上都信仰共产主义，但中国和苏联之间有很大差异。在美国公布2017年《国家安全战略报告》后不久，笔者曾在一篇文章中提出，"尽管美国对华新政策势必对国际政治产生强烈冲击，但它并不意味着冷战必将到来。中美竞争与冷战时期的美苏竞争相比，两者有三个重大区别"。⑤ 耶鲁大学教授、《冷战：世界历史》的作者文安立（Arne Westad）也持相似看法。他认为："正是这些差异，即苏联当年的行

---

① Alex Ward, "Pence Says US 'Will not Back Down' from China's Aggression in Fiery Speech," October 4, 2018, https://www.vox.com/2018/10/4/17936514/pence-china-speech-text-hudson, 访问时间：2019年12月29日。
② Charles Edel and Hal Brands, "The Real Origins of the US-China Cold War," *Foreign Policy*, June 2, 2019, https://foreignpolicy.com/2019/06/02/the-real-origins-of-the-u-s-china-cold-war-big-think-communism/, 访问时间：2019年12月29日。
③ MAD, Mutually Assured Destruction, 相互确保毁灭原则，也称共同毁灭原则。基本思路是在一方使用全面性核武器攻击时使用同等或更强力量反击，以确保攻击者和防御者共同毁灭，借由此双方维持一种紧张的和平。
④ Finbarr Bermingham and Wendy Wu, "China and US in New 'Cold War' that is 'More Difficult' than Soviet-era, Says Former US Ambassador to China," *South China Morning Post*, September 21, 2019, https://www.scmp.com/economy/china-economy/article/3029735/china-and-us-new-cold-war-more-difficult-soviet-era-says，访问时间：2021年12月19日。
⑤ Xuetong Yan, "Trump Can't Start a Cold War with China, Even If He Wants to," *The Washington Post*, February 7, 2018, https://www.washingtonpost.com/news/theworldpost/wp/2018/02/06/china-trump/, 访问时间：2019年12月29日。

为根源与现在中国行为根源的差异,将避免世界陷入另一场冷战。"[①] 格里高利·米特洛维奇（Gregory Mitrovich）是哥伦比亚大学的研究学者、《暗击克里姆林：美国颠覆苏联集团的战略，1947—1956》一书的作者，他认为："我们并不处在一个针对中国的全球性冷战之中，我们也没有（面临）像柏林危机或者古巴危机那种可能升级成第三次世界大战的风险。"[②]

"新冷战即将到来"的观点在2018年曾非常流行，到了2019年年底这种舆论开始弱化。虽然中美贸易摩擦于2018年3月爆发，并在2019年升级成为技术脱钩和金融冲突，但在这场冲突中，两国间的战略竞争更多地表现为国家利益的竞争，弱化了意识形态的直接对抗。尽管在过去5年多的时间里人们不断地预言新冷战将爆发，但新冷战并未如预期那样发生。人们开始逐渐相信，正在形成新秩序的世界并不必然导致冷战来临，但是有关这种新国际秩序的具体特征及其形成原因的讨论并不多。笔者试图通过以下几个部分描绘这种新秩序的总体特征，并解释其形成的原因。

二、分析数字影响的方法

从研究方法上来讲，我们需要掌握冷战时期和当今这两个时期共有的战略因素，否则就难以避免误将两个时期的共有因素视为导致这两个时期重大差别的原因。厘清共同战略因素有助于我们理解它们对这两个时期国际政治的相似影响。这些相似性的影响误导了人们以为新冷战即将来临。

两极格局、核武器，以及共产主义与资本主义之间的意识形态冲突是塑造冷战特性的三大战略因素。美苏两极格局促使两国争夺全球主导地位，并迫使其他国家分别与美国或苏联结盟。核武器防止了核国家之间的直接战争，但并不能阻止它们之间的代理人战争。意识形态冲突使得不同意识形态的政党都将对方视为邪恶势力，把消灭对方视作最高目的。

如今，中美竞争已经取代美苏两极争霸。此外，核扩散使得更多的国家

[①] Odd Arne Westad, "The Sources of Chinese Conduct: Are Washington and Beijing Fighting a New Cold War?" *Foreign Affairs*, Vol. 98, No. 5, 2019, p.87.
[②] Gregory Mitrovich, "A New Cold War? Not Quite: The U.S. Shouldn't Worry about a Cold War with China—Yet," *The Washington Post*, 21 March, 2019, https://www.washingtonpost.com/outlook/2019/03/21/new-cold-war-not-quite/, 访问时间：2019年12月29日。

第一章　数字时代初期的国际秩序

开始拥有了终极武器。中美在意识形态上的差异与美苏也相似。因此，由这三个因素建构的冷战思维会对冷战和当今两个历史时期的外交决策都有相似的影响。这三个因素的存在可以解释冷战和当今两个时期的相似性，但是解释不了这两个时期的差异性。

为了理解冷战时期国家行为与当今国家行为的差异，我们必须考察冷战时期不曾存在的新战略因素。新因素可能有很多，但其中最重要的两个因素是西方国家内部的意识形态冲突和数字技术的快速发展。因此，本章将着重探讨国内意识形态冲突是如何降低意识形态对外交决策影响的，以及数字技术进步是如何塑造起数字思维并影响数字时代的外交决策的。

基于上述观察，本章提出三个假设：第一，当人们普遍认为意识形态或政治制度与经济增长和国家安全无关时，决策者们在决策时将较少关注意识形态；第二，随着以互联网为基础的数字技术不断进步，数字经济和网络安全分别成为国家财富和安全的最主要方面，于是技术优势，主要是数字技术优势，将成为新格局下两个超级大国战略竞争的核心领域；第三，只要冷战一代仍然掌握着国家权力，冷战思维和数字思维就会对数字时代的外交决策产生混合影响。由于外交政策同时受到这两种思维的影响，因此国家间的互动将会塑造出一种新的国际秩序，笔者称之为"不安的和平"[①]。影响对外政策制定和形成"不安的和平"国际秩序的因素见图1-1。

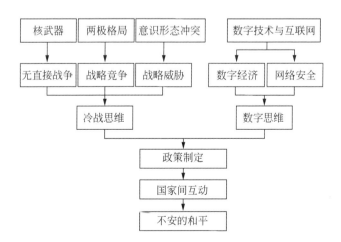

图1-1　影响对外政策制定和形成"不安的和平"国际秩序的因素

---

① Xuetong Yan, "The Age of Uneasy Peace," *Foreign Affairs*, Vol. 98, No. 1, 2019, pp.40-46.

在当今数字时代，国家对外决策同时受到冷战思维和数字思维的影响。冷战思维建立在意识形态的信念和偏见之上，而数字思维则是建立在对科技力量，特别是数字能力的信念之上。数字思维是指从网络安全和数字经济的角度看待和应对国际战略问题的方式。这种思维强调，在数字时代初期，网络空间对国家生存的战略意义比地球上的物理空间（陆地、海洋和空气）更为重要，而数字优势则会带来全球主导地位，这一地位建立在一个国家先进的数字经济和网络安全之上。

由于不同国家的数字能力存在较大差异，因此数字思维对不同国家的影响也有所不同。就数字化程度而言，国家可以分为高数字化国家和低联网国家。各国不同水平的数字能力将导致不同的数字政策。总之，本章旨在厘清新国际秩序的特征，并在此基础上讨论当今大国政策制定的共同特征及其与冷战时的差异。

虽然笔者将数字技术进步视为塑造新兴两极世界特征的一个关键因素，但假定技术进步只能改变国际政治的内容和形式，而不能改变其本质，权力竞争仍是国际政治的本质。例如，中美两国在5G移动通信标准上的竞争和美苏争夺意识形态影响力的竞争，两者均由获得国际主导权所驱动。

基于上述假定和假设，下面将阐述两极化、核武器和意识形态冲突的影响，最后讨论数字技术的发展。依据前文，本章将重点讨论以中美两国为代表的大国对外战略，因为中美两国的战略对于世界上绝大多数国家而言都是至关重要的。基于笔者对于数字时代下大国对外战略政策制定的理解，试图通过描述特征的方式，勾勒出新国际秩序的总体图景。在结论部分，笔者将不再对之前的各节进行总结，而是对我们所处的数字世界进行预测。

三、两极化、核武器和意识形态冲突的影响

冷战思维与两极格局、核武器以及意识形态冲突三个因素紧密相关，本部分将考察这些因素的现状和影响。尽管这些因素仍像冷战时期一样影响政策制定，但是它们（尤其是意识形态因素）对于政策制定的影响程度有所不同。与冷战期间相比，如今核武器的影响力因核扩散扩大了，两极格局的

影响力则基本持平，意识形态冲突的影响力开始大大减弱。由于意识形态冲突的影响力下降，因此由其驱动的对外政策不但变得过时而且缺乏效力。

第一，2019年是中美竞争格局形成的起点。所有的国际格局都是由大国之间的权力结构和战略关系所塑造的。目前的国际权力结构表明，中国和美国是世界上最强大的两个国家。2019年，美国军费支出超过7000亿美元，中国军费支出超过1700亿美元。与此同时，军费预算排名第三的国家——印度，其预算为609亿美元，不到美国的1/10，约为中国的36%。① 就在同一年，美国和中国的国内生产总值（GDP）分别超过21万亿美元和14万亿美元；而第三大经济体日本，其GDP只有5.2万亿美元，不到美国的四分之一，略多于中国的三分之一。② 就外交实力而言，美国和中国在正式外交关系国和驻外使领馆数量方面均排在世界前两名。③

就战略关系而言，几乎所有国家都面临着在中美两国之间选边的压力，许多国家的领导人都意识到了这一情况。2019年5月，新加坡总理李显龙（Lee Hsien Loong）在香格里拉对话上表达了他的担忧，他表示，像新加坡这样的小国不愿被迫在中美之间选边。④ 同年8月，法国总统埃马纽埃尔·马克龙（Emmanuel Macron）在年度大使会议演讲时强调："世界将围绕两个主要极点：美国和中国。我们将不得不在这两个国家间作出选择。"⑤ 他还提到："我们应该审视自己的战略，因为现在真正能够掌控局势的两个国家就是美国和中国，我们需要针对这一重大变化作出选择，在这场剧变中：我们是否已

---

① "The World's Biggest Defense Budgets in 2019," June 13, 2019, https://www.army-technology.com/features/biggest-military-budgets-world/，访问时间：2020年8月2日。
② "Projected GDP Ranking（2019–2024）," *Statistics Times*, November 13, 2019, http://statisticstimes.com/economy/projected-world-gdp-ranking.php，访问时间：2020年8月2日。
③ 张卉：《中国驻外使领馆总数超过美国成为全球第一》，《环球时报》，2020年1月8日，https://world.huanqiu.com/article/3wXBGaQfaWk，访问时间：2020年8月2日。
④ Weihua Chen, "US Should Stop Forcing Nations to Take Sides," *China Daily Global*, June 25, 2019, http://global.chinadaily.com.cn/a/201906/25/WS5d117315a3103dbf14329fe4.html，访问时间：2020年8月2日。
⑤ Emmanuel Macron, "Ambassadors' Conference-Speech by M. Emmanuel Macron, President of the Republic," August 27, 2019, https://lv.ambafrance.org/Ambassadors-conference-Speech-by-M-Emmanuel-Macron-President-of-the-Republic，访问时间：2020年8月2日。

经决定成为其中一方的小兄弟盟友，或者有时站在这边多一点，有时站在那边多一点，又或者我们决定参与这场博弈，发挥我们的影响力？"①

第二，核扩散进一步降低了有核国家之间发生直接战争的风险。自第二次世界大战结束以来，核武器阻止了所有有核国家之间的直接战争。印度和巴基斯坦从20世纪90年代初开始拥有核武器，此后两国的军事冲突从未升级到战争水平。最新的案例则是，2017年朝鲜核与导弹试验导致与美国之间的紧张局势升温，但最终并未升级为军事冲突，这表明即使拥有初级的核武器也可以防止有核国家之间的战争。

2017年4月5日，朝鲜试射了一枚中程弹道导弹，时任美国总统唐纳德·特朗普（Donald Trump）表示，美国准备采取单独行动以应对朝鲜的核威胁。② 4月9日，美国海军宣布将向朝鲜半岛派遣一支以卡尔·文森号航空母舰为首的海军战斗群。③ 4月18日，卡尔·文森号及其护卫舰队出现在距离朝鲜3500英里④外的印度洋上。⑤ 朝鲜于2017年9月3日进行了最后一次核试验，并且宣称其为热核武器（氢弹）。⑥ 此后，美国再未威胁过对朝鲜发动军事打击。2018年6月，美国总统特朗普和朝鲜领导人金正恩举行了两国的首次峰会，双方签署了关于朝鲜安全保障、建立新的和平关系以及朝鲜

---

① Emmanuel Macron, "Ambassadors' Conference-Speech by M. Emmanuel Macron, President of the Republic," August 27, 2019, https://lv.ambafrance.org/Ambassadors-conference-Speech-by-M-Emmanuel-Macron-President-of-the-Republic, 访问时间：2020年8月2日。
② "Trump Ready to 'Solve' North Korea Problem without China," April 3, 2017, https://www.bbc.com/news/world-us-canada-39475178, 访问时间：2020年8月2日。
③ "North Korea Missiles: US Warships Deployed to Korean Peninsula," April 9, 2017, https://www.bbc.com/news/world-asia-39542990, 访问时间：2020年8月2日。
④ 1英里≈1.609千米。
⑤ Christopher P. Cavas, "Nothing to See Here: US Carrier Still Thousands of Miles from Korea," *Defense News*, April 17, 2017, https://www.defensenews.com/naval/2017/04/17/nothing-to-see-here-us-carrier-still-thousands-of-miles-from-korea/, 访问时间：2020年8月2日。
⑥ Ted Kemp, "North Korea Hydrogen Bomb: Read the Full Announcement from Pyongyang," September 3, 2017, https://www.cnbc.com/2017/09/03/north-korea-hydrogen-bomb-read-the-full-announcement-from-pyongyang.html, 访问时间：2020年8月2日。

半岛无核化的联合声明。①

第三，意识形态对国际事务的影响远远弱于冷战时期。目前，世界上没有任何一种意识形态的流行程度能像冷战时美国倡导的自由主义和苏联倡导的共产主义那样流行。冷战结束后，自由主义成为全球的主导意识形态，但自2016年欧洲民粹主义和美国反建制主义兴起以来，自由主义的影响力急剧下降。这一趋势的两个标志性事件是英国脱欧和特朗普在2016年美国总统大选中获胜。②这两个事件之后，众多西方国家内部的意识形态冲突加剧。自2016年以来，右翼和民族主义政党在许多欧洲国家的议会中获得了大量席位，甚至成为意大利、法国、波兰和匈牙利议会的多数党。西方国家内部的意识形态冲突削弱了其以自由主义为导向的外交政策，从而极大地削弱了自由主义在全球的影响力。

中国的崛起使得过去美国主导的单极格局转变成中美竞争格局。然而，中国并未像冷战时期的苏联那样在国际上大力拓展意识形态。中国过去四十多年的成就是建立在以邓小平"猫论"为代表的实用主义基础之上，即"无论黑猫白猫，抓到老鼠就是好猫"③。这一论断使得中国政府能够根据国家需求变化而不是某种意识形态原则来调整策略。实用主义的性质使其难以成为一种全球性的政治意识形态。2017年12月，中国政府再次重申无意向其他国家输出政治制度。④

---

① "Joint Statement of President Donald J. Trump of the United States of America and Chairman Kim Jong Un of the Democratic People's Republic of Korea at the Singapore Summit," The White House, June 12, 2018, https://www.whitehouse.gov/briefings-statements/joint-statement-president-donald-j-trump-united-states-america-chairman-kim-jong-un-democratic-peoples-republic-korea-singapore-summit/，访问时间：2020年8月2日。

② Florence Schulz, "How Strong Is Right-Wing Populism after the European Elections?" Euractive, June 4, 2019, https://www.euractiv.com/section/eu-elections-2019/news/how-strong-is-right-wing-populism-after-the-european-elections/，访问时间：2020年8月2日。

③ Di Fan, "Reflecting on Deng Xiaoping's 'Cat Theory' of Economic Reform," The Epoch Times, October 18, 2016, https://www.theepochtimes.com/reflecting-on-deng-xiaopings-cat-theory-of-economic-reform_2173740.html，访问时间：2020年8月2日。

④ "President Xi Says China Will Not Export Its Political System," December 1, 2017, https://www.reuters.com/article/us-china-parties/president-xi-says-china-will-not-export-its-political-system-idUSKBN1DV4UM，访问时间：2020年8月2日。

尽管中国政府一再强调意识形态在国内治理中的重要性，但是在国际意识形态问题上保持谨慎，避免陷入争端。例如，自2018年时任美国副总统迈克·彭斯发表针对中国的新冷战演说以来，美国国会、国务院和五角大楼的负责人都主张应该在国际舞台上与中国进行意识形态对抗。① 面对美国的蓄意挑衅，中国政府沉着应对，只进行口头抗议。中国政府完全清楚，中国模式非常独特，故而并未像苏联那样在世界范围内推广其政治模式。乔治·华盛顿大学的教授阿米泰·埃齐奥尼（Amitai Etzioni）认为："有些人用描述苏联扩张主义的术语来描述中国，这种做法是错误的。中国曾一度推崇过扩张意识形态，但在几十年前就已经放弃了这种做法。中国并未侵占任何国家，尽管中国十分自豪于自己政治制度所取得的发展，但几乎没有迹象表明中国试图将这种政治制度强加给其他国家，更不用说世界了。"②

意识形态无法再像冷战时期那样成为战略合作的政治基础。熟悉冷战历史的人可能认为，意识形态在国际关系领域的作用下降只是源于自由主义的自然调整，它将随着中美战略竞争的加剧而恢复其上升势头。然而，我们可能很难看到这一愿景成为现实。首先，中国避免意识形态对抗的意图制止了这种性质的对抗可能导致的世界分裂。其次，特朗普政府奉行的"美国优先"原则阻碍了美国与其他西方国家强化关系。"美国优先"原则根植于反建制主义的意识形态，这种意识形态包含了保护主义、孤立主义和极端民族主义。③ "美国优先"的原则自然地使得美国盟友怀疑美国的战略可靠性。④ 由

---

① Walter Russell Mead, "Mike Pence Announces Cold War II," *Wall Street Journal*, October 8, 2018, https://www.wsj.com/articles/mike-pence-announces-cold-war-ii-1539039480，访问时间：2020年8月2日。

② Amitai Etzioni, "China is Not the Soviet Union," *The National Interest*, August 13, 2018, https://nationalinterest.org/feature/china-not-soviet-union-28642，访问时间：2020年8月2日。

③ Lily Rothman, "The Long History behind Donald Trum's 'America First' Foreign Policy," *Time*, March 28, 2016, https://time.com/4273812/america-first-donald-trump-history/，访问时间：12月28日。

④ Max Boot, "Why Would Any Ally Trust the United States Ever Again?" *The Washington Post*, September 6, 2018, https://www.washingtonpost.com/opinions/global-opinions/why-would-any-ally-trust-the-united-states-ever-again/2018/09/05/8c8e093e-b125-11e8-aed9-001309990777_story.html，访问时间：2020年8月2日。

于缺乏共同的意识形态,以及美国及其盟友之间日益增长的战略猜疑,防范了我们所熟悉的冷战时期两个政治阵营的全球意识形态对抗。

此外,政治制度决定论正在失去魅力。尽管自由主义和马克思主义在许多方面有分歧,但是两者都认为政治制度决定了国家所能取得的社会和经济发展成果。冷战期间,各国政府根据意识形态来选择阵营,这主要是因为它们认为以意识形态为基础的政治制度决定了各国的命运。西方国家在冷战中的胜利进一步增强了人们对于西方政治制度的信心。然而,2008年金融危机之后,政治制度决定论已经无法解释为何国际权力再次重新分配,政治制度决定论面临着现实的经验挑战,即中美两国的政治制度截然不同,但两国在同时拉大与其他大国的实力差距。例如,自2010年以来,日本一直保持着世界第三大经济体的地位。但是美国GDP和日本GDP的比从2008年的2.64倍扩大到2019年的4.1倍,同期中国的GDP从相当于日本的63.7%增长到日本的2.7倍。[1]

四、数字科技进步的影响

尽管数字技术的历史可以追溯到20世纪60年代,但是数字技术发展所带来的影响显现出来却是20世纪90年代的事情,这种影响主要基于因特网的发展。在过去的15年里,数字技术的发展对于国际政治而言变得至关重要,因为数字经济的发展速度已经超越了任何其他经济领域,网络安全则已经成为国家安全的核心领域。在当前正在形成的两极世界中,数字技术的发展将会进一步增强数字思维对外交决策的影响。

(1)基于互联网的数字技术已经成为财富积累的新途径,并且在大国经济中的比重会迅速上升。数字技术使得数据成为一种与自然资源有着不同特征的经济资源。数据作为一种新的资源,其消费量越大,其总体增长就越大,而自然资源则相反。数字经济就是将数据转化为财富,主要依靠数字技术创

---

[1] "2008 Nian Shijie Geguo Zuixin GDP Paiming," (Global new GDP ranking in 2008), *Baidu Wenku*, November 14, 2019, https://wenku.baidu.com/view/0fa6b157bb0d4a7302768e9951e79b89680268bb.html; "2019 Nian Quanqiu GDP Paiming," (Global GDP ranking in 2019), *Baidu Wenku*, Mach 7, 2019, https://wenku.baidu.com/view/ebeca1a2b80d6c85ec3a87c24028915f814d84c0.html,访问时间:2020年8月2日。

新来产生和获取数据的价值。① 创造数据价值包括数据收集、数据处理和数据分析，而获取数据价值包括数据货币化以及产品和服务的消费。图 1-2 展示了数字经济的财富创造过程。

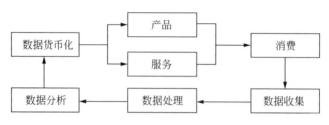

图 1-2 数字经济的财富创造过程

数字经济正在成为全球经济，特别是中美两国经济增长的主要引擎。根据华为和牛津经济研究院的研究，在 2001 年之后的 15 年里，全球数字经济的增速是全球 GDP 增速的 2.5 倍，数字经济的产值在 2016 年达到约 11.5 万亿美元，是 2001 年的两倍，占全球 GDP 的 15.5%。② 该研究预测，到 2025 年，数字经济的产值将占全球 GDP 的 24.3%。③ 美国和中国现在是世界上最大的数字经济体。日本研究人员的一份报告称，2016 年数字经济占美国 GDP 的 58.2%。④ 2018 年时数字经济占中国 GDP 的比重为 34.8%。⑤ 联合国贸易和发展会议的一份报告称，美国和中国在数字技术发展的许多领域具有领先地位，其他国家远远落后于这两个国家。中美两国占全球区块链相关专利技术的 75%，占全球互联网开支的 50%，占云计算市场的 75%；世界前 70 家

---

① United Nations Conference on Trade and Development, *Digital Economic Report 2019: Value Creation and Capture Implications for Developing Countries*, Geneva: United Nations, 2019, p.xvii.
② Huawei and Oxford Economics, *Digital Spillover: Measuring the True Impact of the Digital Economy*, Oxford: Huawei Technologies Co., Ltd., 2017, p.8, https://www.huawei.com/minisite/gci/en/digital-spillover/files/gci_digital_spillover.pdf，访问时间：2020 年 8 月 2 日。
③ 同 ②，p.6.
④ Yuji Miura, "China's Digital Economy—Assessing Its Scale, Development Stage, Competitiveness, and Risk Factors," *Pacific Business and Industry*, Vol. 18, No. 70, 2018, p.7.
⑤ 中国经济网：《2018 年中国数字经济规模达到 31.3 万亿元》，2019 年 4 月 18 日，http://www.ce.cn/cysc/tech/gd2012/201904/18/t20190418_31890416.shtml，访问时间：2020 年 8 月 2 日。

最大数字平台市场总值的 90%，美国和中国分别占 68% 和 22%。[1]

中美两国的数字经济优势将使得世界各国与中美两国的经济差距进一步拉大。2018 年，美国的 GDP 为 20.5 万亿美元，中国的 GDP 为 13.6 万亿美元，全球 GPD 总量为 85.9 万亿美元，美中两国分别占全球 GDP 总量的 23.9% 和 15.8%，合计约占全球的 40%。[2] 在今后十年内，两国占世界经济的比重将随着数字经济的快速增长继续增大。从 1998 年到 2017 年，数字经济的实际价值年均增长率为 9.9%，而同期美国经济增长率为 2.3%。[3] 最近，中国数字经济的增长速度开始超过美国。截至 2019 年中期，全球十大互联网公司主要由中美两国的公司构成：字母表、亚马逊、腾讯、脸书、阿里巴巴、网飞、普利斯林、百度、Salesforce.com 和京东。[4] 这些公司基本上都无法在中国或美国的对方市场进行经营。中美两国作为数字经济超级大国，它们对世界经济的影响，就像波音和空客两家公司垄断大型商用飞机市场一样。这个趋势将加快中美两国与其他国家之间的分化。

以互联网技术为基础的数字技术创新推动了数字经济的蓬勃发展，在国际政治中，自然资源的重要性将持续下降。由于高数字化国家可以轻而易举地利用新发明的数字产品和服务换取自然资源，这些国家将不需要进行控制自然资源的竞争，这将导致俄罗斯和中东地区这样依赖自然资源出口的国家和地区，在与高数字化国家（尤其是美国和中国）关系中的影响力持续下降。

---

[1] United Nations Conference on Trade and Development, *Digital Economic Report 2019: Value Creation and Capture Implications for Developing Countries*, Geneva: United Nations, 2019, p.2.
[2] World Bank, "World Development Indicators Database," December 23, 2019, https://databank.worldbank.org/data/download/GDP.pdf, 访问时间：2020 年 8 月 2 日。
[3] The US Bureau of Economic Analysis, "Measuring the Digital Economy: An Update Incorporating Data from the 2018 Comprehensive Update of the Industry Economic Accounts," April 2019, https://www.bea.gov/system/files/2019-04/digital-economy-report-update-april-2019_1.pdt, 访问时间：2020 年 8 月 2 日。
[4] Andrew Bloomenthal, "World's Top 10 Internet Companies," *Investopedia*, June 25, 2019, https://www.investopedia.com/articles/personal-finance/030415/worlds-top-10-Internet-companies.asp, 访问时间：2019 年 12 月 28 日。

2019年，美国从叙利亚撤军是美国从中东地区撤出力量的起点。① 为了在与中国的数字竞争中获胜，美国将会减少原本用来控制中东战略资源的投入，并且将其转到有助于发展数字科技创新能力的领域中来。

（2）以互联网为基础的数字技术使得网络安全成为首要的国家安全问题。互联网和水、电一样，已经成为人类现代生活的基本必需品，国家生存已镶嵌在网络安全之中。网络安全涉及网络攻击、网络情报和网络防御等，这些都已成为国家安全的重要方面。网络攻击不仅发生于政府之间，也发生于政府和非政府组织支持的黑客组织之间，网络防御已成为政府和民间机构的日常主要任务。② 大多数的数字技术都存在"双重用途"的风险，因为这些技术既可用于商业目的，也可用于军事目的。目前，双重用途的数字技术正在世界上广泛拓展，例如，在人工智能、生物技术和机器人等新兴领域，不过人们目前尚未能充分了解双重用途的数字技术在这些领域的潜在应用价值有多大。③ 数字技术的不断发展和国家安全决策的风险厌恶性质，两者决定了国家在决策时势必增强对技术先进国家的出口管制，并且将其作为技术脱钩政策的一个部分。

对网络安全的担忧将会促使中美两国减少在互联网和数字技术上的相互依存，因为互联网的相互依存使得双方易受对方战略行为的伤害。除此之外，两国还将努力阻止其他国家获得它们的先进科技，同时减少对于其他国家的数字依赖。例如中国政府曾发出警告说："如果核心元器件严重依赖外国，供应链的'命门'掌握在别人手里，那就好比在别人的墙基上砌房子，再大再漂亮也可能经不起风雨。"④ 到2020年，中国完成北斗导航卫星系统的部署，

---

① John Hannah, "US Deterrence in the Middle East is Collapsing," *Financial Times*, October 30, 2019, https://foreignpolicy.com/2019/10/30/u-s-deterrence-in-the-middle-east-is-collapsing-syria-iran-saudi-arabia-trump/, 访问时间：2020年8月2日。
② Abhijit Ahaskar, "How Cyberattacks Are Being Used by States Against Each Other," June 21, 2019, https://www.livemint.com/technology/tech-news/how-cyberattacks-are-being-used-by-states-against-each-other-1561100711834.html, 访问时间：2019年12月28日。
③ Robert Williams, "In the Balance: The Future of America's National Security and Innovation Ecosystem," November 30, 2018, https://www.lawfareblog.com/balance-future-americas-national-security-and-innovation-ecosystem, 访问时间：2019年12月28日。
④ "Core Technology Depends on One's Own Efforts: President Xi," *Renmin Ribao (People's Daily)*, April 19, 2018, https:en.people.cn/n3/2018/0419/c90000-9451186.html, 访问时间：2019年12月28日。

第一章　数字时代初期的国际秩序

从而摆脱对美国全球定位系统（GPS）的依赖。[1]中国还准备建立另一套根服务器系统，这可能会使得全球互联网形成两个独立系统的场景成为现实。[2]中美数字竞争的焦点是 5G 技术，因为它是数字世界的新引擎。目前，5G 技术的两大成就主要体现在增强型物联网和窄带物联网技术[3]，前者以美国电信设备巨头高通为首，后者以中国华为为首。总体而言，中国在 5G 领域具备了相对优势。[4]

网络安全还为政府将经济发展视为国家安全的一部分提供了合理性。2014 年，中国政府制定了以经济安全为国家安全基础的综合安全战略。[5]美国 2017 年《国家安全战略报告》称"经济安全就是国家安全"。[6]时任美国总统特朗普在报告发布会上演说时表示，"国内经济活力、增长和繁荣对于美国海外实力和影响力不可或缺"[7]。基于经济安全的逻辑，政府将以维护国家

---

[1] Tracy You and Joe Pinkstone, "China Announces It Will Complete Its £7 Billion Global Satellite Navigation System Beidou—Which Rivals US-Made GPS—Next Year," December 10, 2019, https://www.dailymail.co.uk/news/article-7776571/China-announces-complete-GPS-rival-Beidou-global-satellite-navigation-2020.html, 访问时间：2020 年 3 月 28 日。

[2] "China Greenlights Establishment of Root Server," December 8, 2019, http://english.www.gov.cn/statecouncil/ministries/201912/08/content_WS5dec361ec6d0bcf8c4c1882d.html, 访问时间：2019 年 12 月 28 日。

[3] Qualcomm Technologies, "eMTC and NB-IoT," August 2, 2017, https://medium.com/iotforall/emtc-and-nb-iot-2339dd3833e1, 访问时间：12 月 28 日。

[4] Sheryl Tian and Tong Lee, "China Races Ahead of the U.S. in the Battle for 5G Supremacy," *Bloomberg*, August 2, 2019, https://www.bloomberg.com/news/articles/2019-08-01/china-bets-on-5g-socialism-in-push-to-lead-global-tech-race, 访问时间：2019 年 12 月 28 日。

[5] 央视网：《习近平：坚持总体国家安全观 走中国特色国家安全道路》，2014 年 4 月 15 日，http://news.cntv.cn/2014/04/15/ARTI1397555139165923.shtml, 访问时间：2019 年 12 月 28 日。

[6] The White House, "National Security Strategy of the United States of America," December, 2017, https://www.whitehouse.gov/wp-content/uploads/2017/12/NSS-Final-12-18-2017-0905.pdf, 访问时间：2020 年 10 月 26 日。

[7] Peter Navarro, "Why Economic Security is National Security?" December 9, 2018, https://www.realclearpolitics.com/articles/2018/12/09/why_economic_security_is_national_security_138875.html, 访问时间：2019 年 12 月 28 日；Anthea Roberts, Henrique Choer Moraes, and Victor Ferguson, "Geoeconomics: the US Strategy of Technological Protection and Economic Security," December 11, 2018, https://www.lawfareblog.com/geoeconomics-us-strategy-technological-protection-and-economic-security, 访问时间：2019 年 12 月 28 日。

安全的名义扩大政府合法干预对外经济关系的范围，并且大多数大国家将效仿中美两国，将经济利益视为安全问题。

数字经济以及网络安全问题的进一步发展将会塑造出数字思维，这种思维不仅影响中美两国，还将影响绝大多数国家的对外战略决策。中美两国所取得的数字科技进步必将在全球推广，任何国家都无法避免中美数字竞争带来的影响。与此同时，线上生活变得和线下生活同等重要。自从智能手机问世以来，中青年人群上网时间日益增多。①线上生活提高了人们对互联网的依赖度，以至于人们在没有互联网或 WiFi 的情况下难以正常工作。由于人们对于互联网的严重依赖，决策者们普遍担心其国家的网络安全问题。互联网、人工智能、区块链等数字技术的发展，改变了国家之间的联系方式、财富积累方式以及战争方式。由于数字技术和互联网对各国安全和发展的影响势必增大，数字思维将会成为人们决策时主要的思考方式。一方面，数字技术被视为一种神奇的力量；另一方面，它被认为是一种过于强大而无法被控制的怪物。图 1-3 说明了数字思维的塑造机制。

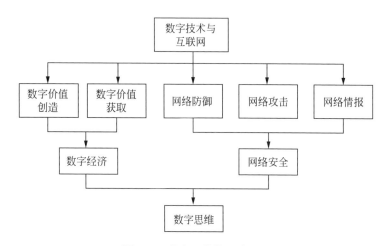

图 1-3　数字思维的塑造机制

"数字思维"是一个比"网络思维"含义更广泛的概念，因为它不仅强

---

① Mahita Gajanan, "Middle-Aged Americans Spend More Time on Social Media than Millennials," January 26, 2017, https://fortune.com/2017/01/25/social-media-millennials-generation-x/，访问时间：2019 年 12 月 28 日。

调技术进步对于网络主权和网络安全的影响,还强调了数字优势的重要性。网络思维反映了人们对互联网技术应用的思考,主要表现为对网络安全的关注,而数字思维则表现为对网络安全和数字经济两者的担忧。网络安全和数字经济包括互联网技术在内的所有数字技术,也就是说,网络思维是涵盖在数字思维之内的。

数字思维与冷战思维存在诸多的政治差异,其核心差异在于:数字思维强调技术优势为决定性因素,而非意识形态;冷战思维则恰恰相反。数字思维使得决策者们担心竞争者的数字技术对外扩张,因为他们担心其他国家占有相对的数字优势;而冷战思维使得决策者们担心竞争者的意识形态扩张,因为他们担心他国不同意识形态的邪恶性质。受冷战思维支配的决策者们总是为自己的意识形态所自豪,而受数字思维支配的决策者们则总是认为自己的数字能力不够强大。

五、数字时代初期的政策制定

冷战思维强调意识形态威胁和地缘政治控制的重要性,这种思维方式促使决策者们根据意识形态差异判断敌人,采取地缘战略遏制敌人。与冷战思维不同,数字思维促使决策者们根据网络攻击和网络情报来源判断敌人,寻求数字技术的主导权。哈尔福德·约翰·麦金德(Halford John Mackinder)在第一次世界大战爆发之前将地缘政治思维引入国际政治分析,当时还没有大型飞机制造技术,更不用说互联网或其他数字技术。在数字时代,数字经济和网络安全取代了自然资源和战略要地在国家战略利益中的核心地位。地缘战略是基于二维的思维方式,而数字思维则是一种四维的思维方式。在当今中美两国竞争的数字世界,冷战思维和数字思维将同时影响中美及绝大多数国家的对外决策。

(1)随着数字时代的来临,作为最强的超级大国,美国将会采取选择性"脱钩"战略来维持其主导地位,而不会像冷战时期那样采取全面遏制战略。美国取得冷战胜利使得冷战思维成为美国两党共同的思维方式,这必然对特朗普政府及其后的美国政府产生深远影响。包括"脱钩"政策在内的经济制裁将会成为美国对付与其意识形态不同的国家的主要方式，这种方式既会用于对付中国和俄罗斯，也会部分地用来对付与美国有严重经济利益冲突的西方国家，如某些欧盟成员国。不过，经济制裁和"脱钩"政策是选择性的，而不是全面的，于是"脱钩"战略在两个方面与冷战时期的遏制战略不同：第一，意识形态对抗不是"脱钩"的战略核心；第二，美国不会完全断绝与主要对手中国的联系，在一些敏感的领域还会保持某种独立性。

受数字思维影响，美国"脱钩"战略的重心将重在遏制中国的技术发展，特别是数字技术的发展。"脱钩"战略的目的并不是要毁灭中国，而是要减缓中国技术进步的速度，保持美国与中国之间有足够大的技术差距，从而达到维持美国全球主导地位的目的。为了保持对中国的技术优势，美国将会在某些特定领域里与中国"脱钩"，而非在所有领域进行全面"脱钩"。美国的技术"脱钩"政策始于2018年12月，即美国要求加拿大政府逮捕中国科技巨头华为公司的首席财务官孟晚舟。① 2019年5月，白宫以所谓华为"威胁了国家安全"为由，正式禁止美国公司使用华为的电信设备。② 尽管美国政府对华采取了技术"脱钩"战略，但还是限定了"脱钩"政策的适用范围。例如，即使时任美国国务卿迈克·蓬佩奥（Mike Pompeo）多次访问盟友，试图说服他们禁止使用华为的5G设备，但并没有要求盟友们禁止使用所有的中国技术。③

由于意识形态不再是决策时最主要考虑的因素，美国倾向于采取单边主义战略而非多边主义战略。大多数西方人不认为中国的意识形态具有苏联意识形态那样的威胁。冷战史学者梅尔文·莱弗勒（Melvyn Leffler）认为："当今的中国政府也许蔑视西方的民主……但全世界都看到，中国接受了资本主

---

① Julia Horowitz, "Huawei CFO Meng Wanzhou Arrested in Canada, Faces Extradition to United States," December 6, 2018, https://edition.cnn.com/2018/12/05/tech/huawei-cfo-arrested-canada/index.html, 访问时间：2019年12月28日。
② "Huawei Has Been Cut Off from American Technology," *The Economist*, May 25, 2019, https://www.economist.com/business/2019/05/25/huawei-has-been-cut-off-from-american-technology, 访问时间：2019年12月28日。
③ Julian E. Barnes and Adam Satariano, "US Campaign to Ban Huawei Overseas Stumbles as Allies Resist," *The New York Times*, March 17, 2019, https://www.nytimes.com/2019/03/17/us/politics/huawei-ban.html, 访问时间：2019年12月28日。

义的思维方式和民族主义精神。中国不像苏联那样虚情假意地支持平等和正义，中国也没有能力利用邻国的不满。"① 有鉴于此，美国难以组织一个国际阵营来遏制中国。一个典型的例子是，蓬佩奥以意识形态为借口游说美国盟友禁止使用华为 5G，但是只得到少数国家的积极响应。② 日本、加拿大、澳大利亚和芬兰等那些决定限制华为 5G 设备的国家，其决策的真实目的是出于对技术竞争或内政的担忧，而非出于意识形态考虑。

（2）相对美国而言，作为一个新兴大国，中国将采取选择性的抵抗战略，而不是苏联在冷战时期采取的全面对抗战略。冷战思维对中国外交政策的影响要小于对美国的影响，因为中国已从苏联的失败中吸取了教训。然而，这并不意味着中国丝毫不受冷战思维的影响，中国的决策者一直对政权安全保持警惕并且近年来不断强调"坚持巩固党的执政地位的大局观"的重要性。③对于香港、新疆、西藏和台湾等与国家主权直接相关的事情，中国政府会驳斥美国，但是在与中国无关的意识形态问题上，中国则不这样做。与此同时，中国坚持不结盟原则，以免卷入战争的危险。自 1980 年以来中国没有卷入任何战争之中，自 1989 年以来没有卷入任何相互开火的军事冲突之中。在统一台湾的问题上，中国都是尽力避免战争风险，在其他问题上更是如此。

与美国相比，中国更加强调数字技术关乎政权安全的重要性，数字思维对中国政策制定的影响也更为深远。2016 年，中国政府不无担忧地表示，"互联网核心技术是我们最大的'命门'，核心技术受制于人是我们最大的隐患。……我们要掌握我国互联网发展主动权，保障互联网安全、国家安全，就必须突破核心技术这个难题，争取在某些领域、某些方面实现'弯道超

---

① Melvyn P. Leffler, "China Isn't the Soviet Union. Confusing the Two Is Dangerous," December 2, 2019, https://www.theatlantic.com/ideas/archive/2019/12/cold-war-china-purely-optional/601969/, 访问时间：2019 年 12 月 28 日。
② Stu Woo, "Facing Pushback from Allies, US Set for Broader Huawei Effort," *The Wall Street Journal*, January 23, 2020, https://www.wsj.com/articles/facing-pushback-from-allies-u-s-set-for-broader-huawei-effort-11579775403, 访问时间：2020 年 4 月 28 日。
③ 人民时评：《把抓好党建作为最大的政绩》，人民日报，2016 年 7 月 27 日，http://opinion.people.com.cn/n1/2016/0727/c1003-28587164.html，访问时间：2019 年 12 月 28 日。

车'"①。为了缩小与美国的技术差距,中国将技术研发作为国家发展战略的核心。基于数字思维,中国政府于2018年举办了首届数字中国建设峰会,探讨加快数字发展步伐。中国领导人在贺信中表示,"加快数字中国建设,就是要适应我国发展新的历史方位"②。根据世界知识产权组织的报告,2018年《专利合作条约》共接受提交专利申请253 000件,其中中国专利申请53 345件,数量仅次于美国的56 142件,居世界第二。③ 2019年8月,中国出台了一项新的科技政策④,以确保中国科技行业的发展速度超过美国。

在对外政策方面,数字思维还推动中国与其他国家开展更多的科技合作,特别是数字技术合作。2018年4月,中国政府发布了有关建设数字丝绸之路的政策文件,促进与各国开展更多数字项目合作。⑤从经济角度来看,在数字产品和服务的全球市场上必然形成中美之间的竞争。中国多年来将美国的互联网公司控制在其市场之外;在安全方面,中国将向那些由于价格或政治原因而无法获得美国技术的国家提供网络安全技术;此外中国还将限制自己的海外军事活动,以避免对美国的盟友尤其是技术发达国家构成安全威胁,保护德国、法国、英国、以色列和韩国这样的美国盟友继续与中国进行技术合作。目前看来,这项政策有些效果。例如,尽管美国通过游说活动强调使用中国技术存在安全风险,作为美国最忠实的盟友,英国认为华为5G移动

---

① 习近平:《在网络安全和信息化工作座谈会上的讲话》,中国政府网,2016年4月19日,http://www.gov.cn/xinwen/2016-04/25/content_5067705.htm,访问时间:2019年12月28日。

② 习近平:《致首届数字中国建设峰会的贺信》,新华网,2018年4月22日,http://www.xinhuanet.com/politics/leaders/2018-04/22/c_1122722225.htm,访问时间:2019年12月28日。

③ "WIPO 2018 IP Services: Innovators File Record Number of International Patent Applications, With Asia Now Leading," World Intellectual Property Organization, March 19, 2019, https://www.wipo.int/pressroom/en/articles/2019/article_0004.html,访问时间:2019年12月28日。

④ 钟源:《六部委联合发文扩大高校和科研院所科研自主权》,人民网转自经济参考报,2019年8月22日,http://finance.people.com.cn/n1/2019/0822/c1004-31310039.html,访问时间:12月28日。

⑤ 卢泽华:《数字丝路,为世界发展提速》,人民网 - 人民日报海外版,2018年4月30日,http://world.people.com.cn/GB/n1/2018/0430/c1002-29958235.html,访问时间:2019年12月28日。

第一章　数字时代初期的国际秩序

网络技术在经济性方面不可或缺（2019年7月中英在中国香港修例风波上发生严重政治冲突后，英国改变了对华为5G的政策）。①

（3）面对中美数字领域的竞争格局，大多数国家将不会根据战略关系单选一边，而是针对具体议题在两国之间采取对冲策略。对冲策略不同于中立或不结盟策略。中立或不结盟战略是指在两个相互竞争的超级大国之间不选边站，对冲战略则是指根据不同议题同时且分别选边两个超级大国其中之一，例如，在经济问题上选边中国，在安全问题上选边美国。对冲策略是冷战思维和数字思维交织的结果。冷战思维促使大多数国家在中美之间选边，而数字思维则促使他们从实际利益而非意识形态教条的角度出发进行选边。由于各国的实际利益存在较大差异，因此各国的对冲策略也存在着较大差异。

在经济问题上，大多数国家都支持中国，反对美国的保护主义和单边主义。2017年，在特朗普入主白宫椭圆形办公室之后不久，西方大国就在全球贸易原则问题上发生了严重的经济争端。特朗普政府提出保护主义的"公平贸易"原则，而欧洲国家和日本则坚持自由主义的贸易原则。②就2018年爆发的中美贸易冲突而言，大多数西方国家表面上采取中立立场，但实际上支持中国对抗美国的立场，因为它们担心如果中国对美让步，美国会在与它们的贸易谈判中变得更加强硬。③在国际金融权力再分配的问题上，中国也获得了比美国更多的国际支持。2015年，英国在未与美国协商的情况下率先加入了中国主导的亚洲基础设施投资银行（简称亚投行）。④尽管美国对英国此举感

---

① Dan Sabbagh and Peter Walker, "UK Prepares to Defy US by Allowing Huawei to Supply 5G Kit," *The Guardian*, January 23, 2020, https://www.theguardian.com/technology/2020/jan/23/government-hints-huawei-given-role-uk-5g-network, 访问时间：2020年3月5日。
② Leo Lewis, Kana Inagaki, and Mehreen Khan, "Japan and EU Sign Trade Deal in Move Against Protectionism," *Financial Times*, July 17, 2018, https://www.ft.com/content/bd100de0-89b2-11e8-b18d-0181731a0340, 访问时间：2019年12月28日。
③ Catherine Wong, "Trade War 'Pushes Rivals China and Japan Closer'—on Imports, Talks and Overseas Infrastructure", *South China Morning Post*, September 19, 2018, https://www.scmp.com/news/china/diplomacy/article/2164900/trade-war-pushes-rivals-china-and-japan-closer-imports-talks, 访问时间：2019年12月30日。
④ "US Anger at Britain Joining Chinese-Led Investment Bank AIIB," *The Guardian*, March 12, 2015, https://www.theguardian.com/us-news/2015/mar/13/white-house-pointedly-asks-uk-to-use-its-voice-as-part-of-chinese-led-bank, 访问时间：2019年12月30日。

到愤怒，但德国、法国、意大利、澳大利亚、加拿大等多数西方国家随后也加入了亚投行。① 日本是唯一在这个问题上与美国站在一边的主要发达国家。美国还在2019年将中国列为"汇率操纵国"，但未能获得任何国家的支持。②

在安全问题上，美国当前的国际支持多于中国，但对于美国的支持呈减弱趋势，而对于中国的支持则有上升趋势。中国没有军事同盟，而美国有很多军事盟友，这是在国际安全问题上美国的国际支持多于中国的主要原因。美国与中国在中国南海的对抗，不仅得到了相关东盟国家的支持，也得到了日本和英国的支持。然而，现在出现了一种新的趋势，即美国在国际安全问题上不像过去那样受欢迎了。根据皮尤研究中心的调查，受访民众将美国视作主要威胁的均值，2013年为25%，2017年为38%，2019年约为45%。③ 该调查还显示，分布在38个国家的约39%的受访者认为，美国是他们国家的主要威胁。④ 因为美国不断敦促北约的欧洲成员国增加军费开支，这些国家因此不断地疏远美国。⑤ 2019年11月，法国总统马克龙表达了对于美国领导北约这一安全原则的怀疑，他说："我们目前正在经历的是北约的脑死亡。"⑥ 在伊朗核协议和《苏联和美国消除两国中程和中短程导弹条约》（简称《中导

---

① Asia Infrastructure Investment Bank, "Members and Prospective Members of the Bank," *AIIB*, March 10, 2020, https://www.aiib.org/en/about-aiib/governance/members-of-bank/index.html, 访问时间：2020年4月20日。
② "US Officially Labels China a 'Currency Manipulator'," August 6, 2019, https://www.bbc.com/news/business-49244702, 访问时间：2019年12月30日。
③ John Gramlich and Kat Devlin, "More People Around the World See US Power and Influence as a 'Major Threat' to Their Country", Pew Research Center, February 14, 2019, https://www.pewresearch.org/fact-tank/2019/02/14/more-people-around-the-world-see-u-s-power-and-influence-as-a-major-threat-to-their-country/, 访问时间：2019年12月30日。
④ Dave Lawler, "The Threat from America," August 4, 2018, https://www.axios.com/the-biggest-global-threats-us-russia-china-c3230b2c-447e-472a-b9dc-5b2a2e2b3117.html, 访问时间：2019年12月30日。
⑤ Jim Townsend, "Trump's Defense Cuts in Europe Will Backfire," *Foreign Policy*, September 17, 2019, https://foreignpolicy.com/2019/09/17/trumps-defense-cuts-in-europe-will-backfire/, 访问时间：2019年12月30日。
⑥ Robin Emmott and Michel Rose, "NATO Experiencing 'Brain Death', France's Macron Says," November 8, 2019, https://www.reuters.com/article/us-germany-nato/nato-experiencing-brain-death-frances-macron-says-idUSKBN1XH2KA, 访问时间：2019年12月30日。

条约》)等国际安全问题上,与中国持一致态度的国家甚至多于美国。

在意识形态方面,尽管与美国政治制度相似的国家比与中国相似的国家多,但是这些国家在中美之间选边的政策却越来越不受政治制度异同的影响。随着自由主义的影响力在欧洲被民粹主义侵蚀,在美国被反建制主义侵蚀,西方的意识形态在国内和国际两个层面上都出现了分裂。[①] 西方国家在全球化、全球治理、自由贸易、多边外交、人道主义干预、难民保护等重大全球性问题上已难达共识。马克龙在2019年时讲道:"尽管美国仍属于西方阵营,但美国却并不推崇和我们一样的人道主义,美国不像我们那样对气候问题、社会平等和社会均衡发展等问题那么敏感。它将自由置于所有事务之上。这是美国文明的一个强烈特性,解释了我们之间的差异,虽然我们仍有坚强的同盟关系。"[②] 尽管在第45届G7峰会的共同宣言上简要地提到了2019年在中国香港和俄罗斯莫斯科发生的大规模非法暴力活动,但是大多数西方国家对这两件事保持沉默,其目的是继续与中国展开更加深入的经济接触,或是避免对俄罗斯毫无必要的冒犯。例如,日本和韩国两国政府都未对这些暴力活动表态。

六、"不安的和平"国际秩序

在冷战思维和数字思维相互交织的影响下,大国外交政策的互动将塑造出新的世界秩序。我们可以从状态和特征两个方面分析这一秩序。这种秩序的状态将表现为长期的不对称中美竞争格局和不安的和平;其特点则体现在新国际身份、主权规范的回归,以及从多边主义向单边主义倒退这三点上。

[①] Matthijs Rooduijn, "Why Is Populism Suddenly All the Rage?" *The Guardian*, February 17, 2019, https://www.theguardian.com/world/political-science/2018/nov/20/why-is-populism-suddenly-so-sexy-the-reasons-are-many, 访问时间:2019年12月30日; Peter Lemiska, "Antiestablishmentism—the New Racism," *American Thinker*, March 31, 2016, https://www.americanthinker.com/articles/2016/03/antiestablishmentism__the_new_racism.html, 访问时间:2019年12月30日。

[②] Emmanuel Macron, "Ambassadors' Conference—Speech by M. Emmanuel Macron, President of the Republic", August 27, 2019, https://lv.ambafrance.org/Ambassadors-conference-Speech-by-M-Emmanuel-Macron-President-of-the-Republic, 访问时间:2019年12月30日。

（1）当前开始的不对称中美竞争格局将长期持续，并且形成一种双中心主导的数字世界。中美战略竞争加剧的趋势将会长期持续，至少持续20年左右。核武器将阻止中美之间发生互相毁灭的直接战争；现有的数字优势将确保它们的实力增长速度快于其他大国；两国内部的政治分歧都不足以严重到导致1991年苏联国家解体的程度。因此，那种认为正在出现的中美竞争国际格局将是一种短期现象的看法是错误的。

中美竞争的零和本质将会塑造一个由两个中心分别主导的数字世界。尽管欧盟在2020年年初发布了旨在改善其数字竞争能力的《塑造欧洲数字未来》战略文件，但是欧盟的去中心化趋势大大削弱了欧洲国家参照空中客车建立欧洲跨国电信公司的可能性。[1] 由于担心来自美国或中国的网络威胁，世界各国将会从这两个数字超级大国分别购买数字产品和服务。例如，越南没有使用华为5G设备，而是选择使用高通5G技术[2]；而俄罗斯和伊朗不敢购买美国设备；绝大多数国家则可能根据各自不同的用途考虑同时使用中国或美国的数字系统。

（2）正在形成的国际秩序将是一种不安的和平秩序，在这种国际秩序中，大国之间没有直接战争，但是大国之间的网络攻击盛行。在新的世界秩序中，美国将不愿像冷战后那样承担单极主导时期的全球领导责任。特朗普强调，"美国不能继续做世界警察"，在他看来，世界警察这一角色得不偿失。[3] 美国将大幅削减其在中东的军事存在，并专注于阻止中国成为网络空间和数字技术的领导者。与此同时，作为一个新兴大国，即使在数字领域，中国也不可能在未来二十年内全面超越美国，因此难以建立起全球性的数字活动规则。

---

[1] "European Union Seminar: A Europe Fit for the Digital Age," February 11, 2020, https://rcc.harvard.edu/event/european-union-seminar-europe-fit-digital-age, 访问时间：2020年11月28日。

[2] "Vietnam Shuns Huawei as It Seeks to Build Southeast Asia's First 5G Network," *South China Morning Post*, August 27, 2019, https://www.scmp.com/news/asia/southeast-asia/article/3024479/vietnam-shuns-huawei-it-seeks-build-aseans-first-5g, 访问时间：2020年5月30日。

[3] "US Won't Be World's 'Policeman', Trump Says during Surprise Visit to Iraq," *The Straits Times*, December 27, 2018, https://www.straitstimes.com/world/united-states/in-a-first-trump-makes-surprise-visit-to-us-troops-in-iraq, 访问时间：2019年12月30日。

无论是"G2",还是"中美国"的概念,都不符合中美战略竞争的客观现实,这两大巨头不会为正在兴起的数字世界提供单边的或者联合的全球领导。

在缺乏全球领导的情况下,现有的国际规范则无法得到有效的执行,与此同时,新的规范也建立不起来,因而网络暴力将会十分猖獗。网络攻击和破坏将会成为军事攻击的另一种形式,且每天都会发生。网络战在网络空间进行,没有大规模人员伤亡。对普通人来说,网络战远没有传统战争那么令人担忧,因此,政治伦理对于网络战的约束将远远弱于对于常规战争的约束。此外,频繁发生的网络战还会加速数字技术的创新。

用"均势概念"解释数字时代国际关系的变化将会极富挑战性。中美两国数字技术进步的速度差别将改变两国的实力对比,但这种变化不会导致两国爆发传统战争。因此,包括中美两国在内的大国普遍认为,不必靠维持两个超级大国之间的均势来维护世界。此外,即使网络战每天发生,也不会造成直接的人员伤亡;大国对于达成类似冷战时期以及冷战后早期的那种具有实质意义的军控协议也缺乏兴趣。例如,美国在2019年退出《中导条约》后,建议美俄中三方就这一条约进行谈判,中俄都不支持其建议。①

(3)数字时代的新国际身份将出现,"西方"这一概念将非政治化。冷战结束后,"东方"一词从国际关系的话语中消失了。在未来的数年里,"西方"一词可能也会有相似结果。尽管"西方"这一概念仍可能适用于文化领域,但是西方国家之间的冲突加剧将会使得这个词汇在国际政治中失去意义。2020年,第56届慕尼黑安全会议的主题定为"西方的缺失",这反映了某种西方国家共同身份的认同在弱化。在闭幕会议上,慕尼黑安全会议主席沃尔夫冈·伊申格尔(Wolfgang Ischinger)指出:"如果我们(欧洲和美国)不能倾听彼此,我们之间就会存在问题。"② 俄乌冲突之前,德国与俄罗斯的关系甚至比与美国的关系更为密切。皮尤研究中心2019年的一项调查显示,

---

① Fan Jishe, "Trilateral Negotiations on Arms Control? Not Time Yet," *China & US Focus*, September 13, 2019, https://www.chinausfocus.com/peace-security/trilateral-negotiations-on-arms-control-not-time-yet,访问时间:2019年12月30日。
② Yang Lu, "Munich Security Conference Closes without Consensus on 'Westlessness'," February 17, 2020, http://www.xinhuanet.com/english/2020-02/17/c_138789366.html,访问时间:2020年6月30日。

66%的德国人希望与俄罗斯开展更多合作，希望与美国开展更多合作的只有50%。① 除了西方国家之间的冲突加剧之外，数字能力与意识形态的不相关性也使得"西方"这个概念在数字时代变得过时。例如，中国、德国、韩国和新加坡之间彼此政治制度不同，但是它们都被认为是高数字化的国家。人们更多地依据数字能力判断它们的国际身份，而非依据它们的政治制度。

随着地缘政治思维的式微，国际关系中的"南"和"北"两个概念的使用频率也将大幅减少。巴西已经宣布放弃发展中国家地位，这意味着金砖四国不再被视作一种南方国家组成的国际机构。② 新加坡多年来一直被视为发达国家，这也意味着东盟不再是南南合作机构。③ 自从中国在2010年成为第二大经济体以来，以美国为代表的工业化国家，一直坚持认为，不应将中国当作发展中国家对待。④ 作为一个先进的数字国家，在未来十年内，中国可能将会失去"发展中国家"的身份。

在如今兴起的数字世界里，新的身份概念将随着不同领域的变化而出现。在经济领域，"发达国家"和"发展中国家"可能分别被"高数字化国家"和"低联网国家"所取代。这两个概念出现在一份联合国贸易与发展会议的报告当中。⑤ 在政治领域，有人以"民主国家"取代"西方国家"这个概念，并根据选举制度的真实程度将其他国家分为"有缺陷的民主国家""混合政权"或

---

① Jacob Poushter and Christine Huang, "Despite Some Improvements, Americans and Germans Remain Far Apart in Views of Bilateral Relations," Pew Research Center, November 25, 2019, https://www.pewresearch.org/fact-tank/2019/11/25/americans-and-germans-remain-far-apart-in-views-of-bilateral-relations-2/, 访问时间：2019年12月30日。
② Lise Alves, "Brazil Agrees to Surrender Special WTO Status for OECD Entry," March 20, 2019, https://riotimesonline.com/brazil-news/rio-politics/brazil-agrees-to-surrender-special-wto-status-for-oecd-entry/, 访问时间：2019年12月30日。
③ The World Bank, "The World Bank in Singapore," https://www.worldbank.org/en/country/singapore/overview, 访问时间：2019年12月30日。
④ Alex Wayne, "Trump Wants to Strip China of Its 'Developing Nation' WTO Status," July 27, 2019, https://www.aljazeera.com/ajimpact/trump-strip-china-developing-nation-wto-status-190726205231578.html, 访问时间：2019年12月30日。
⑤ United Nations Conference on Trade and Development, *Digital Economy Report 2019—Value Creation and Capture: Implications for Developing Countries*, Geneva: United Nations, 2019, p.xv, https://unctad.org/en/Pages/DTL/STI_and_ICTs/ICT4D-Report.aspx, 访问时间：2019年12月30日。

者"独裁政权"。①就综合实力而言，可能会分为包括中美在内的"超级大国"，德国、法国、英国、日本和印度被视为"主要大国"，其他国家则被视为"中小国家"。在某种程度上，这一分类类似于20世纪60—80年代三个世界的分类。

（4）网络主权规范将可能通过2～3个独立的数字系统建立起来。包括中国和俄罗斯在内的许多国家都将无控制的网络信息流动视为政权安全的威胁，这些国家在努力地推广"网络国家主权"的概念。②尽管目前以美国为首的与中国竞争的国家反对网络主权的观念，但是它们也对网络攻击以及网络间谍活动极为担忧。③特朗普曾多次在国际场合，包括在联合国大会上，声称要保护美国网络主权。④蓬佩奥甚至说："只有能够保护本国数据的国家才有主权。"⑤印度、日本和欧洲国家目前也在考虑有效管理数据流动的政策，例如，设计限制自由数据流的法规。⑥随着网络战的规模和频率不断增加，数字思维将在未来十年产生巨大的影响。随着数字思维影响的不断扩大，大国将可能基于管控网络活动的主权原则达成一些网络规范。

数字主权的概念伴随着网络主权的概念应运而生。欧洲目前在数字技

---

① "Democracy Index 2019," *The Economist*, January 27, 2020, http://statisticstimes.com/ranking/democracy-index.php, 访问时间：2020年5月3日。

② Adrian Venables, "Establishing Cyber Sovereignty—Russia Follows China's Example," *The International Center for Defense and Security*, March 20, 2019, https://icds.ee/establishing-cyber-sovereignty-russia-follows-chinas-example/, 访问时间：2019年12月30日。

③ Nicole Lindsey, "Cyber Governance Issues Take on High-Profile Status at the UN," *CPO Magazine*, October 14, 2019, https://www.cpomagazine.com/cyber-security/cyber-governance-issues-take-on-high-profile-status-at-the-un/, 访问时间：2019年12月30日。

④ Alexis Papazoglou, "Trump Has a Peculiar Definition of Sovereignty," *The Atlantic*, September 28, 2019, https://www.theatlantic.com/ideas/archive/2019/09/trumps-undemocratic-obsession-with-sovereignty/598822/, 访问时间：2019年12月30日。

⑤ John Eggerton, "Pompeo: Huawei Tech Threatens National Sovereignty," January 27, 2020, https://www.multichannel.com/news/pompeo-huawei-tech-threatens-national-sovereignty, 访问时间：2020年5月24日。

⑥ Justin Sherman, "How Much Cyber Sovereignty is Too Much Cyber Sovereignty?" Council on Foreign Relations, October 30, 2019, https://www.cfr.org/blog/how-much-cyber-sovereignty-too-much-cyber-sovereignty, 访问时间：2019年12月30日。

术方面落后于中美两国。面对美国科技公司主导欧洲市场并且收集欧洲公民个人数据的现状，柏林、布鲁塞尔以及巴黎的欧洲人不断呼吁建立"数字主权"。① 由于数字经济在法国 GDP 中所占比重不断上升，2019 年，法国对脸书和谷歌等互联网公司开征 3% 的数字税。② 另一些国家也将目标对准了跨国数字公司，其中多数是为了逃避税收而迁居海外的美国公司。例如，以色列政府已经启动了一项立法草案，以法国的政策为参考，征收数字服务税。③ 数字主权主要关系到经济利益，但是它同时也是网络主权的坚固基础，网络主权则主要关系到安全利益。随着实现数字化的国家日益增多，数字主权以及网络主权的概念将对联合国大多数成员产生巨大吸引力。

网络安全威胁和数字竞争有可能拆散全球互联网，形成至少两个或三个相互独立的网络系统。出于战略安全考虑，中国军方采用的北斗系统势必在民用市场上与美国的 GPS 系统形成竞争。④ 中国一些经济学家预测，美国对华"脱钩"战略将导致全球产业链的大分裂，使得世界同时并行两个相互竞争的市场。⑤ 自 2005 年发射第一颗卫星以来，欧盟国家一直在伽利略欧洲全球导航卫星系统上投入大量资金，然而该系统的研发进展慢于中国的北斗系

---

① Kenneth Propp, "Waving the Flag of Digital Sovereignty," *New Atlanticist*, December 11, 2019, https://www.atlanticcouncil.org/blogs/new-atlanticist/waving-the-flag-of-digital-sovereignty /, 访问时间：2019 年 12 月 30 日。
② William Horobin and Aoife White, "How 'Digital Tax' Plans in Europe Hit US Tech", *The Washington Post*, December 2, 2019, https://www.washingtonpost.com/business/how-digital-tax-plans-in-europe-hit-us-tech/2019/12/02/f357b0aa-1558-11ea-80d6-d0ca7007273f_story.html, 访问时间：2019 年 12 月 30 日。
③ Robert Sledz, "Israel Preparing Digital Services Tax Modeled Off Pending French Proposal," May 7, 2019, https://tax.thomsonreuters.com/blog/israel-preparing-digital-services-tax-modelled-off-pending-french-proposal/, 访问时间：2019 年 12 月 30 日。
④ Zhen Liu, "BeiDou, China's Answer to GPS, 'Six Months ahead of Schedule' after Latest Satellite Launch," *South China Morning Post*, November 6, 2019, https://www.scmp.com/news/china/military/article/3036529/beidou-chinas-answer-gps-six-months-ahead-schedule-after-latest, 访问时间：2019 年 12 月 30 日。
⑤ Wei Li, "Towards Economic Decoupling? Mapping Chinese Discourse on the US-China Trade War," *Chinese Journal of International Politics*, Vol. 12, No. 4, 2019, p.549.

统。①由于美国威胁将会停止与那些使用华为5G技术的国家进行军事情报合作，一些欧洲国家正在考虑建设一个兼容华为5G技术以及美国技术的网络系统。而日本和韩国已经有了自己独立的与外国不兼容的手机网络。2019年12月，俄罗斯成功测试了一种旨在替代全球互联网的"主权互联网"。②俄罗斯不是目前唯一打算建立独立的本国互联网的国家。面对来自美国的网络威胁，中国、伊朗和朝鲜已经在不同程度上切断了与全球互联网的连接。

（5）从多边主义向单边主义倒退代表了一种新的国际规范，即相互猜疑和不遵守国际协议的现象盛行。美国采取的单边主义行为加剧了所有大国对美国随意制裁他国的疑虑。除此之外，美国的单边主义行为势必还被许多国家所效仿，因为它们相信效仿美国能得到好处。③单边主义的盛行还将不可避免地导致更多违反国际承诺行为的出现。具有讽刺意味的是，效仿美国的单边主义行为，菲律宾于2020年1月终止了它与美国签订的《访问部队协议》，从而放弃了其与美国的军事同盟。④由于中国坚持不结盟原则，许多国家也会认为无法依靠中国。

全球治理将会继续衰退，技术保护主义则会常态化。数字大国的竞争加剧，这将增加它们对于相互依存的脆弱性的担忧，这种脆弱性是由全球产业链的相互依存造成的。这些大国将会倾向于缩短国际产业链，甚至转向建立国内产业链。特朗普政府认为全球化对美国有害，中国对全球化的支持则限于经济领域。中美战略竞争还将阻碍它们共同建立管理数字或网络合作的多边体制。由于国家之间的制裁、限制及"脱钩"增多，全球治理将会进一步

---

① Guy Buesnel, "Galileo's Week-Long Outage is a Wake-Up Call for All GNSS Users," July 24, 2019, https://www.linkedin.com/pulse/galileos-week-long-outage-wake-up-call-all-gnss-users-guy-buesnel?articleId=6559728516072644609, 访问时间：2019年12月30日。
② Jane Wakefield, "Russia 'Successfully Tests' Its Unplugged Internet," December 24, 2019, https://www.bbc.com/news/technology-50902496, 访问时间：2019年12月30日。
③ Xuetong Yan, *Leadership and the Rise of Great Powers*, Princeton: Princeton University Press, 2019, pp.113-114.
④ Jason Gutierrez, Thomas Gibbons-Neff, and Eric Schmitt, "Philippines Tells US It Will End Military Cooperation Deal," *The New York Times*, February 11, 2020, https://www.nytimes.com/2020/02/11/world/asia/philippines-united-states-duterte.html, 访问时间：2020年2月30日。

减弱。由于国家实力的核心来自技术创新优势，美国已开始带头限制中美间的学术交流。[①] 为了保护网络安全和数字经济利益，高数字化国家将会限制包括面对面交流和线上交流在内的对外技术交流活动。

七、结论

  冷战思维和数字思维将在未来二十多年里相互交织共同影响大多数国家的对外决策。鉴于大国的领导者们大多出生于20世纪50年代和60年代，而且中美竞争格局可能持续20年，因此冷战思维会促使决策者们遵循单边主义的原则。不过，数字思维将会阻止决策者们完全复制冷战时期的战略，促使他们采取有利于提高数字经济以及网络安全的战略。中美竞争的焦点将会集中于建立国际秩序问题上，而不是相互毁灭对方。国际秩序问题则是关于如何建立符合各自利益，尤其是互联网主导权和数字优势的问题。故此，两国都可能利用意识形态差异来实现物质利益，而非真正向世界推广各自的意识形态。此外，中美两国均无力提供一个单边或者联合的全球领导，这使得即将来临的国际秩序将比后冷战时期更为混乱，不过战争暴力将少于冷战时期。

  中美竞争数字优势的新格局始于2019年，这一竞争将会加剧国际社会的分化，且加速未来20年内世界中心向东亚转移的趋势。中、日、韩三国的数字化水平可能在20年内大大高于大多数欧洲国家。到2040年，东亚的智能城市数量可能会超过欧洲。同期内，中美两国与世界其他国家的数字技术差距将进一步拉大。十年后，中美两国的GDP和军费支出之和将分别占全球GDP和军费的一半以上。中美竞争格局的巩固意味着大多数国家的边缘化，以及高数字化和低联网国家的分化。

  数字思维将取代地缘政治思维，成为影响大国决策的主要战略思维。以意识形态和地缘政治为基础的对外政策将无法实现大国战略目标，"高数字化"和"低联网"等数字和网络身份概念将会变得流行起来。大多数国家将在美国和中国之间采取对冲策略，以应对两国类似波音与空客双中心的垄断

---

① Yojana Sharma, "Hundreds of Chinese Scholars Face US Visa Restrictions," April 23, 2019, https://www.universityworldnews.com/post.php?story=20190423120547316, 访问时间：2019年12月30日。

竞争。"选择性"成为大国对外战略的共同特征，将体现在"脱钩"、对冲、接触和合作等战略中。

当前，国际关系正在发生某种历史性的转向不安的和平，全球化的负面影响突显，全球治理陷入低潮。类似大流感、网络攻击、互联网碎片化、数字税收、经济制裁、违反国际规范和国际承诺的行为不断涌现。国家越来越不在乎战略信誉，欺骗和违约将变得流行。网络主权和数字主权的概念将促使许多国家减少相互依存，缩短产业链，规避全球治理责任。由于大国间的相互猜疑变得十分普遍，多边国际协议难以达成。以美国和中国为首的世界大国将主要依靠双边方法，而非多边方法来处理国家间的冲突。

数字思维是一个正在不断发展的全新概念，目前人们尚未充分理解其内容和作用机制。然而，可以确定的是，数字思维对外交决策及国际关系的影响会越来越大，且未来的科技进步将进一步扩大数字思维的影响力。故此，"数字思维"这一概念值得我们进一步观察和研究。

第二章
国际技术标准与大国竞争
——以信息和通信技术为例*

刘晓龙　李　彬

一、引言

从特朗普政府时期开始,美国以"大国竞争"为口号,强化了对中国的竞争,尤其是加大了在高技术领域对中国的打压。美国实施技术打压政策一个所谓的借口是,中国正试图利用技术优势控制国际技术标准。美国国会下属的美中经济与安全审查委员会(U.S.-China Economic and Security Review Commission, USCC)在2020年度报告中指出,中国正在利用技术优势,积极主导信息和通信技术以及其他新兴领域的技术标准,努力提升国际技术标准领域的话语权。①《华尔街日报》发文称,过去,西方国家牢牢把控国际技术标准的制定,以支撑全球市场的运行。现在,西方国家在技术标准开发上的投入减少造成技术标准更新的停滞,中国却加大投入和参与力度,对西方国家主导的这一传统优势领域发起挑战,提高自身在标准化方面的话语权。

---

*　本章首发于《当代亚太》2022年第2期。
①　U.S.-China Economic and Security Review Commission, one Hundred Sixteenth Congress Second Session, *2020 Report to Congress of the U.S.-China Economic and Security Review Commission*, December 2020, https://www.uscc.gov/sites/default/files/2020-12/2020_Annual_Report_to_Congress.pdf, 访问时间:2022年8月1日。

文章提到，中国正积极地在关键市场制定国际技术标准以保护和增加其竞争优势，这势必会影响西方国家的经济竞争力和技术领先地位。文章还认为，中国正在利用技术标准收集一些敏感数据，服务于中国的国家安全机构，从而给西方国家的安全带来威胁。[①] 前述的美中经济与安全审查委员会也声称，包括中国可能主导的人脸识别在内的一些新领域和技术标准涉及隐私，甚至会牵动美国的公共安全乃至国家安全。[②]

上述说法的核心观点是，中国主导的国际技术标准将长远地损害西方发达国家的经济竞争力和国家安全。这类观点实际上是在动员美国的社会力量及其盟国，不惜成本地打压中国的高新技术发展。

也有学者指出，在标准发挥重要作用的行业中，企业将其技术确立为行业标准的能力是其维持长期竞争地位和获得成功的关键因素。[③] 例如，当微软公司刚刚成立不久，MS-DOS 操作系统和 Windows 操作系统还未开发之时，苹果公司就于 1977 年推出了世界上第一个具备图形界面（GUI）的操作系统。之后新版本不断更新完善，独领风骚。而微软公司的视窗操作系统 Windows 1.0 直到 1985 年才对外发布。但是微软公司凭借技术优势，与英特尔公司强强联手，制定了所谓的 Wintel 行业标准，成功打败了苹果公司。此类案例不胜枚举。

上述逻辑可以粗略地用以下几个步骤来概括。首先，企业或国家的技术优势有助于制定适合本国企业和市场的技术标准；其次，适合本国企业和市场的技术标准有助于形成对本国有利的技术壁垒，甚至形成技术霸权；最后，技术壁垒有助于进一步加强该企业或该国的技术优势。这个逻辑如图 2-1 所示。总体来说，一个企业或国家具备了技术优势，就可以通过主导国际技术标准形成"先行者优势"（first-mover advantage），在后续的竞争中，这种优

---

①② Valentina Pop, Sha Hua and Daniel Michaels, "From Lightbulbs to 5G, China Battles West for Control of Vital Technology Standards," *Wall Street Journal*, February 8, 2021, https://www.wsj.com/articles/from-lightbulbs-to-5g-china-battles-west-for-control-of-vital-technology-standards-11612722698，访问时间：2022 年 8 月 1 日。

③ Charles W. L. Hill, "Establishing a Standard: Competitive Strategy and Technological Standards in Winner-Take-All Industries," *Academy of Management Executive*, Vol. 11, No. 2, 1997, pp.7-8.

势会不断放大，最后形成"赢者通吃"①（winner-takes-all）的局面。

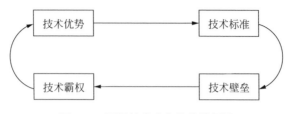

图 2-1　国际技术竞争的传统逻辑

如果这个逻辑成立，那么，围绕技术标准的国际竞争对于参与其中的国家而言就是生死攸关的。美国政府正是利用"赢者通吃"的说法来恐吓其国内企业和盟国，指控中国试图建立不利于美国以及西方的技术和贸易格局，甚至会损害它们的国家安全，从而动员美国及西方力量对中国企业进行打压。但是，主导技术标准的制定真的能够实现"赢者通吃"吗？

为此，本章的核心问题是：主导技术标准的制定是否会形成永久性的技术和贸易优势？具体而言，国际技术标准的建立和发展具有怎样的规律和特征？对这个问题的研究不仅有利于我们认清国际技术竞争的内涵和特征，也有助于我们理解当前大国竞争中技术竞争的作用。

二、文献回顾

国际规则制定权的争夺重点正向技术标准集中②，主导国际技术标准的制定正在成为企业间乃至国家间竞争的重点。有学者从经济和管理的角度考察国际技术标准与国家竞争，认为已有文献主要基于技术管理、产业组织和战略管理三个理论视角展开研究。③具体来说，在国家层面，聚焦于技术标准对技术壁垒和国际贸易的影响；在企业层面，聚焦于技术竞争的特征和规律。

---

① "赢者通吃"是指，在技术标准制定中占据主导地位的一方，将永久性地在技术和贸易的竞争中占据优势地位。
② 阎学通：《美国遏制华为反映的国际竞争趋势》，载《国际政治科学》，2019年第2期，第Ⅲ页。
③ 宋志红、田雨欣、李冬梅：《技术标准竞争研究40年：成就与挑战》，载《中国科技论坛》，2019年第4期，第134页。

现有研究认为，技术标准既可能通过加速技术扩散推动技术进步[1]，也可能形成技术锁定而阻碍技术创新[2]；技术标准既可能对国际贸易产生促进作用，也可能产生阻碍作用[3]；企业层面的标准竞争具有周期性、网络性和知识产权性等特征，技术标准的成功推广取决于市场的选择[4]。上述研究在解释国际技术标准的竞争方面取得了丰硕成果，但是对于本章提出的问题来说，他们主要从经济和管理的角度出发，研究了技术标准对技术和贸易的作用，并没有回答主导技术标准的制定是否会形成永久性的技术和贸易优势这一核心问题；并且这些研究鲜少从时间的尺度上对主导国际技术标准的规律和特征展开探讨，忽略了国际技术标准规律发展的动态性。

还有学者从政治学的角度考察国际技术标准与大国竞争，主要有社会制度主义（social institutionalist）和现实主义（realist）两个理论流派。社会制度主义认为，个人行为体和认知共同体的技术专长可以超越国家间的竞争[5]，国家间的相互依存加强了跨国和跨区域的协调。[6] 国际技术标准的制定主要考虑科学和技术本身的逻辑，而不是行为体之间的权力分配。[7] 寻求国际技术标准制定的行为体对达成共同解决方案有着压倒一切的偏好。这一理论有

---

[1] Jacques Pelkmans, "The GSM Standard: Explaining a Success Story," *Journal of European Public Policy*, Vol. 8, No. 3, 2001, pp.432-453; Sadahiko Kano, "Technical Innovations, Standardization and Regional Comparison - A Case Study in Mobile Communications," *Telecommunications Policy*, Vol. 24, 2000, pp.305-321.

[2] 胡黎明、肖国安：《技术标准经济学30年：兴起、发展及新动态》，载《湖南科技大学学报》（社会科学版），2016年第5期，第100页；Eirik Gaard Kristiansen, "R&D in the Presence of Network Externalities: Timing and Compatibility," *The RAND Journal of Economics*, Vol. 29, No. 3, 1998, pp.531-547。

[3] 武文光、张丽虹：《技术创新、技术标准对国际贸易的影响》，载《经济研究导刊》，2015年第14期，第143-146页。

[4] 王毅彦：《企业技术标准竞争理论研究》，载《武汉工程大学学报》，2008年第5期，第16-19页。

[5] Paul J. DiMaggio and Walter W. Powell, "The Iron Cage Revisited: Institutional Isomorphism and Collective Rationality in Organizational Fields," *American Sociological Review*, Vol. 48, No. 2, 1983, pp.147-160.

[6] Marie-Laure Djelic and Kerstin Sahlin-Andersson eds., *Transnational Governance: Institutional Dynamics of Regulation*, Cambridge: Cambridge University Press, 2006.

[7] Walter Mattli and Tim Büthe, "Setting International Standards: Technological Rationality or Primacy of Power?" *World Politics*, Vol. 56, Issue 1, 2003, pp.1-42.

助于解释各国、各地区技术标准趋同的现象。由于技术逻辑的相似性,各国技术人员在进行充分交流之后,各国制定的技术标准会逐渐趋同。但该理论无法解释在同一个领域存在着不同技术标准的现象。例如,不同国家和地区的交流电插头的制式经过很多年仍然无法统一。尤其是当博弈者把技术标准视为竞争工具时,它就会偏离单纯的技术逻辑。当前,美国把技术标准之争当作大国竞争的重要内容,这里面包含了很大的人为性。社会制度主义显然无法解释这个层面的现象。

现实主义关注权力的作用,认为国家是国际政治中的主要行为体,大国仍然是国际技术标准制定和全球经济规则建立的最重要角色[1],制定技术标准的实质是利益和权力问题[2]。现实主义认为,国际技术标准的制定过程属于"性别战博弈"(battle of the sexes)[3],博弈中的行为体具有达成共同解决方案的偏好,但他们对解决方案的意见不统一;先行者优势在博弈中至关重要,即先行者因在时机上领先于竞争对手,可采取某些具有战略意义的行动从而获得优势,对手只好妥协、接受先行者的倡议。对于国际技术标准的制定而言,"性别战博弈"的含义就是拥有技术优势的国家提出新的技术标准,其他国家只好跟随,从而达成共同接受的技术标准。

"赢者通吃"理论是现实主义理论的一个典型应用。"赢者通吃"理论的主要内容是指,一个已经形成规模的产品在市场上占有优势份额,这种产品或支撑这种产品的核心技术将形成标准;后来者由于技术落后和成本等因素,改变这种状态的可能性很低,只能被动接受标准;赢者将利用自身优势和落后者的劣势,进一步巩固市场份额优势,形成"正反馈"并不断循环。[4]"赢者通吃"理论意味着,一方面,专门从事核心技术开发并投入大量资源以确

---

[1] Daniel W. Drezner, *All Politics is Global*, Princeton, NJ: Princeton University Press, 2007.

[2] 阎学通:《美国遏制华为反映的国际竞争趋势》,载《国际政治科学》,2019 年第 2 期,第 3 页。

[3] Walter Mattli and Tim Büthe, "Setting International Standards: Technological Rationality or Primacy of Power?" *World Politics*, 2003, pp.1-42.

[4] Dieter Ernst, Heejin Lee and Jooyoung Kwak, "Standards, Innovation, and Latecomer Economic Development: Conceptual Issues and Policy Challenges," *Telecommunications Policy*, Vol. 38, No. 10, 2014, pp.853-862.

保其解决方案被编入标准的企业或国家将拥有强大的市场地位；另一方面，后发企业或国家由于没有"核心技术"，在国际技术标准制定中自然处于劣势，被迫接受由占主导地位的行为体制定的标准并支付版税，并且对于后发企业或国家而言，制定和实施国际技术标准的成本是巨大的，其创新能力更是远远落后于先进企业或发达国家。① 有学者以高速铁路标准的制定为案例解释"赢者通吃"时指出，先行者可以预先确定轨距、电压和列车控制系统等技术规格，使得他们比后来者享有优势，因为新的供应商需要以更高的成本遵守现有的标准体系。② 国际技术标准的制定允许先行者锁定有利的技术条件，以阻止来自其他人的竞争。③

作为现实主义在国际技术标准领域的具体应用，"赢者通吃"理论认为，技术优势作为实力，有助于国家形成和扩张权力（也就是制定新的国际技术标准），权力有助于该国获取更多的利益，也就是实现更大的技术和贸易优势。如此，就形成一个正反馈，技术优势通过技术标准不断扩大。该理论具有一定的解释力，但没有注意到这种"通吃"只是在一定的时间尺度和特定的技术和行业领域起作用，在更大的时间尺度和跨领域的技术行业中则可能存在问题，即当"赢者"的技术被后来者突破或者出现革命性创新后，这种"通吃"的局面就会打破。

此外，在国际技术标准问题的研究中，大部分学者将研究对象分为发达国家和发展中国家两大类，或者分为发达国家的企业和发展中国家的企业两大类。例如，有学者指出，大多数发展中国家是标准的接受者，制造由发达

---

① Jooyoung Kwak, Heejin Lee and Vladislav V. Fomin, "Government Coordination of Conflicting Interests in Standardisation: Case Studies of Indigenous ICT Standards in China and South Korea," *Technology Analysis and Strategic Management*, Vol. 23, No. 7, 2011, pp.789-806.
② Karl Yan, "Rethinking China's Quest for Railway Standardization: Competition and Complementation," *Journal of Chinese Governance,* Early Access, 2020, pp.1-26.
③ Shang-Su Wu and Alan Chong, "Developmental Railpolitics: The Political Economy of China's High-Speed Rail Projects in Thailand and Indonesia," *Contemporary Southeast Asia*, Vol. 40, No. 3, 2018, pp.503-526.

国家开发和标准化的产品[①];就创新而言,发展中国家远远落后于发达国家,他们需向发达国家支付技术使用费[②];随着技术变得越来越复杂和相互关联,发达国家通过积极的专利申请先发制人、占据技术优势。在这种情况下,发展中国家可以将标准化视为解决技术依赖的办法。[③]

这样划分研究对象的确可以观察到这两类行为体在国际技术标准制定中的特点,但忽略了发达国家与发达国家之间以及他们的企业之间的竞争。正如有学者指出的,技术壁垒纠纷主要体现在发展中国家与发达国家、发达国家与发达国家之间。前者表现为高端技术和低端技术的差异,而后者表现为技术的水平差异(即两国技术水平相当,只在一些兼容性或服务等方面有所差别)。[④]技术先进的行为体(国家或企业)之间的竞争是打破"赢者通吃"宿命论的重要起因。技术标准的主导权固然很难从发达国家转移到发展中国家,或者从技术先进的企业转移到技术落后的企业,但是,技术标准的主导权从一个发达国家转移到另一个发达国家,或者从一个技术先进的企业转移到另一个技术先进的企业却不是不可思议的。从基本目的出发,本章的研究对象主要是技术先进企业之间以及他们所在国家之间在技术标准领域的互动规律。

三、技术标准的发展运行逻辑

现实主义者关于"赢者通吃"的思路笼统地基于如下的看法:技术优势

---

① Dieter Ernst, Heejin Lee and Jooyoung Kwak, "Standards, Innovation, and Latecomer Economic Development: Conceptual Issues and Policy Challenges," *Telecommunications Policy*, Vol. 38, No. 10, 2014, pp.853-862.

② Jooyoung Kwak, Heejin Lee and Vladislav V. Fomin, "Government Coordination of Conflicting Interests in Standardisation: Case Studies of Indigenous ICT Standards in China and South Korea," *Technology Analysis and Strategic Management*, Vol. 23, No. 7, 2011, pp.789-806.

③ Dieter Ernst, Heejin Lee and Jooyoung Kwak, "Standards, Innovation, and Latecomer Economic Development: Conceptual Issues and Policy Challenges," *Telecommunications Policy*, Vol. 38, No. 10, 2014, p.856.

④ 金雪军、程蕾:《技术差异引致技术壁垒的机制分析》,载《企业经济》,2004年第2期,第18-19页。

是国家的一种实力，这种实力有助于国家建立和扩充权力，具体来说，就是主导建立对自己有利的技术标准。这种权力（有利的技术标准）又给自己带来了各种利益，包括更多的市场优势和技术优势。综合来看，这个逻辑有一定道理；但深入具体的技术领域，这个逻辑运行的链条可能不是很长，尤其是在面临来自发达国家或技术先进企业竞争的时候。一个企业投入资源制定技术标准，未必能够保持长期的技术优势。原因在于，其他发达国家技术先进的企业有可能将其从其他渠道获得的资源用于技术创新，从而获取新的技术优势，并建立新的技术标准。也就是说，如果我们将竞争对象分为发达国家和发展中国家，笼统地看，拥有技术优势的国家在今后有更多机会保持和发展自己的技术优势，形成所谓的"赢者通吃"；但是，如果具体到个别行业，在技术先进的企业之间，技术领先可能只是暂时的。

实际上，有学者已经认识到这个现象，指出"标准化是动态的，而不是静态的。它的意思是，不要停滞不前，而是一起前进"[①]。这个观点在今天仍然适用。对于一个企业或一个国家来说，在起步或者发展阶段，随着技术的积累，市场份额逐渐增多，国际话语权不断增强。当国际话语权增加到一定程度，基于自身的实力和资源，企业或国家就拥有了规则制定权。这时，企业或国家就会制定有利于自身的国际技术标准，从而形成对自己有利的市场格局。在这期间，后发企业或国家想突破技术壁垒的成本巨大，只能让利、遵循已经制定好的国际技术标准。可以说，在这一阶段，先发企业或国家主要利用突破壁垒的高成本来维持自身优势。但是，随着技术的进步和创新，一些拥有较强技术实力的后发企业或国家突破先发企业或国家技术壁垒的成本会逐步下降，先发企业或国家的优势逐步丧失。当突破壁垒的成本降低到可以忽略不计时，先发企业或国家将彻底失去优势，企业或国家间将重新洗牌竞争，技术壁垒运行进入下一个周期。随着时间的推移，一些企业或国家主导国际技术标准、享受有利贸易格局的周期被打破，不断进入下一个循环。这就是发达国家之间、技术先进企业之间技术标准主导权运行的主要逻辑（见

---

① Sherrie Bolin ed., *The Standard Edge: Future Generation 2005,* Ann Arbor, MI: Sheridan Press, 2005, pp.247-260.

图 2-2），这与技术生命周期理论不谋而合①，但有别于发达国家和发展中国家互动的主要逻辑。

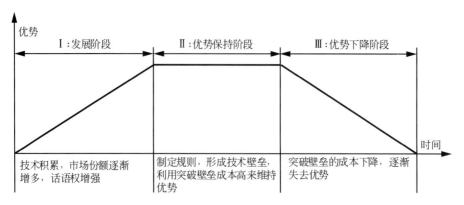

图 2-2　技术先进行为体之间技术标准主导权运行的主要逻辑（单个周期）

那么，后发企业或国家如何能够超越先发企业和国家呢？美国学者波斯纳（Michael V. Posner）提出的技术差距（technical gap）理论认为，世界各国在技术水平上存在着差异。技术上领先的企业或国家先开发出一种新产品的生产技术或生产工艺，导致其在一定时期内享有比较优势。随着其他企业或国家对技术的模仿，将会带来技术的转移和扩散，其他企业或国家迟早会掌握甚至超过该项技术，从而使得技术上领先的企业或国家的比较优势逐渐丧失，甚至完全没有比较优势。技术上领先的企业或国家具有"先行者优势"，但要持续这种优势，必须具备可使用的技术（appropriable technology）、可抢占的资源（preemptible resources）、客户转换成本（customer switching costs）和网络效应（network effects）等条件中的一个或多个，否则，"先行者优势"将不可持续。② 尽管技术上领先的企业或国家具有"先行者优势"，但是后发企业或国家具有"后发优势"，即在某种程度上可以"搭便车"，避免先行企

---

① Everett M. Rogers, *Diffusion of Innovation* (Third Edition), New York: The Free Press, 1983, pp.134-162; Michael G. Harvey, "Application of Technology Life Cycles to Technology Transfers," *The Journal of Business Strategy*, Vol. 5, No. 2, 1984, pp.51-58.

② Marvin B. Lieberman, "First-Mover Advantage," in Mie Augier and David J. Teece eds., *The Palgrave Encyclopedia of Strategic Management*, London: Palgrave Macmillan, 2018.

业或国家之前所走过的"弯路"。① 先行者主导制定国际技术标准，虽然可以通过技术壁垒获取市场优势，但在事实上也推动了技术的转移和模仿，后发企业可以"依样画葫芦"，降低试错成本，获得后发优势。

科技发展史也证实了上述逻辑。例如，在高速铁路领域，一直以来，国际上使用的标准是由欧洲机车车辆制造商所建立的。中国企业经过多年的技术积累和创新，打破了以欧洲为首的市场壁垒，将中国标准推向国际，成为发展中国家技术先进企业赶超发达国家的典型案例。②

原先主导国际技术标准的企业或国家所具有的比较优势为本企业或本国带来巨大的经济利益，所以他们不会轻易放弃比较优势，而是采取知识产权保护和技术许可证等各种措施减缓技术壁垒消失的速度，通过不断提高产品质量和安全等性能的技术标准来阻碍后发企业或国家的跟踪和模仿。③ 与此同时，另外一些技术先进的企业可能会乘虚而入，加大投资，重新引入新的国际技术标准。所以，在国际技术标准领域，技术领先的企业或发达国家之间会不断地出现此消彼长的竞争，出现技术壁垒消减和增长的波动。

四、以技术标准为基础的技术与贸易优势具有暂时性和周期性

根据上述技术先进行为体之间技术标准与贸易格局运行的主要逻辑，可以发现，技术先进企业或发达国家通过主导国际技术标准建立有利的技术和贸易格局，这种逻辑不会永久发挥作用，比较优势只是在一定的时期内存在。因此，以特定技术标准为基础所形成的贸易格局是暂时的。当某一阶段的技术标准经历了产生—保持—衰微的周期后，其他企业或者国家会主导新的国际技术标准，建立新的技术和贸易格局，进入下一个周期，如此循环往复。

---

① Constantinos C. Markides and Paul A. Geroski, *Fast Second: How Smart Companies Bypass Radical Innovation to Enter and Dominate New Markets*, San Francisco: Jossey-Bass, 2005.
② Karl Yan, "Rethinking China's Quest for Railway Standardization: Competition and Complementation," *Journal of Chinese Governance*, Early Access, 2020, pp.1-26.
③ 朱启荣：《技术贸易壁垒问题的政治经济学分析》，载《世界经济研究》，2003年第9期，第52-56页。

因此，以技术标准为基础的技术壁垒是周期性的。不同的产业和项目中技术元素的更新速度不同，投资者和消费者的偏好不一样，以技术标准为基础的贸易格局的周期也不完全一样。传统领域一般是在技术相对成熟并形成产品之后再进行标准化，属于后标准化（reactive standardization）。后标准化的时间长，所形成的贸易格局的周期也长。信息技术领域在技术并未成熟时就要定义未来产品需求的标准化，属于前标准化（proactive standardization）。前标准化的时间短，所形成的贸易格局的周期也短。①

如前所述，传统产业标准制定的时间一般很长，大约需要 3～5 年或更长时间，对应的技术生命周期能够达到几十年。因此，对于技术领先的企业或发达国家来说，比较优势延续的时间很长，所形成的技术和贸易格局的周期也会很长，其时间尺度是十年或者更长。②相对于传统产业，以无线通信等信息产业为代表的新兴产业技术生命周期则很短。得益于微电子和现代工艺技术的飞速发展，无线通信技术和产业更新换代不断加快。1986 年，第一代无线通信系统（1G）在美国芝加哥诞生。1G 采用模拟信号传输，只能用于语音通信，且语音品质低、信号不稳定、涵盖范围也不够全面。1995 年之后，以欧洲为代表的第二代无线通信系统（2G）正式取代 1G，从模拟调制进入数字调制，语音质量大为提高，数据传输速率进一步增大，保密性和系统容量不断提升。2009 年后，以 CDMA2000、WCDMA、TD-SCDMA 三大标准为代表的第三代无线通信系统（3G）取代 2G，满足了业务丰富、价格低廉、全球漫游和高频谱利用率等基本要求，并且中国自主研发的 3G TD-SCDMA 成为发展中国家电信史上的重要里程碑，与美国和欧盟等发达国家一起，为国际无线通信技术标准的发展作出贡献。2013 年后，以 TD-LTE 和 FDD-LTE 为代表的第四代无线通信系统（4G）取代 3G，数据传输速率进一步增强，服务功能更加丰富，并且中国自主研发的 TD-LTE 标准系统，成为全球网络

---

① Kai Jakobs, *Standardisation Processes in IT: Impact, Problems and Benefits of User Participation*, Wiesbaden: Vieweg+Teubner Verlag, 2000, p.13.
② 关于技术生命周期及技术和贸易格局的持续时间，参见王平、侯俊军：《从传统标准化到标准联盟的崛起——全球标准化治理体系的变革》，载《标准科学》，2020 年第 12 期，第 51-62 页。

规模最大、客户最多的系统。2020年之后，5G陆续开始取代4G，应用场景不仅满足了移动互联网，还能满足物联网，数据传输的低延时、高可靠、低功耗等功能进一步提高，中国制定的标准继续引领全球。可以看出，以无线通信等信息产业为代表的新兴产业技术生命周期约为几年，技术先进企业主导国际技术标准所获得的有利的技术和贸易格局的周期也仅为几年。

由此可知，基于技术标准的技术和贸易格局是暂时的和周期性的，不同技术壁垒的周期性不同，这与"赢者通吃"理论的预言并不一致。从前述的事实可以看出，技术先进的企业和国家之间的国际合作和竞争是一个长期过程。多数情况下，他们无法借助单个技术领域的标准获得长期有利的技术和贸易格局，无法一劳永逸地获取技术壁垒的垄断利益。国家或者企业之间在长期的合作和竞争过程中，单个行业实力此消彼长，技术优势和有利贸易格局的暂时性和周期性[①]导致任何国家或者企业都不可能在某一行业永远保持垄断性优势，不可能长期做到"赢者通吃"。即使国家之间关系稳定，企业层面的竞争亦不可避免。一些行业的技术标准几年一变，另外一些行业坚持的时间稍长，但也不可能一成不变。主导技术标准的企业稍有不慎就可能居于落后。

如果我们用发达国家技术先进企业和发展中国家技术落后企业的二元视角看待国际技术标准，就会有"赢者通吃"的判断。但如果我们深入观察技术先进企业群体内部的相互关系，就会看到技术标准主导权的竞争和更替是普遍和常见的。即使其他国家目前主导一些行业的技术标准，中国也有机会在今后参与其中，为国际技术标准作贡献。反过来，即便中国企业目前主导某些行业的技术标准，也并不代表不会面对其他国家技术先进企业的竞争。将技术标准主导权视为一种宿命或者一劳永逸，都是不准确的。

技术标准主导权的暂时性和周期性与以美国为首的西方国家鼓吹的"中国威胁论"完全不一致。"中国威胁论"声称，中国试图利用特定领域的技术优势，积极主导新兴领域的技术标准，建立永久性不利于西方的技术和贸

---

① "暂时性"是指一个国家或企业的技术和贸易优势不可能长期保持；"周期性"是指技术先进行为体之间技术标准主导权运行的逻辑会重复，但是在不同的周期内，主导技术标准的行为体可能会发生变化。

易格局，甚至"威胁"到西方国家的国家安全。这种论调旨在对西方的社会资源进行动员，以便不惜成本地打压中国企业。但实际上，随着中国经济和技术的发展，中国企业提供公共产品的机会增多，也包括为国际技术标准作贡献。这符合技术标准发展的动态性，是完全正常的，不可能长期排斥西方国家企业参与制定国际技术标准。西方国家应该理性地看待中国参与制定国际技术标准的事实，加强国家间和企业间的合作，理性对待竞争，实现共赢。

五、竞争性的技术标准并存

笼统地看，强大的全球规则制定者可以通过加大对技术标准的投入来产生"锁定"效应，迫使后来者要么遵守这套标准，要么被排斥在技术市场之外。[1] 如果规则制定者确定了高壁垒或者打破这种规则的成本足够高，则所有后来者都只好遵守唯一的一套国际技术标准。这似乎可以进一步强化规则制定者的地位，使得国际技术标准趋同。近几十年来，随着国际贸易和科技文化交流的不断扩大，特别是贸易全球化和经济区域集团化、高新技术的迅猛发展，国际社会对国际技术标准的需求日益增长，采用单一国际技术标准，或者说国际技术标准的趋同似乎将成为全球普遍的发展趋势。[2] 但实际上，规则制定者往往很难建立起难以模仿的高壁垒，因为建立技术壁垒的常用方式是专利和/或版权保护。规则制定者特别希望通过这种法律工具建立起强大的专利和/或版权壁垒，以保护他们的知识产权免受潜在竞争对手的模仿。然而，事实是，专利和版权只能减缓竞争对手的模仿速度，而不能完全阻止。[3] 这样一来，随着时间的推移，规则制定者的相对优势会逐渐减少，直至消失。同时，技术标准的高壁垒也可能会激励有能力的竞争对手开发具有自身优势

---

[1] David Vogel and Robert A. Kagan, *Dynamics of Regulatory Change: How Globalization Affects National Regulatory Policies*, Berkeley, CA: University of California Press, 2002.

[2] 张国华：《标准趋同——21世纪全球标准化发展趋势》，载《中国标准化》，2001年第8期，第6-7页。

[3] Charles W. L. Hill, "Establishing a Standard: Competitive Strategy and Technological Standards in Winner-Take-All Industries," *Academy of Manage Executive*, Vol. 11, No. 2, 1997, pp.7-25.

的先进技术，从而导致国际上出现两个或者更多竞争性的技术标准，或者说国际技术标准趋异。

例如，在无线通信标准发展史上，2G 就有两种标准：一种是以欧盟为代表的基于 TDMA 技术所发展出来的 GSM 标准；另一种是以美国为代表的基于 CDMA 技术所发展出来的标准。这是两种竞争性的技术标准。在 2G 时代，欧盟和美国依靠相对优势设置了各自的技术壁垒，使得其他国家只能跟随和模仿。但是，欧盟和美国的企业并未在 2G 技术标准上实现妥协，将它们推崇的技术标准合二为一，而是各搞一套，围绕产品和贸易进行了激烈的竞争。在此阶段，中国企业还无力参与竞争，只能努力学习[1]，并为欧美供应商支付版税。在国际 3G 标准开发时，中国才开始推进自己的 3G 标准化计划。[2] 最初的 3G 标准化工作是通过 3G 合作伙伴计划（3GPP）进行的，主要专注基于 CDMA 的全球移动通信系统的后续产品（称为 WCDMA），并获得国际电信联盟（ITU）的认可。然而，这些努力遭到了包括美国和加拿大在内的国家的反对，它们支持由高通公司开发的 CDMA2000 标准。同时，由于中国的技术积累、创新和坚持，开发了 TD-SCDMA，并提交 ITU 申请作为国际技术标准。经过多次激烈的国际辩论和妥协，ITU 最终于 2000 年批准 WCDMA、CDMA2000 和 TD-SCDMA 同时作为国际技术标准。[3] 从这个案例可以看出，在 2G 时代同时存在着 GSM 和 CDMA 两个竞争性标准；到了 3G 时代，则出现了 WCDMA、CDMA2000 和 TD-SCDMA 三个竞争性标准，其中一个由中国企业主导建立。我们能够看到，在通信行业并未出现国际技术标准完全趋同、一个标准"通吃天下"的局面。

实际上，多个竞争性技术标准的存在是一种普遍现象，不仅体现在通信

---

[1] Pierre Vialle, Junjie Song and Jian Zhang, "Competing with Dominant Global Standards in a Catching-up Context. The Case of Mobile Standards in China," *Telecommunications Policy*, Vol. 36, No. 10-11, 2012, pp.832-846.

[2] Xudong Gao and Jianxin Liu, "Catching up Through the Development of Technology Standard: The Case of TD-SCDMA in China," *Telecommunications Policy*, Vol. 36, No. 7, 2012, pp.531-545.

[3] Jorge L. Contreras, "Divergent Patterns of Engagement in Internet Standardization: Japan, Korea and China," *Telecommunications Policy*, Vol. 38, No. 10, 2014, pp.914-932.

行业，还体现在很多其他行业。例如，电视机的制式就曾经存在着 N 制和 PAL 制，交流电插头存在着多个制式和标准。在中国企业有能力参与国际技术标准制定之前，来自欧美的企业就已经竞争激烈，出现了很多竞争性的国际技术标准。前述 2G 时代的 GSM 标准和 CDMA 标准之争就是欧美竞争的典型例子。现在不同的只是中国企业开始参加国际技术标准的制定。在多个竞争性标准中出现一个中国企业主导的标准，这是普通和正常的现象。今后，随着技术能力的提升，中国企业会更多地参与国际技术标准的制定。有些情况下，各方能够达成妥协，各种倡议最后融合成一个标准，这是皆大欢喜的结果。有些情况下，各方难以达成妥协，就可能形成若干个竞争性的技术标准。不管出现哪种情况，旧的标准大多会在一定的周期后被新的标准所代替，这是由国际技术标准的动态性特征决定的。中国企业参与国际技术标准的制定，并未改变国际技术标准的运行规律。"中国威胁论"渲染中国企业会永久地改变国际技术标准和贸易格局的判断并无依据。

竞争性的技术标准的确会在一定程度上阻碍技术交流。美国目前正试图用"技术脱钩"战略来压制中国，有可能利用竞争性技术标准来实现这一意图。当前，美国政府将大国竞争作为国策，将技术竞争作为对华政策的一个重要元素，限制美国以及其他西方国家的企业与中国企业进行技术交流，试图在西方国家与中国之间开展"技术冷战"和"技术脱钩"，加速隔断双方的科技生态系统，打造不包括中国在内的新的技术供应链。美国已经在打击为国际技术标准作贡献的中国科技企业，今后有可能不惜成本，着意扶植与中国对抗的竞争性技术标准，并借助这些竞争性标准之间的差距，推动中美间的"技术脱钩"。

六、以政治利益驱动技术标准竞争

企业之间进行技术标准竞争更多的是遵循经济逻辑。当一个企业对技术标准的投资超过其从技术标准中获取的收益时，或者超过其承受能力时，企业会改弦易辙，这就使得企业之间的技术标准之争更符合图 2-2 所表现的逻辑和规律。在图 2-2 的逻辑中，在企业力不能胜时，它要么放弃自己原来力

第二章 国际技术标准与大国竞争——以信息和通信技术为例

推的国际技术标准,要么与其他企业联合发展新的标准,这就是国际技术标准发展的动态性。但是,在国际技术标准的竞争中,政府有时候会为政治目的所驱动进行介入,利用法律地位和管理者的身份,挑选或扶持技术界和产业界中的"优胜者"[①],通过政治性谈判或利用在国际技术标准组织中的影响力保证本国的技术标准在国际竞争中获得优势[②],从而在一定程度上改变原有的竞争逻辑。因此,技术标准的制定不仅是技术和经济利益的竞争,还可以被视为一个国家国内政治经济的外部合法化(external legitimation)或"外源性表达"(exogenous expression)[③]过程。政府可能会把行业外的经济资源投入技术标准之争,从而放大技术标准竞争的烈度;甚至可能动用政治和战略资源,例如,要求来自盟国的企业支持本国企业的标准,使得技术标准之争具有战略竞争的意味。从另一个层面讲,企业为了追求自己的利益,常常设法寻找技术标准化与政府政策之间的结合点,借助集体或国家的利益和活动来表达自己的诉求,将技术标准制定政治化,从而引发国家间的政治利益竞争。[④]

例如,20世纪50年代末,美国发明了集成电路并申请了专利,最早制定了集成电路标准。早先,日本购买了美国相关的集成电路专利,采用其标准。经过几年的快速发展,日本于60年代开发出成本低、质量高的集成电路,并申请了很多相关专利,可以说是制定了与美国不同的集成电路标准,一跃成为集成电路出口大国。美国认为,日本集成电路的专利和标准严重影响到自身的科技竞争力、国际贸易和国家安全。为此,自70年代开始,美国不断从知识产权、贸易规则和国家安全等方面打压日本的半导体企业。1982年,美国商务部对日本半导体展开倾销调查。1984年,美国出台《半导体芯

---

① 李国武:《政府干预、利益联盟与技术标准竞争:以无线局域网为例》,载《社会科学研究》,2014年第5期,第28-36页。
② 毕勋磊:《政府干预技术标准竞争的研究述评》,载《中国科技论坛》,2011年第2期,第10-14页。
③ Karl Yan, "Rethinking China's Quest for Railway Standardization: Competition and Complementation," *Journal of Chinese Governance*, Early Access, 2020, pp.1-26.
④ Christian Frankel and Erik Højbjerg, "The Political Standardizer," *Business & Society*, Vol. 51, No. 4, 2012, pp.602-625.

片保护法》，为美国企业对日本企业发起侵权诉讼提供法律依据。1985年，美国就日本半导体倾销提起301条款起诉。1986年，美日签订《半导体协议》，要求限制日本半导体的对美出口，并扩大美国半导体在日本市场的份额。1989年，美日补充签订《半导体保障协定》，要求开放日本半导体产业的知识产权和专利。1991年，美日再次签订新的《半导体协议》，要求日本让出国内超过20%的半导体市场份额。[①]1997年，美国提出第三次续签协议，但没有达成。经过美国一系列的技术壁垒限制和打压，日本开放了其知识产权和专利，半导体企业失去技术优势和标准优势，市场份额被美国占有。可以看出，美国打压日本半导体产业的发展，不仅阻碍了日本半导体技术的发展，提高了美国技术的竞争力；还抢占了日本曾经占有的市场份额，提高了美国经济的竞争力；更是将这种竞争上升到政治利益和国家安全层面，不惜动用一切手段维护美国的国家利益。

根据技术标准发展的运行逻辑，以技术标准为基础的技术和贸易优势具有暂时性和周期性，通过技术标准竞争来实现永久的利益是不太现实的。政府介入国际技术标准之争，可能带有政治目的，其方法是将本国企业之外的资源用于帮助本国企业进行标准之争。这些额外资源使得本国企业的对手处于不利的地位，因此，政府的手段可能有助于本国企业在发展技术标准时击败竞争对手，也可能协助本国发展与对手不同的、竞争性的技术标准。但是，随着时间的推移，如果本国企业推行的技术标准被新的技术超越，其中技术标准的技术和经济逻辑就会发挥作用，这时，政府的协助也很难挽救过时的技术标准。在图2-2中，政府介入可能打乱前两个阶段（标准发展阶段和优势保持阶段）的技术和经济逻辑，但并不能挽回第三个阶段（优势下降阶段）。在本国企业主导的技术标准的优势下降阶段，即使政府介入能够打压部分竞争者，其结果也只能是有利于其他竞争者。也就是说，政府介入会激化国际技术标准竞争，可以"损人"，但只能在短期内"利己"。

传统技术由于更替周期慢，技术标准由西方国家主导的时间相对较长。

---

① Timothy J. Bartl, "The 1991 U.S.-Japan Semiconductor Agreement: Will the New Approach Yield Old Results," *Minnesota Journal of International Law*, 1992, p.119, https://scholarship.law.umn.edu/mjil/70，访问时间：2022年8月1日。

出于对技术竞争成本的计算，发展中国家的企业接受已经制定的技术标准更普遍一些。新兴技术，尤其是通信技术和数字技术的发展速度快，技术标准的更新周期短；与此同时，一些发展中国家的新兴企业也步入国际技术标准的竞争之中。因此，新兴技术领域技术标准的运行更会呈现暂时性和周期性的规律，很可能出现"你方唱罢我登场"的局面，以至于一国难以通过技术标准竞争实现长久的政治利益。

七、结论

本章的研究表明，技术标准的运行具有周期性。实际上，"先行者优势"和"赢者通吃"等只能在一定的阶段起作用。当"先行者"或"赢者"的技术被后来者突破或者出现革命性创新后，这种"正反馈"就会被打破。从本章提出的技术先进行为体之间技术标准与壁垒运行的逻辑和规律可以看出，技术标准制定或技术和贸易优势具有周期性，上一个周期的先行者或赢者未必能够延续到下一个周期，后来者完全有可能取而代之。美国声称的所谓中国企业主导的技术标准将完全取代西方，对西方构成长久威胁的说法是站不住脚的。

本章的研究还表明，国际技术标准不一定是单一的，可能并存竞争性的技术标准。即使是在最为新兴的通信技术和数字技术等领域，也几乎没有出现单一技术标准一统天下的现象，反而是数个技术标准并存的现象更为普遍。从技术和经济逻辑上来看，这种现象是合理的。主导技术标准的企业有很多前期成本，很难改弦易辙。在技术标准难以统一时，几个主导企业只好各行其是，从而形成竞争性的技术标准并存的局面。单纯从技术和经济的逻辑来看，竞争性标准并存的现象最后也会受到周期规律的制约。随着技术的发展，突破竞争性标准之间差异的成本会越来越小；或者这些旧的竞争性标准会因为过时而让位于新的标准。在一些行业领域的国际技术标准中，中国企业贡献自己的标准，这是非常正常的现象，符合国际技术标准的运行规律。但我们要警惕美国政府使用政治手段介入，破坏国际技术标准运行的技术和经济规律。

本章认识到，政府可能因为政治利益的驱动而介入企业之间关于国际技术标准的竞争。由于政府可以将行业外资源，尤其是行政资源用于竞争，这在一定程度上可以改变国际技术标准运行的经济与技术逻辑，对竞争对手实施打压。但是，政府的介入很难完全改变国际技术标准运行的经济与技术逻辑。当一套旧的技术标准由于过时而缺乏合理的经济和技术支撑时，政府的介入很难加以挽救。在国际技术标准运行周期的后期，政府介入的成本会加大，延长运行周期的作用极为有限。政府介入只是打压了部分竞争者，但是无法封杀所有竞争者，甚至会给其他竞争者带来机会。目前，美国政府已经在采取行动，打压在技术标准领域有竞争力的中国企业，从而伤害到这些企业在国际技术标准上的努力。对此，我们需要高度警惕。与此同时，我们也应该看到，美国政府的这些粗暴干预并不能帮助其企业长期垄断技术标准优势，其结果只会扰乱竞争秩序。

本章还认识到，先行者制定技术标准是有收益的，但也不能过分夸大收益而忽略成本。通常认为，技术标准的制定是涉及分配收益的国际竞争，谁制定的标准被采纳为国际技术标准，谁就会具有相对优势，就会受益。为此，每个有实力的企业或国家都希望自己制定的标准在全球范围内被采纳，成为国际技术标准。但是，我们要客观地看待先行者制定技术标准带来的净收益。首先，先行者在发展阶段投入成本巨大。要有实力制定技术标准，意味着先行者具有强大的技术实力、市场实力，以及公关实力，而这些实力的积累和取得需要付出巨大成本。相对于先行者来讲，跟随者的成本要小很多，因为跟随者只需付出很少的代价就可以享用先行者付出巨大成本所取得的解决方案，还可以避免重走先行者早期走过的弯路。其次，先行者的优势保持阶段持续时间有限且维护成本很高。对于信息和通信等新兴技术和产业，先行者的优势保持阶段一般只有几年，相对于先行者前期的积累时间是很短的。同时，在此期间，先行者还必须花费巨额成本来维护可使用的技术、可抢占的资源、客户转换成本和网络效应等市场特征，以抵御后来者的竞争。因此，要充分权衡制定技术标准的成本和收益。

对中国企业极为重要的一个话题是，如何应对美国政府对国际技术标准竞争的粗暴干预和对中国企业的打压。特朗普主政美国期间，采用实体清单等手段对拥有制定国际技术标准能力的中国企业实施打压,对中国发动贸易战,推动中美科技"脱钩"。约瑟夫·拜登(Joseph Biden)上台后,仍将科技领域视为未来中美竞争的主战场,视中国为最重要的战略竞争对手,对中国参与国际技术标准制定的高科技企业继续实施打压。拜登政府采用出口管制、市场禁入和专利诉讼等手段制裁中国的高科技企业,积极与盟友构建"压制联盟",从技术、规则、标准、供应链、市场、监管等多方面形成共识和协调,目的是排挤中国企业参与全球技术规则和标准建设。对于美国在国际技术标准领域的粗暴干涉和无理打压,我们需要高度警惕,沉着应对。在踏实进行能力建设的基础上,我们要尊重科技与经济规律,继续改革开放,与其他国家或企业开展积极合作,为国际技术标准的制定和建设作出应有贡献。

第三章
数字技术竞争与东亚安全秩序[*]

孙学峰

一、导论

国际秩序是国际关系理论的基础概念。在既有文献中,国际关系学者界定国际秩序通常采取三种路径。第一种思路是将秩序界定为稳定状态,稳定的核心标志则是不使用武力解决国家之间的分歧,特别是能够避免大国之间的战争和武装冲突。[①] 这一思路可以帮助我们判断有无秩序,但无法清晰区分秩序的类型和达成稳定的核心路径。第二种思路是将秩序界定为塑造国家间合作的国际制度和规范[②],比如,"二战"后跨大西洋地区的秩序因主要遵

---

[*] 本章首发于《国际安全研究》2022年第4期。本章所指的东亚安全秩序相关国家包括中国、日本、韩国、朝鲜、东盟十国(文莱、柬埔寨、印度尼西亚、老挝、马来西亚、菲律宾、新加坡、泰国、缅甸、越南)、澳大利亚及美国,文中称为"东亚安全体系内国家"。

[①] 阎学通:《无序体系中的国际秩序》,载《国际政治科学》,2016年第1期,第13页。

[②] 例如,可以参见 G. John Ikenberry, *After Victory: Institutions, Strategic Restraint, and the Rebuilding of Order after Major Wars*, Princeton: Princeton University Press, 2001, p.23; Richard A. Falk, *A Global Approach to National Policy*, Cambridge: Harvard University Press, 1975, p.198. 刘丰认为,国际秩序是国际社会中占据主导地位的行为者达成的或默契或明确的安排,而这些安排较高层次的体现则是国际法、国际规则或国际制度等。由此判断,这一定义也可以归入第二种界定思路。参见刘丰:《国际秩序的定义与类型化辨析》,载《世界政治研究》,2021年第4辑,第110-111页。

循了自由主义规范而被界定为自由主义国际秩序。这有助于我们通过其遵循的核心规范来区分秩序类型，但主要的挑战则是难以区分国际秩序与国际制度/规范。此外，存在国际制度或规范并不意味着国家会践行相应的制度规范。为此，第三种思路是将秩序理解为国家的持续性行为模式，这些行为模式的目标是按照特定规范推动相关国家之间的合作①，国家行为和互动的结果也由此具备了较高的可预测性②。也就是说，第三种思路实际上是尝试将前两种思路融合起来，将国际秩序理解为特定规范目标下国家之间模式化的互动关系。③

2008年全球金融危机以来，随着美国自由主义国际秩序面临的挑战日益凸显，有关挑战成因和国际秩序未来走向的讨论再次成为国际关系学界关注的焦点。④ 不过，相关讨论大多数集中于全球层面且重点关注政治、经济等领域的秩序变化。事实上，国际秩序往往发端于国际体系核心区域的地区秩序⑤，而理解地区秩序的关键则是明晰地区安全秩序的性质及其形成条件。例如，美国的自由主义国际秩序就是起步于跨大西洋地区秩序（西欧地区秩序），其核心则是美国主导且以北约为核心框架的地区安全秩序。

按照上述第三种定义国际秩序的思路，地区安全秩序可以界定为相应区域内国家维持本国安全和地区稳定的互动模式，而近现代以来国际关系实践中确实出现过的地区安全秩序，主要包括均势秩序、霸权秩序和权威秩序等

---

① Hedley Bull, *The Anarchical Society*, London: Palgrave, 2002, pp.8, 16-19.
② Shiping Tang, "Order: A Conceptual Analysis," *Chinese Political Science Review*, Vol. 1, No. 1, 2016, pp.34-35; 周方银：《国际秩序变化原理与奋发有为策略》，载《国际政治科学》，2016年第1期，第35页。
③ David A. Lake, Lisa L. Martin and Thomas Risse, "Challenges to the Liberal Order," *International Organization*, Vol. 75, No. 2, 2021, p.228.
④ 参见《国际组织》创刊75周年专刊 "Challenges to the Liberal International Order: International Organization at 75," *International Organization*, Vol. 75, No. 2, 2021.
⑤ 类似思路还可参见 Henry Kissinger, *World Order*, New York: Penguin, 2014, pp.2, 9; Amitav Acharya, *Constructing Global Order: Agency and Change in World Politics*, Cambridge: Cambridge University Press, 2018, p.9.

三种类型。在均势秩序下,国家战略模式的核心是制衡;在霸权秩序下,国家战略模式的核心是强制－追随;在权威秩序下,国家战略模式的核心则是保护－依赖。① 值得注意的是,以上三类地区安全秩序都难以准确地描述20世纪90年代以来东亚安全秩序的核心特征和发展趋势。② 为此,笔者在此前的研究中提出,21世纪以来,东亚安全秩序逐渐呈现出一种战略对冲的互动模式,其核心特征是在维护国家安全和地区稳定过程中,东亚安全体系内的国家既展开竞争但又避免突破上限,其具体表现主要包括:增强自身军事实力但是避免军备竞赛;寻求外部战略支持但不缔结新的军事同盟关系,以避免地区形成阵营对抗;同时,在不损害核心利益的前提下尽可能开展政治安全和战略经济合作;地区中小国家则是尽量避免在中美之间全面选边站队,

---

① 参见孙学峰:《地区安全秩序与大国崛起》,载《当代亚太》,2018第6期,第7-10页; G. John Ikenberry, *After Victory: Institutions, Strategic Restraint, and the Rebuilding of Order after Major Wars*, Princeton: Princeton University Press, 2001, p.19。作为理想类型,地区安全秩序还包括共同体秩序,其核心特征是平等(没有安全保护国)和互助(国家之间不但能够避免冲突,而且可以互帮互助,共同维护安全和地区稳定),但是在近现代以来的国际关系实践中尚未出现共同体秩序。"二战"结束以来的西欧或跨大西洋秩序是典型的权威秩序而非共同体秩序。冷战结束之后,学界有关东亚共同体秩序的讨论,更多的是展望和倡议,而非对国际关系现实的描述和分析。例如,美国和日本学者曾提出基于共同体的东亚安全秩序,参见 G. John Ikenberry and Jitsuo Tsuchiyama, "Between Balance of Power and Community: The Future of Multilateral Security Co-operation in the Asia-Pacific," *International Relations of the Asia-Pacific*, Vol. 2, No. 1, 2002, pp.92-93。按照国际关系等级理论的思路,权威秩序的基础则是主导国与相关地区国家形成的安全等级体系。参见 David Lake, *Hierarchy in International Relations*, Ithaca: Cornell University Press, 2009。

② 相关文献综述参见刘若楠、孙学峰:《局部等级视角下的东亚安全秩序与中美战略竞争》,载《东北亚论坛》,2021年第1期,第44-46页。

第三章　数字技术竞争与东亚安全秩序

对此中美均予以接受和认可。①

不过，随着人类社会加速进入数字时代，美国自 2018 年开始全面打压甚至遏制中国数字技术的实力发展和全球影响，进而引发了国际社会对中美陷入"新冷战"的担忧。即使我们认为中美尚未或难以陷入美苏冷战式的全面对抗②，但是美国打压中国数字技术以及与之相伴随的数字技术竞争也给我们提出了新的问题，即在国际关系逐步进入数字时代的过程中，既有的东亚安全秩序能否经受住数字技术竞争的冲击？东亚安全秩序延续或变化的内在逻辑究竟是什么？对于这些问题，既有研究尚未直接涉及，与之相关的文献主要包括两类：一是梳理分析新兴技术和数字技术竞争对于美国对华政策以

---

① 刘若楠、孙学峰：《局部等级视角下的东亚安全秩序与中美战略竞争》，载《东北亚论坛》，2021 年第 1 期，第 50-56 页；Sun Xuefeng, "United States Leadership in East Asia and China's State-by-State Approach to Regional Security," *Chinese Political Science Review*, Vol. 3, No. 1, 2018, pp.100-112。与均势秩序相比，战略对冲模式最为核心的特征在于，国家之间虽无法回避战略竞争，但会防止突破相互制衡这一上限。参见刘丰、陈志瑞：《东亚国家应对中国崛起的战略选择：一种新古典现实主义的解释》，载《当代亚太》，2015 年第 4 期，第 9 页；孙学峰、刘若楠、欧阳筱萌：《等级视角下的美国单极体系走向》，载《外交评论》，2015 年第 2 期，第 100 页。目前的定义尝试说明对冲与制衡（特别是美苏冷战时期相互制衡）的区别，核心判断标准为是否组建新同盟或展开军备竞赛，但可能面临的主要质疑是超级大国与地区国家在既有同盟框架下针对崛起大国深化安全合作，就应视作放弃对冲而转向了制衡，最为典型的例子就是日本的战略选择。参见吴怀中：《日本对华安全战略：一项制衡议程的新近分析》，载《日本学刊》，2021 年第 5 期，第 60、66-73、76-85 页。对此，可能需要进一步明确此类合作深化到何种水平才能算作制衡，否则也会导致制衡概念的外延过于宽泛而失去分析意义。例如，日本的准同盟战略肯定无法算作制衡行为，而对于高度依赖美国安全保护的日本而言，讨论内部制衡也缺乏实质意义。更为重要的是，要考察偏离战略对冲的政策举措是否有助于相关国家实现战略目标。如果无法有效实现战略目标而使得相关国家重新向战略对冲调整，则说明战略对冲是更符合地区体系环境的战略行为模式。相关讨论参见周方银：《国际安全秩序的稳定性与连续性》，载《世界政治研究》，2021 年第 4 辑。经验事实表明，东亚安全体系内的国家即使尝试全面选边站队，突破竞争上限，也会因难以取得预想效果而进行不同程度的政策调整。2016 年之后，菲律宾不再与中国对抗以及 2018 年之后日本部分缓和与中国的对抗都是典型例证。参见孙学峰、张希坤：《中美战略选择与中国周边环境变化》，载《现代国际关系》，2019 年第 5 期，第 13、16 页。

② 参见 Jue Zhang and Xu Jin, "The Descending Porous Curtain and China-US Strategic Competition," *Chinese Journal of International Politics*, Vol. 14, No. 3, 2021, pp.321-352。

及中美权力转移的影响①；二是展望数字技术竞争背景下国际秩序或数字秩序变迁的可能方向②。第一类文献对数字技术竞争背景下中美战略行为模式的分析颇有启发意义，但基本没有涉及中美关系变化对其他相关国家战略行为模式的影响。第二类文献有助于我们理解和把握数字技术竞争背景下国际/地区秩序的潜在变化，有待完善的方向则主要包括两个方面：其一，为有关变化方向的分析提供更为系统的经验证据；其二，在重视可能发生变化的同时，关注国际/地区秩序的延续性，并对其逻辑机制作出解释，以便我们更为全面准确地理解数字时代国际关系的核心特征和基本原理，这也是本章的核心关切所在。

研究发现，在进入数字时代并面对数字技术竞争冲击的过程中，中国和其他绝大部分东亚安全体系内国家的政策实践并未脱离既有的战略对冲模式，东亚安全秩序呈现出较强的韧性和延续性，主要原因在于两个方面：一是既有安全秩序的形成基础尚未因数字技术竞争弱化，甚至有所巩固和加强；二是数字技术竞争背景下美国的实力特点和政策选择增大了这一地区内国家安全环境的不确定性，进而促使这些国家仍然坚持战略对冲模式。这些发现在一定程度上拓展了我们对数字时代东亚安全秩序乃至国际秩序转型的理论认识，同时对进入数字时代过程中如何妥善处理中美关系和周边关系也具有一定的启发意义。

二、数字时代国际关系的新特征

近年来，随着数字技术和产业革命的推进，人类社会正在加速进入数字

---

① 参见 Andrew Kennedy and Darren Lim, "The Innovation Imperative: Technology and US-China Rivalry in the Twenty-first Century," *International Affairs*, Vol. 94, No. 3, 2018, pp.553-572；阎学通：《数字时代的中美战略竞争》，载《世界政治研究》，2019 年第 2 辑。
② 参见 Xuetong Yan, "Bipolar Rivalry in the Early Digital Age," *Chinese Journal of International Politics*, Vol. 13, No. 2, 2020, pp.313-341; Joseph S. Nye, Jr., "The End of Cyber-Anarchy? How to Build a New Digital Order," *Foreign Affairs*, Vol. 101, No. 1, 2022, pp.32-42。

时代，其核心则是数字经济时代的来临。① 在数字经济时代，数据②成为关键的生产要素，贯穿于经济发展的全过程，并与其他要素不断交叉融合，催生出新的经济形态，同时驱动传统产业的数字化转型。③ 与之相伴随，数据也成为数字时代国家综合实力的关键驱动要素，不仅涉及生产方式、社会治理和生活方式的变迁，而且直接影响国家综合实力的提升和发展。为此，在《中华人民共和国国民经济和社会发展第十四个五年规划和 2035 年远景目标纲要》中，中国政府强调，为迎接数字时代，要"激活数据要素潜能，以数字化转型整体驱动生产方式、生活方式和治理方式变革"④。2021 年 3 月，美国发布的《临时国家安全战略纲要》认为，人工智能、量子计算等新兴技术将全面塑造人类社会，其带来的主要影响包括国家之间的经济和军事实力平衡、未来的工作方式和财富积累、社会内部的不平等。⑤ 事实上早在 2019 年年底，美国就发布了《联邦数据战略》，提出要通过充分利用数据，更好地服务公共利益。⑥ 此后，美国国防部也专门发布了《数据战略》报告，强调必须加速

---

① 中国信息通信研究院：《中国数字经济发展白皮书（2020 年）》，2020 年 7 月，http://www.caict.ac.cn/kxyj/qwfb/bps/202007/P020200703318256637020.pdf，访问时间：2022 年 7 月 30 日。
② 根据联合国贸易和发展会议的定义，数据是指人类可读取的细碎、不相关联的信息。将数据聚集起来并加以处理，可以形成信息、知识和智慧（wisdom）。参见 United Nations Conference on Trade and Development, *Digital Economy Report 2021-Cross-border Data Flows and Development: For Whom the Data Flow*, Washington, D.C., August 2021, pp.5-7.
③ 中国信息通信研究院：《中国数字经济发展白皮书（2020 年）》，2020 年 7 月，http://www.caict.ac.cn/kxyj/qwfb/bps/202007/P020200703318256637020.pdf，访问时间：2022 年 7 月 30 日。
④ 《中华人民共和国国民经济和社会发展第十四个五年规划和 2035 年远景目标纲要》，2021 年 3 月 13 日，http://www.gov.cn/xinwen/2021-03/13/content_5592681.htm，访问时间：2022 年 7 月 30 日。
⑤ The White House, *Interim National Security Strategic Guidance*, Washington, D.C.: Federal Information & News Dispatch, 2021, p.8.
⑥ The White House, *Federal Data Strategy Framework: Mission, Principles, Practices, and Actions*, December 2019, p.1, https://strategy.data.gov/assets/docs/2020-federal-data-strategy-framework.pdf，访问时间：2022 年 7 月 31 日。有关美国数据战略的讨论，可参见杨楠：《美国数据战略：背景、内涵与挑战》，载《当代美国评论》，2021 年第 3 期，第 76-92 页。

推进相关工作，将美国国防部尽早建成以数据为中心的组织机构①，确保其能够更好地适应数字时代的能力要求和战略竞争。

作为经济发展和国家能力的关键要素，数据要充分发挥作用离不开相应技术的支撑。例如，要获得足以改变战争走向的信息优势，不仅需要通过技术设备获得数据，而且要找到整合数据与相关信息的方式。②因此，大国战略竞争日益聚焦于以数字技术为核心的新兴技术竞争。美国《临时国家安全战略纲要》特别强调，世界主要国家正在围绕人工智能、量子计算等新兴技术的开发和部署展开激烈竞争。③美国负责"印太"事务的协调员库尔特·坎贝尔（Kurt Campbell）则明确表示，中美之间战略竞争的核心在于技术，美国必须在新兴技术领域进行更多创新，必须比中国表现得更好。④2019年，时任美国总统特朗普也曾公开强调，在5G技术竞争领域，美国不能落后于任何国家⑤，其论调主要针对的也是中国的5G技术优势。为此，美国直接向英国、德国等国家反复施压，敦促其禁用华为5G设备⑥，同时推动《关于常规武器和两用物品及技术出口管制的瓦森纳协定》（简称《瓦森纳协定》）成

---

① Department of Defense: *DoD Data Strategy*, October 2020, p.2, https://media.defense.gov/2020/Oct/08/2002514180/-1/-1/0/DOD-DATA-STRATEGY.PDF, 访问时间：2022年7月30日。

② "Where to Process Data, and How to Add Them Up," *The Economist*, January 29, 2022, https://www.economist.com/technology-quarterly/2022/01/29/where-to-process-data-and-how-to-add-them-up, 访问时间：2022年7月31日。

③ The White House, *Interim National Security Strategic Guidance*, Washington, D.C.: Federal Information & News Dispatch, 2021, p.8.

④ Noa Ronkin, "White House Top Asia Policy Officials Discuss U.S. China Strategy at APARC's Oksenberg Conference," May 27, 2021, https://fsi.stanford.edu/news/white-house-top-asia-policy-officials-discuss-us-china-strategy-aparc%E2%80%99s-oksenberg-conference, 访问时间：2022年7月31日。

⑤ "Remarks by President Trump on United States 5G Deployment," April 12, 2019, https://trumpwhitehouse.archives.gov/briefings-statements/remarks-president-trump-united-states-5g-deployment/, 访问时间：2022年7月31日。

⑥ 孙学峰、张希坤：《美国盟国华为5G政策的政治逻辑》，载《世界经济与政治》，2021年第6期，第128-136页。

员国家扩大对华半导体的出口管制范围，以防范中国获取相关技术。① 与此同时，美国还推动创立"布拉格 5G 安全大会"，探讨如何在经济、安全等领域排除中国 5G 技术产品②，发起"D10 俱乐部"（七国集团外加澳大利亚、韩国和印度），减少对中国电信技术的依赖等。③ 中国则在 2017 年发布了《新一代人工智能发展规划》，提出到 2030 年成为世界主要人工智能创新中心的发展目标。④

除了技术能力竞争，确保数据安全及其有序流动也是国家关注的重要问题。前任美国国务卿迈克·蓬佩奥曾明确表示，只要是主权国家，就必须有能力保护数据，否则就称不上是主权国家。⑤ 为此，不少国家都在探索相应的国际规范和具体规则，数字技术规范的国际竞争也因此日趋激烈。在《临时国家安全战略纲要》中，美国强调要与伙伴国家一道建立新的规则，以抓住机会，推进现有技术创新。⑥ 美国国务院专门成立了网络空间与数字政策局，其核心使命之一就是推广符合美国价值的数字技术标准和规范。⑦ 美国与七国集团的其他成员国提出了数字技术标准协作框架⑧，同时宣布建立价

---

①③ 卢周来、朱斌、马春燕：《美对华科技政策动向及我国应对策略》，载《澎湃新闻》，2021 年 7 月 14 日，https://www.thepaper.cn/newsDetail_forward_13575098，访问时间：2022 年 7 月 29 日。

② "The Third Prague 5G Security Conference Has Ended," February 12, 2021, https://www.vlada.cz/en/media-centrum/aktualne/the-third-prague-5g-security-conference-has-ended-192845，访问时间：2022 年 7 月 29 日。

④ 中国政府网：《新一代人工智能发展规划》，2017 年 7 月 20 日，http://www.gov.cn/zhengce/content/2017-07/20/content_5211996.htm，访问时间：2022 年 7 月 29 日。

⑤ John Eggerton, "Pompeo: Huawei Tech Threatens National Sovereignty," *Multichannel News*, January 27, 2020.

⑥ The White House, *Interim National Security Strategic Guidance*, Washington, D.C.: Federal Information & News Dispatch, 2021, p.9.

⑦ U.S. Department of State, "Our Mission," https://www.state.gov/bureaus-offices/deputy-secretary-of-state/bureau-of-cyberspace-and-digital-policy/，访问时间：2022 年 7 月 29 日；U.S. Department of State, "Establishment of the Bureau of Cyberspace and Digital Policy," April 4, 2022, https://www.state.gov/establishment-of-the-bureau-of-cyberspace-and-digital-policy，访问时间：2022 年 7 月 30 日。

⑧ "Framework for G7 Collaboration on Digital Technical Standards," April 28, 2021, http://www.g7.utoronto.ca/ict/2021-annex_1-framework-standards.html，访问时间：2022 年 7 月 29 日。

值驱动且值得信赖的数字生态系统。①2021年9月24日，美日澳印四国领导人发布了《技术设计、开放、管理和使用的四国原则》，确保合作研究符合科学基本原则和共同价值。②为塑造人工智能的未来规范，美国联合14个国家创立了"人工智能全球合作伙伴组织"，支持以人权和自由民主价值为基础的人工智能发展和运用。③在2021年9月进行的首次美国—欧盟贸易和技术委员会会议上，美国与欧盟承诺将拓展在关键和新兴技术领域的合作，并就外国投资审查、新兴技术出口管制、人工智能开发与应用、半导体供应链等议题达成合作共识④，而这些合作大多着眼于与中国数字技术及其规范的竞争。⑤事实上，在此前公开发表的文章中，拜登对于数字技术规范竞争的表述更加直白，就是要防止中俄两国重写数字时代的规则。⑥在这一背景下，中国《"十四五"国家信息化规划》明确指出，以数字技术能力为核心的国家创新竞争正在成为国际竞争焦点，"数字领域规则体系及核心技术生态体系的竞争

---

① G7 Digital and Technology Ministers, "Ministerial Declaration," April 28, 2021, http://www.g7.utoronto.ca/ict/2021-digital-tech-declaration.html，访问时间：2022年7月29日。
② The White House, "Quad Principles on Technology Design, Development, Governance, and Use," September 24, 2021, https://www.whitehouse.gov/briefing-room/statements-releases/2021/09/ 24/quad-principles-on-technology-design-development-governance-and-use/，访问时间：2022年7月29日。
③ KBS：《韩国等15国成立人工智能全球合作伙伴组织》，2020年6月16日，https://world.kbs.co.kr/service/news_view.htm?lang=c&Seq_Code=68110，访问时间：2022年7月29日；G7 Digital and Technology Ministers, "Ministerial Declaration," April 28, 2021, http://www.g7.utoronto.ca/ict/2021-digital-tech-declaration.html，访问时间：2022年7月29日。
④ The White House, "U.S.-EU Trade and Technology Council Inaugural Joint Statement-Section 2 Pittsburgh Outcomes," September 29, 2021, https://www.whitehouse.gov/briefing-room/statements-releases/2021/09/29/u-s-eu-trade-and-technology-council-inaugural-joint-statement/，访问时间：2022年7月29日。
⑤ 卢周来、朱斌、马春燕：《美对华科技政策动向及我国应对策略》，载《澎湃新闻》，2021年7月14日，https://www.thepaper.cn/newsDetail_forward_13575098，访问时间：2022年7月29日。
⑥ Joseph R. Biden Jr., "Why America Must Lead Again," *Foreign Affairs*, Vol. 76, No. 2, 2020, p.75.

日趋激烈"①。

概括而言，在进入数字经济时代的过程中，数据成为国家综合实力的核心要素，大国竞争也逐步展现出不同以往的特征，突出表现为数字技术能力以及相关国际规范的竞争逐步成为大国战略竞争的全新领域，并日益成为中美战略竞争的核心问题。

三、数字技术竞争的冲击及其限度

为谋求竞争优势并巩固领先地位，美国自2018年以来持续强化对华数字技术竞争，不仅依靠自身力量打压中国的数字技术能力，还广泛动员盟国给予支持配合，从而对东亚安全秩序形成了冲击。不过，面对相应变化和冲击，东亚安全体系内国家的安全战略模式并未发生根本性调整，东亚安全秩序呈现出较强的韧性。

（一）美国强化对华数字竞争及其冲击

为了巩固和扩大数字技术能力的领先优势，美国采取多种措施，持续打压和限制中国数字技术的发展和全球合作，针对中国拥有优势的领域，更是坚持"小院高墙"的政策原则②，完全脱钩，全力遏制③。例如，根据2019财年《国

---

① 中央网络安全和信息化委员会:《"十四五"国家信息化规划》，2021年12月，http://www.gov.cn/xinwen/2021-12/28/5664873/files/1760823a103e4d75ac681564fe481af4.pdf，访问时间：2022年7月27日。

② Lorand Laskai and Samm Sacks, "The Right Way to Protect American Innovation," *Foreign Affairs*, October, 23, 2018, https://www.foreignaffairs.com/articles/2018-10-23/right-way-protect-americas-innovationadvantage; "US Shifts from 'Decoupling' to 'Small Yard, High Fence' on China," February 16, 2021, https://www.techregister.co.uk/us-shifts-from-decoupling-to-small-yard-high-fence-on-china，访问时间：2022年7月30日。

③ 美国对中国数字技术能力的打压和遏制，主要目标是中国相关数字技术企业，核心手段则是限制或禁止中国数字技术企业与美国企业以及使用美国软件或技术的其他国家企业进行相关交易。有关美国全面遏制华为公司的讨论，可参见戚凯、朱思思：《国家安全视域下的大国技术竞争：以美国对华为政策为例》，载《外交评论》，2021年第6期。有关美国打压中国高技术发展的最新讨论，参见时殷弘：《拜登政府对华态势考察：非战略军事阵线》，载《国际安全研究》，2021年第6期；赵明昊：《统合性压制：美国对华科技竞争新态势论析》，载《太平洋学报》，2021年第9期。

防授权法》的规定，美国联邦政府、政府承包商以及赠款和贷款接受者严禁购买华为等五家中国数字技术企业的设备和服务。[1] 此后，美国陆续将涉及新兴技术的中国企业、大学和研究机构列入其出口管制"实体清单"和"最终军事用户清单"，严格管控这些机构获取美国《出口管制条例》所列的物项和技术。[2] 美国国务院则专门推出了"清洁网络"（Clean Network）计划，集中限制中国信息通信和数字技术企业在美国的运营和发展。[3] 特朗普任内持续推动对华数字技术"脱钩"，打压中国数字技术能力的发展，增大了美国对华政策的遏制色彩，为国际秩序和东亚安全秩序带来了新的挑战和不确定性。2020 年 8 月，联合国秘书长安东尼奥·古特雷斯曾公开表示，中美不断升级的紧张关系可能导致世界分裂成"两个集团"，包括两套主导货币和贸易规则、两种不同的互联网和人工智能战略，从而不可避免地形成两种地缘和军事战略。[4]

拜登就任美国总统之后，尽管对华言辞的激烈程度较特朗普有所收敛，但在打压和限制中国数字技术方面完全延续了前任的力度。[5] 比如，2021 年 3 月，美国联邦通信委员会发布公告，勒令在美国境内拆除华为、中兴等五家中国企业的设备并停止其服务。[6] 此后又撤销了中国电信和中国联通两家

---

[1] "National Defense Authorization Act for Fiscal Year 2019," Washington, D.C.: The U.S. Government Publishing Office, 2018, Section 889.

[2] 张薇薇：《美国对华"脱钩"：进程、影响与趋势》，载《当代美国评论》，2021 年第 2 期，第 46-47 页。

[3] U.S. Department of State, "The Clean Network," https://2017-2021.state.gov/the-clean-network/index.html，访问时间：2022 年 8 月 1 日。主要行动包括：拒绝或撤销中国通信公司在美国的经营授权；谷歌禁止华为手机安装其移动服务组件；TikTok（抖音）和 WeChat（微信）与美国公司的交易曾全面遭禁；禁止中国公司经营的云系统访问美国公民和企业的个人数据和敏感信息等。参见张薇薇：《美国对华"脱钩"：进程、影响与趋势》，载《当代美国评论》，2021 年第 2 期，第 47-48 页。

[4] "Time 100 Talks," http://time.com/5830928/watch-time-100-talks/#august-18-2020，访问时间：2022 年 7 月 31 日。

[5] Rachel Griffin, "Small Steps: An Analysis of Biden's Tech Policy Agenda," December 8, 2021, https://www.sciencespo.fr/public/chaire-numerique/en/2021/12/08/small-steps-an-analysis-of-bidens-tech-policy-agenda，访问时间：2022 年 8 月 1 日。

[6] 张薇薇：《美国对华"脱钩"：进程、影响与趋势》，载《当代美国评论》，2021 年第 2 期，第 48 页。

公司在美国的国际电信服务牌照。① 与此同时,美国积极动员其东亚安全体系内的盟国和伙伴共同与中国展开数字技术竞争,力图在中美竞争的核心物理空间谋求数字空间的竞争优势和主导地位。②

在拜登政府看来,美国单独打压和遏制中国的新兴技术发展很难实现其目标。③ 因此,与中国的竞争要充分利用既有的安全网络,特别是东亚的安全体系。早在进入拜登政府之前,现任美国国家安全事务助理杰克·沙利文(Jake Sullivan)和现任美国"印太"事务协调员库尔特·坎贝尔就联合发表文章,提出要充分重视美国在亚洲以及其他地区的关系网络和制度安排,因为盟国是美国有待投资的"资产"而非要削减的"负担"。美国的任何战略想要取得理想效果,都始于与盟国的合作。④ 进入拜登政府之后,坎贝尔更是主张,建立价值观优先的科技联盟,通过联合他国形成对华竞争优势。在美国看来,与中国的竞争是长期竞争,盟国伙伴不仅可以弥补其短期不足,而且有助于美国塑造更为有利的中长期竞争环境。⑤

美国动员盟国和伙伴打压中国的数字技术能力,其直接影响是美国的东亚安全体系逐步向数字空间延伸,具体涉及多边和双边层面,同时也包括通过部分双边合作带动更大范围的多边合作。就多边而言,美国主要依托的是与日本、澳大利亚和印度组成的"印太"四国合作框架。2021年9月,四国领导人联合发表声明表示,四国已就关键和新兴技术展开合作并将持续深化相关合作。具体而言,相关合作主要涵盖五个方面:第一,5G技术,包括建立安全、开放、透明的5G和6G(beyond 5G)网络;共同促进值得信赖的创新技术路径,如开放无线接入网络(Open-RAN)。第二,确立技术标准,为

---

① 李序:《中国联通被勒令60天内停止公司在美业务》,2022年1月28日,https://www.fortunechina.com/jingxuan/16444.htm,访问时间:2022年8月1日。
② 阎学通:《权力中心转移与国际体系转变》,载《当代亚太》,2012年第6期,第9-11页。
③ 参见李峥:《拜登政府对华科技政策调整及其影响》,载《中国信息安全》,2021年第12期,第87页;赵明昊:《统合性压制:美国对华科技竞争新态势论析》,载《太平洋学报》,2021年第9期,第8页。
④ Kurt M. Campbell and Jake Sullivan, "Competition without Catastrophe: How America Can Both Challenge and Coexist with China," *Foreign Affairs*, Vol. 98, No. 5, 2019, p.110.
⑤ 李峥:《拜登政府对华科技政策调整及其影响》,载《中国信息安全》,2021年第12期,第87页。

此四国将建立不同领域的工作小组,探索建立技术标准的全新工作思路,其核心特征是开放包容、私营部门主导、关注利益攸关方以及享有充分共识;同时推动与相关多边国际标准组织(如国际电信联盟)的协调与合作。第三,关键新兴技术供应链,包括合作筹划并建立相关技术和材料的供应链,确保供应链多元安全,富有韧性;确保相关政府政策透明并遵循市场导向。第四,四国将共同关注关键新兴技术的发展趋势,寻找未来可能的机会并展开合作。第五,网络安全,包括启动网络空间新的合作,共同抵御网络威胁,提升网络空间韧性,确保网络关键基础设施安全等。[1]四国领导人还发布了《技术设计、开放、管理和使用的四国原则》,美国和其他三个国家承诺共同推动研究和开发议程,包括共同落实研究计划和提升研究能力,同时确保合作研究符合科学基本原则和共同价值。[2]

在双边层面,美国的重点合作对象是日本。2019年,美日两国就曾公开表示,在特定情况下,《美日安保条约》第五条可以适用于网络攻击。[3] 2021年4月,美日发表联合声明,表示两国将围绕安全网络和先进通信技术展开联合研发、测试和部署,重点则是5G和新一代6G技术,以增强两国在数字技术领域的竞争力。为此,两国将投入45亿美元(其中美国25亿美元,日本20亿美元)。双方还将围绕半导体等敏感供应链展开合作,共同促进和保护关键技术。此外,在与第三国成功合作的基础上,双方将启动全球数字互联互通伙伴关系,提升合作伙伴的网络安全能力,应对共同的外部威胁。[4]

---

[1] The White House, "Joint Statement from Quad Leaders," September 24, 2021, https://www.whitehouse.gov/briefing-room/statements-releases/2021/09/24/joint-statement-from-quad-leaders/,访问时间:2022年7月31日。

[2] The White House, "Quad Principles on Technology Design, Development, Governance, and Use," September 24, 2021, https://www.whitehouse.gov/briefing-room/statements-releases/2021/09/24/quad-principles-on-technology-design-development-governance-and-use/,访问时间:2022年7月31日。

[3] Japan Ministry of Foreign Affairs, "Joint Statement of the Security Consultative Committee," April 19, 2019, http://www.mofa.go.jp/files/000470738.pdf,访问时间:2022年7月31日。

[4] The White House, "Fact Sheet: U.S.-Japan Competitiveness and Resilience (CoRe) Partnership," April 16, 2021, p.1, https://www.whitehouse.gov/wp-content/uploads/2021/04/FACT-SHEET-U.S.-Japan-Competitiveness-and-Resilience-CoRe-Partnership.pdf,访问时间:2022年7月31日。

有分析认为，美日加强数字技术等新兴技术的合作（尤其是半导体领域的联合研发）将进一步模糊技术研发成果的国别属性，扩大美国出口管制的外延，进而导致中国企业在全球采购相关设备和技术时面临更大的合规风险。①

美国与韩国的合作重点则集中在半导体产业链等领域。2021年5月，美韩联合宣布将加强关键技术领域的外国投资的甄别支持和出口管制，合作提升半导体供应链的韧性，促进两国在先进半导体生产领域的投资和研发合作，同时建立创新伙伴关系，共同推进人工智能、5G、6G、量子计算等新兴技术领域的创新研究。②在此基础上，美国还尝试推动与日本和韩国的三边合作。在与日韩外长的三边会谈中，美国国务卿安东尼·布林肯（Antony Blinken）强调，三边合作包括共同塑造新兴技术的全新规范和标准，使其符合三国共同的价值观和利益，因为这些新兴技术不仅是三国经济发展和交融的驱动力量，而且与三国人民的生活息息相关。③

美国与新加坡的合作则突出了网络安全，主要涉及金融、军事和地区能力建设。在金融领域，两国相关部门将继续合作提升应对网络威胁的韧性，同时促进信息交流合作，共同维护金融网络安全；在军事领域，两国国防部将增进信息共享，合作开展网络空间培训和演习，同时推动其他方式的网络空间军事合作；在地区能力建设方面，两国相关部门将强化网络威胁和防御措施的信息共享，深化应对网络事件的协调，同时合作提升东南亚地区维护

---

① 高士旺：《美国供应链评估报告分析》，http://www.tradetree.cn/content/8664/2.html，访问时间：2022年7月31日。

② The White House, "U.S.-ROK Leaders' Joint Statement," May 21, 2021, https://www.whitehouse.gov/briefing-room/statements-releases/2021/05/21/u-s-rok-leaders-joint-statement/，访问时间：2022年7月31日。

③ The Department of State, "Secretary Antony J. Blinken Joint Press Availability with Republic of Korea Foreign Minister Chung Eui-yong and Japanese Foreign Minister Hayashi Yoshimasa," February 13, 2022, https://www.state.gov/secretary-antony-j-blinken-joint-press-availability-with-republic-of-korea-foreign-minister-chung-eui-yong-and-japanese-foreign-minister-hayashi-yoshimasa/，访问时间：2022年7月31日。

网络安全的能力。① 由此可以发现，美国希望与新加坡的双边合作能够辐射更多东盟国家，拓展其与东盟的数字空间合作。

总体而言，美国单边打压中国数字技术能力的政策举措强化了其对华政策的对抗性和遏制色彩，增大了中美陷入美苏冷战式对抗的风险，削弱了东亚稳定和安全合作的基础；而美国联合其东亚安全体系内盟国和伙伴与中国展开数字技术竞争则推动了东亚安全体系向数字空间拓展，增大了中国与东亚安全体系内国家拓展和深化安全合作的不确定性和难度，进而对东亚安全秩序形成了一定程度的冲击。

（二）东亚安全体系内国家延续既有战略模式

美国持续打压甚至遏制中国的数字技术能力为中美关系以及东亚安全体系内国家之间的安全合作带来了冲击和不确定性。不过，在数字技术竞争加剧的背景下，中国和这些国家的安全战略模式并未发生明显变化，而是呈现出较强的延续性和继承性。

自美国全方位打压中国数字技术并推动中美技术"脱钩"以来，中国多次重申要避免国际体系陷入冷战。针对美国有关对华接触政策失败的言论，时任国务委员、外交部部长王毅明确表示，世界不应非黑即白，制度差异也不应导致零和；中国从来无意挑战或取代美国，无意与美国全面对抗。② 在第75届联合国大会的演讲中，中国国家主席习近平重申，中国无意跟任何国家打冷战热战，坚持以对话弥合分歧，以谈判化解争端。③ 此后，习近平主

---

① The White House, "Fact Sheet: Strengthening the U.S.-Singapore Strategic Partnership," August 23, 2021, https://www.whitehouse.gov/briefing-room/statements-releases/2021/08/23/fact-sheet-strengthening- the-u-s-singapore-strategic-partnership/，访问时间：2022年7月31日。

② 中国外交部：《守正不移，与时俱进 维护中美关系的正确方向——王毅国务委员在中美智库媒体论坛上的致辞》，2020年7月9日，https://www.mfa.gov.cn/web/wjbz_673089/zyjh_673099/ 202007/t20200709_7478615.shtml，访问时间：2022年7月31日。

③ 中国外交部：《习近平在第七十五届联合国大会一般性辩论上的讲话（全文）》，2020年9月22日，https://www.mfa.gov.cn/web/ziliao_674904/zyjh_674906/202009/t20200922_7946253.shtml，访问时间：2022年7月31日。

席又在2021年博鳌亚洲论坛的主旨演讲中强调,经历了疫情洗礼,各国人民更加清晰地认识到,要摒弃冷战思维和零和博弈,反对任何形式的"新冷战"和意识形态对抗。① 在中国看来,冷战的恶果殷鉴不远。搞意识形态划线、阵营分割、集团对抗,结局必然是世界遭殃。②

在不断进行政策宣示的同时,中国一直努力将避免冷战的原则贯彻于具体的政策实践中。一是中俄合作,中俄双方不断深化战略协作,践行不同于军事同盟的伙伴关系模式。与此同时,双方均反对在亚太地区构建封闭的同盟体系、制造阵营对抗,致力于构建平等、开放、包容、不针对第三国的亚太地区安全体系。③ 二是维护战略稳定和防止军备竞赛,中国与其他四个安理会常任理事国发表联合声明,申明核战争打不赢也打不得,因此将继续寻找外交方式,避免军事对抗,防止毫无裨益且危及各方的军备竞赛。④ 三是在数字合作领域,为推动数字经济合作,中国已经决定申请加入《数字经济伙伴关系协定》,以营造开放、公平、公正、非歧视的数字发展环境。⑤ 此外,中国正式提出申请加入《全面与进步跨太平洋伙伴关系协定》(CPTPP),中国商务部部长和新西兰贸易与出口增长部部长已就相关后续工作进行了沟通。⑥

---

① 中央政府网:《习近平在博鳌亚洲论坛2021年年会开幕式上的视频主旨演讲(全文)》,2021年4月20日,http://www.gov.cn/xinwen/2021-04/20/content_5600764.htm,访问时间:2022年7月31日。

② 求是网:《习近平同美国总统拜登举行视频会晤》,2021年11月16日,http://www.qstheory.cn/yaowen/2021-11/16/c_1128068920.htm,2022年7月31日。

③ 中国外交部:《中华人民共和国和俄罗斯联邦关于新时代国际关系和全球可持续发展的联合声明(全文)》,2022年2月4日,https://www.fmprc.gov.cn/zyxw/202202/t20220204_10638953.shtml,访问时间:2022年7月31日。

④ 中国外交部:《五个核武器国家领导人关于防止核战争与避免军备竞赛的联合声明》,2022年1月3日,https://www.mfa.gov.cn/web/ziliao_674904/1179_674909/202201/t20220103_10478507.shtml,访问时间:2022年7月31日。

⑤ 中国外交部:《习近平在二十国集团领导人第十六次峰会第一阶段会议上的讲话》,2021年10月30日,https://www.fmprc.gov.cn/web/ziliao_674904/zyjh_674906/202110/t20211030_10405545.shtml,访问时间:2022年7月31日;有关中国参与《数字经济伙伴关系协定》的最新讨论,参见赵龙跃、高红伟:《中国与全球数字贸易治理:基于加入DEPA的机遇和挑战》,载《太平洋学报》,2022年第2期,第20-24页。

⑥ 人民网:《中国正式提出申请加入CPTPP》,2021年9月16日,http://politics.people.com.cn/n1/2021/0916/c1001-32229428.html,访问时间:2022年7月31日。

面对美国打压和遏制中国数字技术企业的政策，其东亚安全体系内的绝大部分国家并未采取全面跟随的"选边"政策。例如，对华为5G的政策，韩国、菲律宾、泰国和新加坡都采取了接受的政策，即政府没有明确出台政策禁用华为5G技术或设备，而本国电信运营商也不同程度地使用了华为5G技术或产品。日本则选择了委婉禁止的政策，即政府并未出台政策禁用华为5G技术或设备，但其国内电信运营商均没有选用华为5G技术和设备。值得注意的是，日本政府于2018年年底曾公开表示要禁用华为5G，后来又作出调整，表示政府不会禁止任何特定公司的5G技术，最终选择由运营商决定。[①]这一过程反映出日本要支持美国遏制华为5G的行动，但同时也希望能够平衡与中国的关系。只有澳大利亚追随美国，选择了明确禁止的政策，而且还鼓动其他国家共同抵制华为5G。[②]在智能监控领域，也只有澳大利亚采取了限制政策，即禁止澳大利亚各级政府部门选择中国企业的智能监控设备，其他国家（包括日本在内）都选择了接受的政策，即政府没有公开宣布限制中国企业的智能监控设备，政府部门和民间机构则根据自身需求和产品性价比作出选择，而中国智能监控产品凭借着性价比优势顺利地进入了这些国家的市场。[③]

在数字规范领域，美国安全体系内的国家与美国规范主张之间的差异更为明显。以目前备受关注的跨境数据流动规范为例，德法两国与美国的倡导方向存在着较为突出的性质差别，德国与美国的规范主张差距尤为明显，英国的主张和实践也更为接近法国而非美国。在亚太地区，日本与美国均主张跨境数据自由流动，但日本的政策和实践较之美国更为开放（参见表3-1），其他美国盟国和伙伴（包括澳大利亚）均主张部分本地化政策，与美国的跨境数据自由流动政策存在性质区别（参见表3-2）。因此在跨境数据流动规范领域，美国安全体系内的大部分国家与美国的主张存在着性质区别，短时间

---

① 孙学峰、张希坤：《美国盟国华为5G政策的政治逻辑》，载《世界经济与政治》，2021年第6期，第127页。
② 同①，第124页。
③ 陈根锋、孙学峰：《美国盟国对中国智能监控技术的政策选择》，载《当代亚太》，2022年第3期。

内难以形成步调一致的协调行动。

表 3-1　美国及其主要盟国/伙伴跨境数据流动指数

国家	跨境数据流动指数	国家	跨境数据流动指数
日本	0.21	印度	0.61
美国	0.43	法国	0.62
巴西	0.50	德国	0.77
英国	0.58		

注：指数取值在 0～1 之间，数值越接近 0 表示越鼓励跨境数据自由流动。

资料来源：华佳凡：《美国盟国跨境数据流动政策的国际政治逻辑》，清华大学工作论文，2022 年 1 月。

表 3-2　东亚安全体系内国家的数字政策

国家	对华为 5G 政策	对中国智能监控技术	跨境数据流动
日本	委婉禁止	接受	自由流动
韩国	接受	接受	部分本地化
菲律宾	接受	接受	部分本地化
泰国	接受	接受	部分本地化
澳大利亚	禁止	限制	部分本地化
新加坡	接受	接受	部分本地化

资料来源：孙学峰、张希坤：《美国盟国华为 5G 政策的政治逻辑》，载《世界经济与政治》，2021 年第 6 期；陈根锋、孙学峰：《美国盟国对中国智能监控技术的政策选择》，载《当代亚太》，2022 年第 3 期；华佳凡：《美国盟国跨境数据流动政策的国际政治逻辑》，清华大学工作论文，2022 年 1 月。

在传统的政治安全和战略经济领域，东亚安全体系内国家的行为模式也未脱离战略对冲模式。[1] 例如，2021 年 3 月，新加坡总理李显龙在接受英国

---

[1] 其他东南亚国家行为模式的讨论，参见 Ma Shikun, "Reluctant to Take Sides," China-US Focus, July 16, 2021, https://www.chinausfocus.com/foreign-policy/reluctant-to-take-sides，访问时间：2022 年 8 月 1 日。有关韩国在中美之间维持平衡的讨论，参见 Victor D Cha, "Allied Decoupling in an Era of US-China Strategic Competition," Chinese Journal of International Politics, Vol. 13, No. 4, 2020, pp.530-533, 537-551；梁亚滨：《中韩建交 30 年：现状、问题与未来》，载《亚太安全与海洋研究》，2022 年第 2 期，第 120、124 页。有关东亚地区美国盟国和伙伴政策选择的总体讨论，参见刘丰：《秩序主导、内部纷争与美国联盟体系转型》，载《外交评论》，2021 年第 6 期，第 41-42 页。

广播公司（BBC）专访时明确表示，新加坡与美国和中国在经济和其他诸多领域都有着广泛联系，因此新加坡不大可能选边站队。事实上，是否在中美之间选边并不单单是新加坡的两难选择，世界上许多国家也都面临类似的困境。因此，新加坡希望并鼓励中美两国在决定要把对方作为对手之前能够认真考虑再采取行动。① 新加坡的政策实践也处处体现出其尽量维持平衡的行为模式。一方面，2021 年新加坡连续接待美国国防部部长和副总统到访，深化与美国的全方位合作；另一方面，新加坡利用与中国建交 30 周年的契机，推动双边关系发展，新加坡总统哈莉玛·雅各布（Halimah Yacob）还应邀出席了 2022 年北京冬奥会开幕式。在与中国国家主席习近平会谈时，哈莉玛表示，两国关系基础十分坚实，新加坡愿同中方团结合作，加强数字经济等领域的合作，促进区域一体化。②

拜登执政以来对华政策趋于强硬的日本，一度也维持了 2018 年以来尽量努力维持平衡的政策取向，而非对美"一边倒"。在战略安全上，日本当前的主要目标既不是制衡，也不是追随，而是实用主义色彩强烈的避险，尽量避免台海等地区热点爆发冲突。③ 尽管日本可以通过台海议题强化美国安全保护，但会注意相应行动的限度，以照顾中日关系的根本大局。④ 同时，日本还尝试与英国、澳大利亚等国家建立安全伙伴关系，以尽可能抵消美国战略信誉下降给日本带来的政治安全风险。不过，这些伙伴国家根本无法替代

---

① "PM Lee Hsien Loong's Interview with BBC for Talking Business Asia," March 14, 2021, https://www.pmo.gov.sg/Newsroom/PM-interview-with-BBC-for-Talking-Business-Asia，访问时间：2022 年 7 月 31 日。
② 中国外交部：《习近平会见新加坡总统哈莉玛》，2022 年 2 月 6 日，https://www.mfa.gov.cn/web/zyxw/202202/t20220206_10639392.shtml，访问时间：2022 年 7 月 31 日。
③ 孙太一：《日本已经一边倒了吗？》，载"海外看世界"微信公众号，2022 年 2 月 13 日，https://mp.weixin.qq.com/s/J3FCKJGO2_Nve7i6Af1vdw，访问时间：2022 年 7 月 31 日。
④ 吴怀中：《日本对华安全战略：一项制衡议程的新近分析》，载《日本学刊》，2021 年第 5 期，第 83 页。

美国的安全保护。因此，日本很难下决心与中国全面对抗。①在战略经济领域，日本较长时间内没有追随美国将出口管制扩大至新兴技术领域，也没有推出针对中国机构的实体清单。②另有学者发现，尽管日本政府配合美国约束中国企业的政策，但在实际操作中也存在灵活性。例如，腾讯收购日本乐天股份的交易就经日本政府批准成功获得了法律上的豁免。一些日本企业则公开表示不会在中美之间选边站队。③

可以发现，数字技术竞争强化了美国对华战略的对抗性质和遏制色彩，同时推动美国的东亚安全体系向数字空间拓展，从而对东亚安全秩序形成了冲击。不过，在这一变化过程中，东亚安全体系内的国家维护自身安全和地区稳定的战略模式并未发生根本性变化，坚持有上限的竞争和有底线的合作依然是绝大多数国家的政策选择，从而使这一地区依然能够保持和平与稳定，地区安全秩序也由此呈现出较强的韧性和延续性。

四、东亚安全秩序韧性的形成逻辑

在国际关系进入数字时代的过程中，尽管面临数字技术竞争的冲击，但东亚安全体系内国家维护自身安全和地区稳定的战略模式并未出现明显变化，其主要原因在于既有东亚安全秩序形成的基础尚未弱化，甚至有所巩固和强化，同时数字技术竞争背景下美国的战略选择和实力特点增大了地区安全环境的不确定性，进而强化了东亚安全体系内国家延续既有战略模式的

---

① 孙太一：《日本已经一边倒了吗？》，载"海外看世界"微信公众号，2022年2月13日，https://mp.weixin.qq.com/s/J3FCKJGO2_Nve7i6Af1vdw，访问时间：2022年7月31日；Lu Ding and Xuefeng Sun, "Seeking Support Beyond Alliance? Rethinking Great Power Partner Politics After the Cold War," *International Relations of the Asia Pacific*, Vol. 21, No. 3, 2021, pp.443-446。

② 有关战略经济领域日本没有选择与中国对抗的讨论，可参见 Shogo Suzuki, "Economic Statecraft, Interdependence, and Sino-Japanese 'Rivalry,'" *Pacific Review*, June 2021, pp.1-20。另可参见归泳涛：《日本对美国对华"脱钩"政策的反应》，载"海外看世界"微信公众号，2022年2月6日，https://mp.weixin.qq.com/s/nurDIH8HYgmmKbOZLsugqQ，孙太一：《日本已经一边倒了吗？》，载"海外看世界"微信公众号，2022年2月13日，https://mp.weixin.qq.com/s/J3FCKJGO2_Nve7i6Af1vdw，访问时间：2022年7月31日。

③ 孙太一：《日本已经一边倒了吗？》，载"海外看世界"微信公众号，2022年2月13日，https://mp.weixin.qq.com/s/J3FCKJGO2_Nve7i6Af1vdw，访问时间：2022年7月31日。

倾向。

（一）东亚安全秩序的形成基础依然存在

在美国安全体系向数字空间延伸的过程中，既有物理空间的战略威胁依然是东亚安全体系内国家面临的主要威胁，而数字空间的威胁则明显处于次要地位。就战略威胁而言，过去 20 年的实践表明，网络空间威胁的强度尚难以取代物理空间的威胁，令人广为担心的"网络珍珠港"式威胁并未成为现实。例如，有学者明确指出，美国尚未遭受对物理空间产生破坏性效应的网络攻击。即使美国的对手采取类似攻击，传统形式的威慑也足以阻止相关行为体采取行动。[①] 对于具体的行动方式，有学者强调，针对网络攻击，国家不大可能采取军事行动作为报复措施，因为采取军事行动是升级还是缓和网络冲突非常难以判断。[②] 就国内稳定而言，通过网络空间干预国内政治进程虽然已经引起广泛关注，但对于东亚安全体系内国家而言，来自网络空间的政权安全威胁尚未成为现实问题，其严重程度和紧迫性都远远弱于物理空间的地缘战略威胁。

经验事实也表明，在与美国推动数字空间合作的同时，东亚安全体系内国家关注的重点仍然是物理空间的战略威胁。[③] 2021 年 5 月，美韩领导人发表联合声明，在涉及数字空间合作之前，双方用更大篇幅讨论了朝鲜半岛核

[①] Sue Gordon and Eric Rosenbach, "America's Cyber-Reckoning," *Foreign Affairs*, Vol. 101, No. 1, 2022, p.10.

[②] Robert Jervis, "Some Thoughts on Deterrence in the Cyber Era," *Journal of Information Warfare*, Vol. 15, No. 2, 2016, p.71；叶成城：《数字时代的大国竞争：国家与市场的逻辑——以中美数字竞争为例》，载《外交评论》，2022 年第 2 期，第 124 页。

[③] 中美关系也存在类似特点。例如，2021 年 11 月中美两国领导人在视频会谈中，涉及安全问题主要讨论的还是如何维持台海稳定。求是网：《习近平同美国总统拜登举行视频会晤》，2021 年 11 月 16 日，http://www.qstheory.cn/yaowen/2021-11/16/c_1128068920.htm，访问时间：2022 年 7 月 31 日；The White House, "Readout of President Biden's Virtual Meeting with President Xi Jinping of the People's Republic of China," November 16, 2021, https://www.whitehouse.gov/briefing-room/statements-releases/2021/11/16/readout-of-president-bidens-virtual-meeting-with-president-xi-jinping-of-the-peoples-republic-of-china/，访问时间：2022 年 7 月 31 日。

问题、核扩散问题、"印太"合作框架以及地区热点问题管控等传统安全威胁。[①] 此前一个月发布的美日领导人联合声明，虽单独就技术和供应链合作发布了合作清单，但在正式声明中有关"印太"战略、东亚安全和国际秩序等传统地缘战略问题的论述篇幅更大，位置也更为靠前。[②] 2021年7月，美国和新加坡两国国防部部长发表的联合声明，绝大部分篇幅也是讨论双方在物理空间上的合作，包括军事基地合作、人员交流训练、反恐、地区稳定等，数字空间上的防务合作只有一句话。[③] 即使重点关注技术合作的美日澳印四国领导人联合声明，有关技术合作的内容也排在了应对疫情和气候变化之后，有关网络安全合作的内容则排在五项技术合作内容的最后。[④]

　　需要说明的是，国家对主要安全威胁认知没有变化与大国战略竞争日益关注数字技术并不矛盾。一方面，数字时代确实已经到来，数字技术的进步发展已成为一国有效增强经济实力的核心基础，同时也是提升综合实力的关键；另一方面，数字技术正在与现有的军事能力融合，有可能大幅提升国家应对既有威胁的能力，并在与战略对手的实力竞争中占得先机。即便在可预见的将来，数字技术难以带来军事能力的革命性变化[⑤]，国家（尤其是大国）也会未雨绸缪，做好相应准备，以免陷入战略劣势。因此，数字技术能力竞争是国际关系进入数字时代过程中战略手段的竞争，其主要目标还是提升应

---

① The White House, "U.S.-ROK Leaders' Joint Statement," May 21, 2021, https://www.whitehouse.gov/briefing-room/statements-releases/2021/05/21/u-s-rok-leaders-joint-statement/, 访问时间：2022年7月31日。

② The White House, "U.S.- Japan Joint Leaders' Statement: 'U.S.-Japan Global Partnership for a New Era'," April 16, 2021, https://www.whitehouse.gov/briefing-room/statements-releases/2021/04/ 16/u-s-japan-joint-leaders-statement-u-s-japan-global-partnership-for-a-new-era/, 访问时间：2022年7月31日。

③ "Joint Statement by U.S. Secretary of Defense Lloyd J. Austin III and Singapore Minister for Defense Dr NG ENG," July 27, 2021, https://sg.usembassy.gov/joint-statement-by-united-states-secretary-of-defense-lloyd-j-austin-iii-and-singapore-minister-for-defence-dr-ng-eng-hen, 访问时间：2022年7月31日。

④ The White House, "Joint Statement from Quad Leaders," September 24, 2021, https://www.whitehouse.gov/briefing-room/statements-releases/2021/09/24/joint-statement-from-quad-leaders/, 访问时间：2022年7月31日。

⑤ 罗易煊、李彬：《军用人工智能竞争中的先行者优势》，载《国际政治科学》，2022年第3期。

对主要威胁的能力,而国家面临的主要战略威胁仍将存在于物理空间而非数字空间。

目前的东亚安全秩序正是围绕管控物理空间的主要安全威胁逐步演变形成的。此前的研究表明,战略对冲模式形成的必要条件是体系大国没有陷入冷战对抗或更为严重的危机冲突。① 就冷战后的东亚地区而言,中美关系能够维持在战略竞争层次而没有突破结盟对抗的上限,有赖于冷战后该地区形成的局部等级体系以及中国能够维持实力上升的崛起势头。② 国际关系加速进入数字时代并没有改变这一体系结构,而美国推动其现有安全体系延伸至数字空间,更是拓展和强化了既有的局部等级体系,使得原本主要集中于物理空间的安全体系得以扩展至数字空间。在这一过程中,物理空间和数字空间的体系不是相互平行而是逐步融合,其趋势则是数字空间的竞争逐步融入既有的地缘战略竞争。正如有学者所言,网络空间并不是自成一体的孤立领域,而是更大范围内地缘政治竞争的延续。③ 在进入数字时代的过程中,东亚安全秩序形成的地区体系基础并未弱化和消失,某种程度上还得以拓展和一定程度的强化。

在此期间,既有安全秩序形成的三个机制(克制机制、约束机制和平衡机制)仍在发挥作用。④ 克制机制主要是指面对美国及其安全体系的战略压力,

---

① 如果东亚安全体系内的大国陷入美苏冷战式对抗或爆发更为严重的危机或冲突,该地区的战略对冲模式将趋于瓦解。在这一过程中,个别国家可能会保持中立,但战略对冲将不再是地区国家的主要安全战略模式,因为战略对冲的空间大大缩小,对冲战略已无法帮助这些国家有效防范风险并寻求利益最大化。参见刘若楠:《东南亚国家战略对冲的动因》,清华大学 2016 年博士学位论文。
② 局部等级体系是指地区国际关系体系中包含且仅包含一个国际体系唯一超级大国主导的安全等级体系,但这一安全等级体系并未覆盖地区所有国家。以冷战后的东亚地区为例,美国是国际体系中唯一的超级大国,其主导的东亚同盟体系则是地区内仅存的安全等级体系,而这一安全等级体系并未涵盖该地区的所有国家,其中就包括自主大国中国。参见刘若楠、孙学峰:《局部等级视角下的东亚安全秩序与中美战略竞争》,载《东北亚论坛》,2021 年第 1 期,第 46-48 页。
③ Dmitri Alperovitch, "The Case for Cyber-Realism," *Foreign Affairs*, Vol. 101, No. 1, 2022, p.46.
④ 三个机制是以既有研究为基础所做的提炼和完善,既有研究参见刘若楠、孙学峰:《局部等级视角下的东亚安全秩序与中美战略竞争》,载《东北亚论坛》,2021 年第 1 期,第 48-49 页。

作为崛起大国的中国依然最大限度地保持了战略克制，以有效缓解自身面临的崛起困境，同时更好地维护自身核心利益。[1]约束机制是指面对战略克制的中国，尽管部分数字技术竞争政策强化了美国对华政策的遏制色彩，但即使美国迫使东亚安全体系内国家全面选边站队也难以实现其目标[2]，因为对于东亚安全体系内国家而言，在中美尚未形成阵营对抗的背景下，在两者之间维持平衡较之全面选边站队更能实现收益最大化，同时有助于最大限度降低战略风险，而这也正是平衡机制的核心所在。[3]与此同时，其他东亚安全体系内国家不愿全面选边站队也会进一步阻止中美形成阵营对抗，中美两国均强调东盟国家在东亚合作中的中心地位[4]和关键作用就是典型例证。[5]东亚安全秩序中的战略对冲模式也由此逐步形成进而清晰呈现出来，并成为虽难以令人特别满意、但仍不失为区域内各方维持自身安全和地区稳定可以接受的现实选择。

（二）美国因素强化东亚安全秩序韧性

在战略对冲模式形成基础总体稳定的同时，美国强化对华数字技术竞争

---

[1] 具体讨论参见本章"三、数字技术竞争的冲击及其限度"之"（二）东亚安全体系内国家延续既有战略模式"的相关内容。
[2] 例如，新加坡东南亚研究所的最新调查显示，在回答应对中美在东南亚竞争的最佳选择时，"明确选边"仍是受访者中支持率最低的选项（11.4%）。参见 The State of Southeast Asia: 2022 Survey Report, ASEAN Research Center at ISEAS Yusof Ishak Institute, February 16, 2022, p.31。
[3] 数字技术竞争背景下东亚安全体系内国家的政策实践可参见本章"三、数字技术竞争的冲击及其限度"之"（二）东亚安全体系内国家延续既有战略模式"的相关内容。
[4] 有关东盟中心地位的实证分析，参见董贺：《东盟的中心地位：一个网络视角的分析》，载《世界经济与政治》，2019年第7期。
[5] 中国外交部：《李克强在第24次中国—东盟领导人会议上的讲话》，2021年10月26日，https://www.mfa.gov.cn/web/ziliao_674904/zyjh_674906/202110/t20211027_10174325.shtml，访问时间：2022年7月31日；The White House, "Remarks by President Biden at the Annual U.S.-ASEAN Summit," October 26, 2021, https://www.whitehouse.gov/briefing-room/speeches-remarks/2021/10/26/remarks-by-president-biden-at-the-annual-u-s-asean-summit/，访问时间：2022年7月31日；The White House, "Remarks by President Biden and Prime Minister Lee Hsien Loong of Singapore in Joint Press Conference," March 29, 2022, https://www.whitehouse.gov/briefing-room/speeches-remarks/2022/03/29/remarks-by-president-biden-and-prime-minister-lee-hsien-loong-of-singapore-in-joint-press-conference/，访问时间：2022年7月31日。

的政策取向不仅加剧了中美竞争，而且与其实力特点一起为地区安全环境带来了更大的不确定性，而这些变化均增强了既有东亚安全秩序的韧性。首先，美国打压中国数字技术的政策强化了东亚安全体系内国家延续战略对冲的倾向：一方面，美国打压甚至遏制中国数字技术导致中国的战略压力持续上升，进一步强化了中国要避免"新冷战"的决心，防止相应政策举措突破相互制衡的上限，也通过更有效的对冲行动尽可能缓解压力，尽力防止数字空间形成阵营对抗，确保中美关系在承受更大压力的过程中这一地区不会陷入阵营对抗；① 另一方面，中美关系的竞争性加剧进一步强化了东亚安全体系内国家延续战略对冲模式的倾向，既有研究对此已作了充分的经验检验和论证。②

其次，美国数字技术能力优势相对较小的情势强化了东亚安全体系内国家的战略对冲倾向。尽管2008年全球金融危机之后，美国的综合实力优势（特别是经济实力优势）逐步缩小，但美国仍是国际体系内唯一超级大国，数字技术能力也处于优势地位。不过相较于军事领域，美国在数字领域的能力优势较小。例如，就数据量而言，美国学者的研究认为，中国的人口规模使其成为世界上最大的国内市场，可以创造美国国内市场难以企及的数据量，而数据量优势对于人工智能等数字技术的进一步发展至关重要。③ 就5G技术而言，美国在芯片设计以及相关技术领域处于领导地位，但5G基础设施落后于中国以及缺乏用户使用环境可能导致美国在开发下一代5G关键应用的进程中处于不利地位。而中国已在5G前沿应用领域（如智慧工厂、远程医疗等）取得了重要进展。美国针对华为5G技术的开放无线接入网（Open-RAN）方

---

① Xuetong Yan, "Bipolar Rivalry in the Early Digital Age," *Chinese Journal of International Politics*, Vol. 13, No. 2, 2020, p.331.
② 曹玮：《选边还是对冲——中美战略竞争背景下的亚太国家选择》，载《世界经济与政治》，2021年第2期。本章认为，此文的结论修正为"中美关系竞争加剧，但同时不突破上限（军备竞赛和阵营对抗）将强化东亚安全体系内国家的对冲偏好"更为准确。
③ Graham Allison, et al., "The Great Tech Rivalry: China vs the U.S.," Harvard Kennedy School, December 2021, pp.7-8, https://www.belfercenter.org/sites/default/files/GreatTechRivalry_ChinavsUS_211207.pdf, 访问时间：2022年7月31日。

案研发尚需时日，可能已来不及为美国赢得 5G 竞争提供支持。① 在量子计算领域，美国已不再拥有垄断地位，现有的技术优势也较为脆弱，需要与日本等盟国合作才能更好地维持优势。②

在此背景下，即使有意完全依赖美国数字技术的保障，东亚安全体系内国家也会面临较大的不确定性，进而增大了相关国家在数字空间延续战略对冲模式的动力。例如，对于追求性价比的国家而言，中国数字技术产品的性价比显然更为优越，因此这些国家很难只选择美国的技术和产品。在有些国家，美国企业的技术和产品还因难以与中国同行竞争而不得不退出相关国家的市场。③ 在特定技术领域，一个国家即使拒绝与中国合作而选择依赖美国，也很难实现目标，因为美国可能根本无法提供相应的替代方案。因此，越南的 5G 技术就选择了芬兰的诺基亚和瑞典的爱立信。④ 在一些技术领域，东亚安全体系内国家的技术能力还与美国存在着较强的竞争关系。这些国家担心美国会利用推动针对中国的数字技术合作，同时压制这些国家相关技术的发展和完善。在半导体和芯片领域中，日本和韩国都面临着类似挑战。⑤ 在这一过程中，如果这些国家全面追随美国，其既有数字技术能力优势很可能逐步弱化甚至丧失，进而对其提升经济实力造成较大冲击。这一后果不但将导

---

① Graham Allison, et al., "The Great Tech Rivalry: China vs the U.S.," Harvard Kennedy School, December 2021, pp.12-13, https://www.belfercenter.org/sites/default/files/GreatTechRivalry_ChinavsUS_211207.pdf，访问时间：2022 年 7 月 31 日。
② 同①，p.20。
③ Katherine Atha, et al., "China's Smart Cities Development," SOS International LLC, January 2020, p.105, https://www.uscc.gov/sites/default/files/2020-04/China_Smart_Cities_Development.pdf，访问时间：2022 年 7 月 31 日。
④ 观察者网：《越南最大通信运营商采用诺基亚和爱立信 5G 设备》，2019 年 9 月 25 日，https://www.guancha.cn/industry-science/2019_09_25_519183.shtml，访问时间：2022 年 8 月 1 日。
⑤ 归泳涛：《日本对美国对华"脱钩"政策的反应》，载"海外看世界"微信公众号，2022 年 2 月 6 日，https://mp.weixin.qq.com/s/nurDIH8HYgmmKbOZLsugqQ，访问时间：2022 年 7 月 31 日。为增强技术自主能力，欧盟 17 个国家于 2020 年 12 月发布了"欧洲处理器和半导体技术倡议"（A European Initiative on Processors and Semiconductor Technologies, https://digital-strategy.ec.europa.eu/en/library/joint-declaration-processors-and-semiconductor-technologies，访问时间：2022 年 7 月 31 日），以减少对美国的技术依赖。参见唐新华：《西方"技术联盟"：构建新科技霸权的战略路径》，载《现代国际关系》，2021 年第 1 期，第 46 页。

致这些国家更加依赖美国，更将直接违背其寻求美国安全保护的初衷。对于这些国家而言，寻求美国安全保护不但要确保其基本生存，同时也要换取促进经济发展的良好环境和机遇。[①] 概言之，美国数字技术能力优势不够突出与针对中国的政策对抗性更强的组合，导致东亚安全体系内国家即使有意依赖美国技术保障也不得不尽量坚持战略对冲，以免遭遇更大的战略和经济损失。坎贝尔和沙利文也曾表示，美国对中国的技术限制超越限度会促使其他国家寻求与中国合作，反过来也会损害美国的创新能力。[②]

最后，美国战略信誉下降强化了东亚安全体系内国家的战略对冲倾向。美国将东亚安全体系延伸至数字空间的努力要真正赢得这些国家的信赖和支持，不仅有赖于其数字技术能力优势，而且深受其战略信誉的影响。而在美国盟国和伙伴看来，2017年以来美国的战略信誉水平始终难以令这些国家感到安心。在此背景下，高度依赖美国将使这些国家面临更大的不确定性，因此它们更倾向于维持战略对冲而非强化依赖。日本和新加坡在2018年前后逐步调整了此前更具对抗性或竞争性的对华政策就是典型例证。[③]

为争取盟国和伙伴的支持，美国推出了"俱乐部合作"的战略，即根据问题性质形成不同的合作组合，比如美日澳印四国合作、美英澳三边伙伴关系（AUKUS）等。[④] 这类小范围的合作有助于增强美国的协调能力，提升合作效率，但是却无法保证盟国伙伴持续受益，还可能损害相关国家的利益。比如美英澳三边合作导致法国的利益严重受损，也使得部分东盟国家（如印

[①] Kent Calder, "Securing Security through Prosperity: The San Francisco System in Comparative Perspective," *Pacific Review*, Vol. 17, No. 1, 2004, pp.139, 144-149; Lindsey Ford and Zack Cooper, "America's Alliances after Trump: Lessons from the Summer of '69," *Texas National Security Review*, Vol. 4, No. 2, 2021, p.114；有关美国与其盟国收益补偿以及盟国战略自主的讨论，还可参见刘丰：《秩序主导、内部纷争与美国联盟体系转型》，载《外交评论》，2021年第6期，第36-37页。

[②] Kurt M. Campbell and Jake Sullivan, "Competition without Catastrophe," *Foreign Affairs*, Vol. 98, No. 5, 2019, pp.106, 107. 类似逻辑也存在于其他安全领域，参见聂文娟：《东南亚地区中美战略均衡的机制论》，载《国际政治科学》，2022年第1期。

[③] 孙学峰、张希坤：《中美战略选择与中国周边环境变化》，载《现代国际关系》，2019年第5期，第12-13页。

[④] 阎学通：《编辑寄语：美国与盟友的关系非冷战化》，载《国际政治科学》，2021年第4期，第Ⅲ-Ⅴ页。

度尼西亚、泰国等）感到不满。① 美日澳印四国合作则对东盟在东亚合作中发挥关键作用产生了不利影响，导致拜登在与日本和韩国领导人发表联合声明时都要强调东盟的中心地位，以安抚东盟国家。② 不难发现，在美国的"俱乐部合作"框架下，东亚安全体系内国家可能此时此事受益于"俱乐部合作"，而彼时彼事又会因此遭遇损失，最终可能还是损失大于收益。对于不能总体受益的国家而言，俱乐部战略会进一步伤害美国的战略信誉，导致这些国家在与美国合作的过程中面临更大的不确定性，从而强化其战略对冲的倾向。例如，在与美国深化合作的同时，韩国努力淡化其针对中国的色彩，就与美日澳印四国合作给韩国带来更大战略压力不无关联。③

近些年，美国国内政治较为严重的分裂状态进一步加剧了东亚安全体系内国家的担心。例如，拜登正式就任总统两个月后，BBC记者曾专访新加坡总理李显龙，问其对美国新总统处理与中国和亚洲的关系有何建议。李显龙表示，建议谈不上，只是希望拜登能够得到国内更为广泛的支持④，言谈中对拜登深受美国内部社会分裂拖累的担心显而易见。2021年，新加坡东南亚研究所在东盟十国的调查也显示，在对美国缺乏信任的受访者中，42.1%的受访者认为内部事务会分散美国注意力，导致其无法专心处理全球关切和问题。

---

① 新加坡东南亚研究所2022年2月发布的调查显示，在印度尼西亚和泰国受访者中，认为美英澳三边合作对东亚安全产生消极作用的人数比例远高于认为发挥积极作用的人数比例。其中，印度尼西亚的数据是：消极作用占总人数的61.1%，积极作用占26.7%，没有影响占12.2%；泰国的数据是：消极作用占总人数的59.8%，积极作用占31.6%，没有影响占8.5%。参见 The State of Southeast Asia: 2022 Survey Report, ASEAN Research Center at ISEAS Yusof Ishak Institute, February 16, 2022, p.29。

② The White House, "U.S.-ROK Leaders' Joint Statement," May 21, 2021, https://www.whitehouse.gov/briefing-room/statements-releases/2021/05/21/u-s-rok-leaders-joint-statement/, 访问时间：2022年7月31日；The White House, "U.S.- Japan Joint Leaders' Statement: 'U.S.-Japan Global Partnership for a New Era'," April 16, 2021, https://www.whitehouse.gov/briefing-room/statements-releases/2021/04/16/u-s-japan-joint-leaders-statement-u-s-japan-global-partnership-for-a-new-era/, 访问时间：2022年7月31日。

③ 于婉莹：《2021年韩美共同声明中有哪些值得关注的细节？》，载《澎湃新闻》，2021年6月6日，https://www.thepaper.cn/newsDetail_forward_13017480, 访问时间：2022年7月31日。

④ "PM Lee Hsien Loong's Interview with BBC for Talking Business Asia," March 14, 2021, https://www.pmo.gov.sg/Newsroom/PM-interview-with-BBC-for-Talking-Business-Asia, 访问时间：2022年7月31日。

这与2020年的调查结果（42.8%）几乎完全一致。① 在2022年的调查中，这一比例虽有所下降（36.7%），但仍然是受访者无法信任美国最为重要的影响因素。② 也就是说，即使拜登上任后，这些国家依然心存疑虑，其主要担心是，即使美国现任领导人值得信赖，美国国内的分裂状态也意味着拜登之后特朗普风格的领导人很可能会卷土重来。因此，如果现在过度强化对美国的依赖或深化与美国的合作，到那时战略上反而会更加被动。③

五、结论

冷战结束以来，围绕东亚安全秩序性质的讨论逐步成为国际关系学者关注的重要话题。不过，既有思路（均势、霸权和权威秩序）都难以准确描述20世纪90年代以来东亚安全秩序的核心特征和发展趋势。为此，我们提出冷战后东亚安全秩序逐步演化形成了战略对冲模式，其核心特征是中美关系虽趋于紧张但并未陷入阵营对抗和军备竞赛，其他国家则尽量在中美之间维持平衡而非全面选边站队，以免地区陷入阵营对抗。而战略对冲模式形成的体系条件则源于东亚国际体系呈现局部等级体系特征，同时区域自主大国（中国）的综合实力呈现崛起态势。④

随着人类社会加速进入数字时代，自2018年开始美国全面打压甚至遏

---

① *The State of Southeast Asia: 2021 Survey Report*, ASEAN Research Center at ISEAS Yusof Ishak Institute, February 10, 2021, p.23.
② *The State of Southeast Asia: 2022 Survey Report*, ASEAN Research Center at ISEAS Yusof Ishak Institute, February 16, 2022, p.51.
③ 归泳涛:《日本对美国对华"脱钩"政策的反应》，载"海外看世界"微信公众号，2022年2月6日，https://mp.weixin.qq.com/s/nurDIH8HYgmmKbOZLsugqQ，访问时间：2022年7月31日；孙太一:《日本已经一边倒了吗？》，载"海外看世界"微信公众号，2022年2月13日，https://mp.weixin.qq.com/s/J3FCKJGO2_Nve7i6Af1vdw，访问时间：2022年7月31日；Lindsey Ford and Zack Cooper, "America's Alliances after Trump: Lessons from the Summer of '69," *Texas National Security Review*, Vol. 4, No. 2, 2021, p.115.
④ 目前的经验检验只能依靠冷战后国际体系的实践，尤其是东亚和欧洲地区的国际关系实践。未来可能的探索思路包括：考察两个超级大国等级体系处于同一地区或地区安全等级体系，在主导国失去体系唯一超级大国地位等情形下，地区安全秩序的发展趋势及其作用机制，并在此基础上进行更为细致的比较分析和过程追踪，以避免冷战结束以来单极理论分析的不足（仅以美国作为经验案例检验单极体系的理论逻辑）。

制中国的数字技术能力,这不仅导致中美关系面临更多困难和挑战,而且对东亚安全秩序和地区稳定也构成了冲击。不过面对数字技术竞争带来的冲击,中国和绝大部分东亚安全体系内国家的政策选择并未脱离既有的战略对冲模式,东亚安全秩序由此呈现出较强的韧性,其主要原因来自两个方面:一是东亚安全秩序的形成基础尚未弱化,反而有所巩固和强化;二是数字技术竞争背景下美国的实力特点和政策选择使得东亚安全体系内国家深化与美国的数字合作面临着更大的不确定性,从而进一步强化了这些国家的战略对冲倾向。

尽管东亚安全秩序呈现出较强的韧性,但并不意味着所有国家都延续了既往的战略模式,而澳大利亚则是最为典型的例子。2016年以来,澳大利亚采取了追随美国对抗中国的全面选边战略,特别是在数字技术领域,不但全面禁止和限制中国数字技术和产品,甚至鼓动其他国家禁用华为5G技术和产品。对于澳大利亚偏离战略对冲模式的影响因素,主要存在两个解释思路。一是国际秩序视角,即澳大利亚将美国自由主义秩序的稳定和延续作为核心利益,而2016年之后其决策层认为中国的国际秩序取向和相应行动削弱了美国主导国际秩序的稳定性,因此采取了全面选边美国和对抗中国的战略;[1]二是国内政治视角,即澳大利亚呼应美国,全面禁用华为5G,限制中国智能监控等政策选择,主要源于其决策层认为其国内政治稳定受到了来自中国的"挑战"。[2]

对于澳大利亚这一案例而言,两种解释都是较为合理的思路。如果研究范围拓展至美国的东亚和北约盟国,我们发现对于中国的数字技术政策性质而言,国内政治因素的影响可能更为重要,即一旦美国的盟国形成中国影响其国内政治的认知,无论美国是否明确施加压力,相关国家都会采取对抗性政策(官方明确禁用或限制)。在没有形成中国影响其国内政治认知且承受美国明确压力的前提下,如果美国的盟国不认可中国的国际秩序取向,通常会

---

[1] 周方银:《体系转型背景下的威胁认知与澳大利亚对华政策变化》,载《世界经济与政治》,2020年第1期。
[2] 孙学峰、张希坤:《美国盟国华为5G政策的政治逻辑》,载《世界经济与政治》,2021年第6期,第124-125页。

数字时代的安全竞争与国际秩序

采取委婉禁止的政策（即官方没有表态禁用，但其国内企业并未采用，日本的华为 5G 政策就是典型例证），而不反对中国国际秩序取向的国家（认可或无偏好）则会采取接受政策。[①]

在数字技术竞争背景下，相关国家一旦形成中国影响其本国国内政治的认知，采取对抗和制衡政策的可能性会大大提升。由此我们可以更加深切地意识到，在国际关系迎来数字时代的过程中，网络空间并不是自成一体的独立领域，物理空间和数字空间的体系不是相互平行而是逐步融合，其融合趋势则是数字空间的竞争逐步融入既有物理空间的战略竞争，数字空间的威胁认知仍有赖于物理空间的威胁认知。因此，物理空间的威胁认知如何影响数字空间的国际合作以及数字时代的对外政策和国际秩序变迁，将是未来值得深入研究的重要议题。

---

① 孙学峰、张希坤：《美国盟国华为 5G 政策的政治逻辑》，载《世界经济与政治》，2021年第 6 期，第 114-121 页。

第四章
军事活动中机器的角色与国际法的合规*

李 彬

一、引言

机器在军事活动中的应用由来已久，而人工智能的发展及其在军事活动中的应用（如致命性自主武器）带来了一系列新的国际法的合规问题。很多学者、专家，甚至政府卷入了这场争论。争论的焦点是致命性自主武器是否符合国际法，尤其是是否符合武装冲突法。由此引起的进一步争论是，是否应该禁止以及如何限制致命性自主武器。① 要求禁止致命性自主武器与反对禁止致命性自主武器的意见针锋相对，前者认为，使用致命性自主武器更容易出现违反国际法的后果；后者则持相反看法，认为军事活动中的人工智能

---

* 本章首发于中国国际战略研究基金会编：《战略态势观察（2020）》年刊，北京：世界知识出版社，2022年，第110-129页。

① 王宝磊、刘杨钺：《人工智能在军备控制领域的争议与挑战》，载《国防科技》，2021年第6期，第129-134页；管建强、郑一：《国际法视角下自主武器的规制问题》，载《中国海洋大学学报（社会科学版）》，2020年第3期，第105-113页；林泽宇：《国际法下人工智能武器的合法性及其规制》，载《上海法学研究》，2020年第5期，第310-332页；徐能武、葛鸿昌：《致命性自主武器系统及军控思考》，载《现代国际关系》，2018年第7期，第54-62页；Michael T. Klare, "Autonomous Weapons Systems and the Laws of War," *Arms Control Today*, Vol. 49, No. 2, 2019, pp.6-12.

应用有利于合规。① 由于国际社会中反对禁止致命性自主武器的力量仍很强大，短期内全面禁止致命性自主武器的可能性不大。除了致命性自主武器，军事活动中人工智能以及更广义的机器应用也都会带来国际法的合规问题。因此，有必要探讨军事活动中机器应用与国际法的关系，应对这类军事活动给国际法带来的挑战。

人工智能在军事上的广泛应用，促使机器替代很多人的角色，尤其是替代人在从开展侦察到实施攻击这一作战过程中的判断和决策的角色。机器的判断和决策不会自动地符合国际法，由机器进行判断和决策所引导的军事行为可能会违背人本来的意愿或者误导人类，从而出现因机器误导而违反国际法的现象。本章主要讨论军事应用中机器误导违反国际法的问题以及如何在操作层面避免出现这种问题，或者减小其危害。完全由人驾驭武器所进行的战争也会存在违反国际法的行为，但这不是本章所关注的重点。本章关注的是如何引导那些由机器进行判断、辅助决策所导致的军事行为符合国际法的原则。

机器代替人的作用并不限于人工智能，减少战士在战斗中面临的危险，提高作战效率，这是长期以来的军事追求。在古代，也会有一些非常简陋的作战设施采用自动反应机制。人工智能的发展使得这种发展趋势进入一个高峰。当前，人类面临一个两难的选择：利用机器代替人可以提高作战效率、减少士兵面临的危险，而将机器引入军事活动则可能会增加违反国际法的风险。

为了遵守国际法而简单地禁止人工智能的军事应用，在目前是不现实的。已有一些学者关注到军用人工智能的发展会带来国际法的合规问题②，也有学

---

① Gregory P. Noone Dr. and Diana C. Noone, "The Debate over Autonomous Weapons Systems," *CaseWestern Reserve Journal of International Law*, Vol. 47, No. 1, pp.25-35; Anthony Pfaff, "The Ethics of Acquiring Disruptive Technologies: Artificial Intelligence, Autonomous Weapons, and Decision Support Systems," *PRISM*, Vol. 8, No. 3, 2019, pp.128-145.

② Nadia Marsan and Steven Hill, "International Law and Military Applications of Artificial Intelligence," in GILLI Andrea ed, *The Brain and the Processor: Unpacking the Challenges of Human-Machine Interaction*, Rome: NATO Defense College, 2019, pp.55-62; LIIS Vihul, "International Legal Regulation of Autonomous Technologies," in Centre for International Governance Innovation ed, *Modern Conflict and Artificial Intelligence*, 2020, pp.26-31.

者建议采取建立信心的措施,来减缓军用人工智能的负面效果①。本章建议通过一系列措施调整人工智能在军事上的应用,使得相应的军事活动符合国际法的要求。这并不必然意味着要弱化已有的或正在开发的应用于军事的人工智能,而是要增加一些约束条件、逻辑模块、配套硬件以及人的监管,使得基于人工智能的军事活动在符合国际法的基础上更好地实现人的意图。

本章提到的国际法指的是国际法中的一些基本原则,包括(禁止)使用武力的国际法中的相称性原则、武装冲突法中的区分原则和比例原则。在这些基本原则的基础上,我们推导和推荐一些具体的操作思路,以降低人工智能及其他机器角色违背人的意愿的可能性,减少军事活动中发生违反国际法的行为。本章选择这三个原则的原因在于它们是涉及军事冲突的最基本的国际法原则,而且比较容易形成可操作的修正机器行为的建议。

本章所援引的国际法不包括具体的军备控制条约,例如《禁止或限制使用某些可被认为具有过分伤害或滥觞作用的常规武器公约》(简称《过分杀伤常规武器条约》)中的《禁止或限制使用地雷、诱杀装置和其他装置的议定书》(简称《地雷议定书》),或者全面禁止杀伤人员地雷的《渥太华禁雷公约》。这不是说这些国际法规不重要,而是因为这类军控条约本身都有实施细则,不需要额外推荐操作思路。

二、军事活动中机器的角色

武器是人类制造的用来作战的工具,这个工具可以复杂也可以简单。原则上人类负责选取目标、作出攻击的决定,武器受人类驱使从而攻击敌人。但是,为了提高作战效率,人们会设法让武器发挥更多的作用。例如,作战人员有时会在偏僻的小径挖掘陷阱、摆设滚木来阻止敌军的进攻。敌军从小径偷袭的时候,可能压塌陷阱的覆盖层或者触动滚木的机关,从而被陷阱困住或者被滚木撞击。这里,攻击的决定不是由人临机作出的,而是由机器(陷阱、滚木的机关)根据人类设置的程序自动反应作出的。作战人员在安排陷

---

① Michael C. Horowitz and Lauren Kahn, "How Joe Biden Can Use Confidence-Building Measures for Military Uses of AI," *Bulletin of the Atomic Scientists*, 2021, Vol. 77, No. 1, pp.33-35.

阱和滚木的时候，并没有针对特定目标下达攻击的指令。在这个例子中，武器本身除了进行攻击之外，还负责"探测识别"目标以及触发攻击性行动。陷阱通过它的覆盖层、滚木通过牵引绳"探测"到目标接近，根据目标的重量"识别"出攻击对象，触发攻击性行动。

在上述简单的例子中，武器除了发动攻击，还发挥了"探测识别"和触发攻击性行动的作用，但这些攻击可能会偏离人的意愿。人们并不希望陷阱和滚木攻击本方作战人员，也不希望它们攻击平民，但是这种结果完全可能会发生。为了避免武器的误伤，可以人为控制武器从侦察到攻击的决策过程，例如，用人来触发陷阱和滚木，发出攻击指令。但是，这样做的代价是降低了作战效率。在士兵人数不足、作战范围广、面临危险过大的时候，还是会倾向于由机器来发挥探测识别甚至触发攻击性行动的作用。此时会面临一个两难的选择：是提高作战效率还是实施人的管控。如果为了提高作战效率，减少人的监管，那么，这些武器的攻击行为可能会偏离人们的行为意愿，甚至出现违反国际法基本原则的行为。因此，需要采取措施予以及时补救和纠偏。

高度智能化的自主武器，其底层逻辑与上述简陋的陷阱与滚木并没有本质上的差别。[1] 自主武器被激活后在作战中也需要探测和识别目标，并触发攻击目标的行动。因此，也可能出现违背人类意愿或违反国际法的现象。当前，人工智能不仅应用于自主武器，而且还广泛应用于其他各类武器以及军事系统中，一方面，这些应用综合提高了各种军事活动的效率[2]；另一方面，随着人工智能的广泛应用，作战效率与人的管控之间的矛盾会越来越突出，因此，必须关注军事活动中机器作用上升的趋势及可能引发的一些问题。[3] 然而，并不是人工智能的每项军事应用都会导致作战效率与人的管控之间的矛盾。

---

[1] 曹华阳、况晓辉、李响：《致命性自主武器系统的定义方法》，载《装备学院学报》，2017年第3期，第38-44页。

[2] 殷昌盛、杨若鹏、邹小飞，等：《指挥智能化研究综述》，第八届中国指挥控制大会会议论文，北京，2020年，第110-115页。

[3] Paul Scharre, *Autonomous Weapons and Operational Risk*, Washington DC: Center for a New American Security, 2016; Paul Scharre and Kelley Sayler, "Autonomous Weapons & Human Control," Center for a New American Security, April, 2016, http://www.jstor.com/stable/resrep06309，访问时间：2022年8月1日。

因此，面对人工智能在军事活动中作用增长的趋势，需要就事论事、有针对地进行分析。

人工智能与外太空、网络等不一样，它不是一个单独的作战域。因此很难脱离人工智能所依附的武器系统和军事场景来讨论如何对其实施军备控制。人工智能是一种技术，渗透到武器从设计到使用的方方面面、各个阶段，以及诸多军事活动中。因此，我们并不总是能够很轻易地将每项人工智能技术剥离出来，单独加以限制。一个武器系统所使用的部件或者程序，可能是人工智能技术的产品，而这些产品可能又使用了其他人工智能的成果。因此，追溯每项人工智能技术的源头并不是很容易。我们可以做的，就是根据人工智能在军事上应用的后果来对前端的人工智能技术提出要求、进行规范。如果武器系统或者军事活动在使用了人工智能技术后容易出现偏离国际法原则的后果，那么，就有必要调整这些人工智能技术，从而纠正武器的行为、管控军事活动的方式。

武器中能够代替人的判断的角色部分可能是先进的人工智能技术，也可能只是极为简单的机器感知和反应。例如，前述陷阱的覆盖层和滚木的牵引机关就是极为简单的机器感知和反应的部件和逻辑，很多反步兵地雷也只是通过压力这个简单的指标来探测目标并决定是否发起攻击。因此，值得关注的不仅仅是先进的人工智能应用，还应该包括简单的机器感知和反应。在武器从侦察到攻击的决策链中，只要机器或多或少地取代了人的角色，我们就应该关注武器的反应和攻击行为，考察这些行为是否有违反国际法原则的可能性。

除了武器之外，一些军事活动中也会大量使用机器进行协助。例如，军事参谋会使用计算机来辅助制订作战计划，此时计算机评估和测试作战场景及其他参数的数据量会十分巨大。由于计算机的数据处理效率远远高于人类，作战参谋和军事指挥人员很难对所有数据结果进行审核。因此，决策者也可能因受到这些计算机结果的引导，而失去自己的判断，出现违反国际法的行为。

在武器的使用过程中，人的介入可以减少机器误导违法的现象。但是，这并不是人介入的最佳时机。应该在军事设备及其软件的设计阶段就开始介入,将国际法原则以及其他政治伦理要求置于人工智能的逻辑框架和数据积累之中。例如,有些武器会使用人脸识别技术作为追踪和打击目标的判断依据,那么,在设计这种武器的运行逻辑时,就应该将儿童从其攻击目标中排除;在用各种人脸图像训练人工智能赋能的武器时,也应该考虑训练机器学会排除儿童人脸图像。即使在一个武器系统完成了人工智能技术的部署之后,人们仍然有机会在战场上纠正武器可能误导的违法行为。例如,当发现某个自主武器要攻击平民,操纵者可以立即叫停这次攻击。而问题在于,人可能因限于技术条件无法实施观察现场,可能会疏忽大意,加之反应速度远远慢于机器,因此,后期的介入不一定能够有效阻止武器擅权违法的行为。早期的介入,尤其是在军事系统部署之前调整机器的逻辑和数据,尤为重要。

三、(禁止)使用武力法中的相称性原则

与战争相关的国际法有两大类:第一类是关于是否应该使用武力的国际法(jus ad bellum),用来规范开战行为;第二类是武装冲突法(jus in bello),用来规范战争进行中的行为。[1] 本节的讨论援引(禁止)使用武力法中的相称性原则[2],分析如何避免机器行为违反这一原则。

《联合国宪章》规定会员国不得使用武力,除非得到联合国安理会的授权,或者是出于自卫的目的。如果出于自卫目的使用武力,其所使用武力的强度和规模必须与所受攻击或者所受威胁的严重性相称(proportional)。[3] 这个原则在汉语中称为相称性原则,属于(禁止)使用武力的国际法,其英文是 principle of proportionality。武装冲突法中也有 principle of proportionality,

---

[1] "Jus ad Bellum and Jus in Bello," International Committee of the Red Cross, October 29, 2010, https://www.icrc.org/en/document/jus-ad-bellum-jus-in-bello,访问时间:2022年8月1日。

[2] David Kretzmer, "The Inherent Right to Self-Defence and Proportionality in Jus Ad Bellum," *The European Journal of International Law*, 2013, Vol. 24, No.1, pp.235-282.

[3] 姜爱丽、朱颜新:《自卫权之必要性原则与相称性原则探析》,载《学习与探索》,2006年第4期,第1-6页;Heather M. Roff, "Lethal Autonomous Weapons and Jus ad Bellum Proportionality," *Case Western Reserve Journal of International Law*, 2015, Vol. 47, No. 1, pp.37-52.

后者被翻译为比例原则。

相称性原则的一个作用是防止冲突升级。一个国家的军事行动对另一国家带来侵害，这一国家可能作出回应。如果该国家的回应大幅度超过其受到的侵害，就违反了相称性原则，冲突将会急剧升级。遵守相称性原则有助于稳定事态，防控升级。受到法律训练的军事指挥官和作战人员会有意识地把握军事行动的分寸，避免冲突的盲目升级。如果由机器代替人进行部分作战决策，则有可能会出现过度使用武力的现象。因此，需要对机器的角色进行专门设定，使其遵守相称性原则。

机器的以下三类军事应用可能会涉及对相称性原则的遵守：计算机辅助制订作战计划、机器用于识别和判断目标、自动启动攻击的武器。这三类应用可能会通过误导或者僭越导致违反相称性原则行为的发生。这里的"误导"是指面对机器所提供的数据，人类未能准确判断所面临的威胁以及甄别机器所推荐的建议，从而作出错误的作战决定；"僭越"是指人类给机器的授权过高，导致无法恰当地约束武器系统的攻击行为。

战争涉及的因素极其浩繁、作战场景变化不定，军事指挥员通常只能依靠经验、抓住主要因素、选择有限场景、化繁为简地进行决策，很难仅依靠脑力遍历所有变化。机器则不然，它们可以不知疲倦地重复测试不同因素和不同指标的组合效果，从中挑选出最佳策略。现在人们普遍地用计算机辅助制订作战计划[1]，计算机经过多因素、多场景的重复计算和分析，可以为指挥官提供详细的军事行动方案。经过人类有限次数的验算，往往会发现计算机的建议总是最佳的，从而产生对计算机无意识的信任、遵从和依赖。然而，计算机并不会先天地遵守相称性原则，因此其提出的作战建议可能并没有考虑到应如何避免过度反应。指挥官也可能会因为过分相信计算机而忽略对相称性原则的遵循。如果没有进行专门的安排和设计，盲目地依靠计算机提供的作战规划来决定是否以及如何开战，就有可能违反相称性原则，出现不必

---

[1] Sherrill Lingel et al., "Joint All-Domain Command and Control for Modern Warfare: An Analytic Framework for Identifying and Developing Artificial Intelligence Applications," RAND Corporation, 2020, https://www.rand.org/pubs/research_reports/RR4408z1.html，访问时间：2022年8月1日。

要的战争升级。

在人工智能被广泛应用之前，人们就已经借助机器来快速识别目标并对目标真伪进行判断。雷达就是这类设备中的一个典型，用于对金属目标进行探测、识别和判断。任何目标识别系统都会存在误差和虚警，在能够直接掌控并且时间压力不大的情况下，可以对机器探测和识别目标的结果进行人工再审核，从而避免过激反应。面对复杂而合成的数据，在时间紧迫的压力下，人类的审核会变得十分困难，不得不更多地依赖机器的分析和判断。这就给过激反应的出现留下了隐患。

有一些武器在部署或者释放之后并不会马上攻击目标，而是要待机或者游弋一段时间，在合适的场景下其攻击功能被唤醒之后，再自主选择攻击对象并发动攻击。目前这类武器中受关注度较高的是致命性自主武器，除此之外，符合这一特征的武器种类还有很多：历史悠久的有陷阱和地雷，新近出现的有一些网络攻击武器。例如，网络病毒用于在某个特定时刻攻击某个特定目标，但是此后网络环境出现了变化，网络病毒未能锁定原定攻击对象，而是在指定攻击对象之外的环境中游弋或者潜伏很久，然后被某个刺激唤醒，对未预定的对象发动了攻击，而这一攻击完全在病毒释放者的计划之外，并可能导致冲突升级。"震网"（Stuxnet）病毒曾于2010年用于攻击伊朗的浓缩铀设施，设计者希望2012年该病毒自动失效，而实际上该病毒广泛扩散，并流传多年。[①] 还有一些远程攻击武器，例如，鱼雷、巡航导弹等，由于抵达攻击目标需要很长时间，后期也可能会在战场上自主选择攻击对象。这类武器在部署或者释放的时候，人类并没有为其指定特定的攻击目标，或者虽指定了特定攻击目标，但在经过一段时间之后，它会重新选定攻击对象；或者在没有设定攻击时间的情况下，它根据某种逻辑唤醒攻击功能并发动攻击。擅自对更大的目标发动攻击，或者在错误的时间发动攻击，都是没有遵循相称性原则的典型表现。

机器的上述三类军事应用，可能因为一些诱因导致武力的使用违反相

---

① McAfee, "What is Stuxnet?" *Trellix*, https://www.mcafee.com/enterprise/en-us/security-awareness/ransomware/what-is-stuxnet.html#overview，访问时间：2022年8月1日。

称性的国际法原则，出现不必要的军事冲突升级。因此，需要采取措施予以调整。

用人来控制机器，审核机器对攻击行为的推荐值，是避免违反相称性原则最直接的思路。是否使用武力，是一个国家极为重要的决定。这类决定应由人来作出，或者至少需要经过人的审核。目前，机器效率的大幅度提高加重了人对机器的依赖，在两类场合中人对机器决定的审核会与作战效率需求之间出现严重的矛盾。第一类是需要快速反应的场合。例如，敌人对本国军力部署匮乏的地方发动进攻，快速的反击有利于减少敌人带来的伤害，慑止敌人的行动。如果机器的每个反击行动都由人类来审核，很多效能将无法发挥。第二类是复杂、多因素的判断场合。机器计算速度快、容量大，可以在短时间内对多个复杂因素进行综合判断，人在较短的时间内难以拆解和还原这些因素，因此，即使对机器的决策进行审核，也未必会得出更高明的决策。

在人的计算效率远远落后于机器的情况下，为了遵守相称性原则，需要在作战效率和预防冲突升级上作出妥协。有两个因素影响人与机器决策之间的权衡。第一个因素是武器的杀伤破坏力。在决定是否使用武力的时候，使用杀伤破坏力小、卷入数量少的武器，可以更多地依赖机器的推荐，更少使用人的审核。使用杀伤破坏力大、卷入数量多的武器，则更多需要人的审核。相称性原则要求军事反击的强度不能明显超出对手攻击的强度。少量轻型武器的作战强度低，其使用不容易大幅度超出对手进攻的强度，违反相称性原则的风险比较小。因此，对这类武器的使用更多地依赖机器的推荐值是相对可行的。例如，小型的陷阱只能困住单个士兵，使用陷阱不必每次都进行人工审核，无须特别担心陷阱破坏相称性原则。但是，大量使用重型武器的开战决定就不应过分依赖机器决策的推荐值，否则可能按照前述的三个路径（计算机辅助作战计划、机器对目标识别和判断、自主武器）被机器僭越或者误导，出现过激反应。

影响人与机器决策之间权衡的第二个因素是武器的攻防特征。使用防御性军备可以更多地依赖机器的推荐值，而使用进攻性武器则更多需要人工审核。防御性军备的强度往往取决于对手进攻行动的强度，具有内禀的相称性。城墙和网络防火墙都是典型的防御性设施，它们的强度往往与受到的攻击相称。在对手攻城火力很猛的时候，城墙作为防御性军备拦截火力的强度就很大；在无人攻城的时候，城墙就不具有军事功能。网络防火墙也是这样，网络攻击越激烈，网络防火墙的拦截也越强烈；在没有网络攻击的时候，网络防火墙没有作战行动。这并不是说防御性武器不会出现违反国际法原则的问题。反人员地雷（反步兵地雷）是一种防御性武器，它不容易构成对相称性原则的违反，但是，它可能会违反武装冲突法中的区分原则。这将在下一节中讨论。从遵守相称性原则的角度来看，人类无须在使用防御性武器和设施时大量介入，可以更多地借助机器的高效率；而对进攻性武器的使用，则需要人类更多介入以及最终审核。

综合上述两个维度得出的结论是：在使用武力的决策中，如果涉及数量少的轻型武器、防御性军备，可以更多地依靠机器判断；如果涉及数量大的重型武器、进攻性军备，则更多需要人的介入，尤其是最终审核。

在使用武力的决策中，如果涉及大量的重型武器、进攻性军备，人的审核非常重要。为了让决策者有时间对机器的判断进行审核，需要牺牲一些作战效率。也就是说，要减轻决策者的压力，不能过于强调快速反应。例如，若一个国家的核反击采用预警即发射（launch on warning）的策略，那么就需要在本国预警系统探测到对方导弹发射之后、攻击本方目标之前就进行反击。洲际导弹飞行的时间不过半个小时，潜射导弹的飞行时间才十几分钟。在这么短的时间内决策者承受着巨大的压力，不一定总是能够对机器的判断进行有效的审核。[1] 因此，对于大量进攻性重型武器的使用，不能过于强调快速反击，需要给决策者留下思考和判断的时间，来审核机器的判断。

除了人工介入和审核机器的判断，另一个防止武器误导和僭越的办法是在军事系统的设计中加入相称性原则的技术要求。在计算机协助制订作战计划时，可以将相称性作为一项判断指标。首先利用计算机，剔除一些明显违反相称性原则的作战选项，保留一些明显符合相称性原则的选项，而对于那些模棱两可的选项则提醒指挥官留意。这样做既可以兼顾效率，又能保证相

---

[1] Hans M. Kristensen and Matthew McKinzie, "De-alerting Nuclear Forces," Bulletin of the Atomic Scientists, June 19, 2013, https://thebulletin.org/2013/06/de-alerting-nuclear-forces，访问时间：2022年8月1日。

称性原则得到遵守。在识别和判断目标的机器系统（例如，雷达）中，也可以加入相称性作战推荐值。根据机器的识别和判断，推荐符合相称性原则的反击指标，对不符合相称性原则的反击指标予以提醒。类似这样的一些人工智能算法可以预装到相应的机器中，并经过人工校正和训练，由此得到符合人类要求且符合相称性原则的开战推荐值。

有一些武器具有自主选择攻击对象和自主选择攻击时机的特点，在这些人工智能赋能的新式武器的设计阶段就应加入相称性原则的要求：对于一些待机时间过长失去原有作战规划的武器，可以设定其在一定时间之后自动失效，以免重燃战火；对于一些自动转换攻击对象的武器，需要增加对攻击效果预测的功能，避免不恰当地扩大战火；对于一些历史悠久的老旧武器，同样可以按照这一逻辑进行更新，加入上述的自我克制功能。值得强调的是，以上这些讨论仅适用于决定是否使用武力的场合，不包括战争持续过程中的情形。

四、武装冲突法中的区分原则

武装冲突法是规范武装冲突进行中的行为的一系列国际法规。区分原则（principle of distinction）要求对作战人员与非作战人员、军备与平民财产区分对待，例如，作战人员不可以瞄准平民发动攻击。[①] 附带杀伤不属于此列，涉及附带杀伤的问题将在下一节讨论。

长期以来，区分原则由指挥官和战斗人员掌握。在区分原则的指导下，作战人员会避开瞄准和攻击平民，所以很多武器在设计的时候是不须考虑区分原则的。例如，步枪在设计和制造的时候就基本不须考虑区分原则，在战场使用的时候，由指挥员和战斗人员来判断瞄准和攻击哪些对象。

一些武器没有识别和区分战斗人员和平民的能力，在自主选择攻击对象时会不加区分地攻击军事人员和平民。例如，前述的陷阱和反人员地雷，它们只是根据所承受的压力作出反应。如果所承受的压力达到临界值，陷阱和地雷就会发动攻击。常常有平民受到陷阱和地雷的伤害。因此，这些军备会

---

① 侯婉秋：《致命性自主武器系统与区分原则》，长春：吉林大学博士学位论文，2020年。

受到一些军备控制条约的限制，例如《过分杀伤常规武器条约》中的《地雷议定书》，以及全面禁止杀伤人员地雷的《渥太华禁雷公约》等。有关地雷的问题可参考国际禁雷运动网站。

如果人工智能广泛用于武器，那么，就会出现很多与地雷类似，但威力和使用范围远远超过地雷的人工智能赋能的武器。这种人工智能赋能的武器包括但是不限于完全自主的武器。例如，原本作战人员会根据区分原则，将手榴弹投向敌对的作战人员，避免投向平民。经过人工智能的改造，手榴弹可以变成一个自动寻找攻击目标的灵巧炸弹。在人工智能的引导下，灵巧炸弹会攻击自己寻找到的目标。然而，这些武器不会自发地规避平民和平民财产，因此需要在设计的时候就增加区分原则的要求。等到这些武器投入使用后再考虑区分原则，为时已晚。

把区分原则落实到人工智能武器的应用中，可以有"绿灯机制"和"红灯机制"两个路径，或者说两种算法。绿灯机制就是在设计和训练人工智能赋能的武器时，为武器指定攻击对象。在武器的设计和学习训练阶段，就可以把武器所要攻击对象的特征输入其数据系统或其探测系统中，并给予发动攻击的激励。那么，武器就会在战场上攻击具有这种特征的对象。例如，反坦克导弹的攻击对象是敌方坦克，那么，在智能反坦克导弹的设计和训练过程中，需要将敌方坦克的特征录入其智能系统之中。

理想情况是，按照绿灯机制设计和训练的人工智能赋能的武器只攻击指定的对象。然而，实际情况可能更为复杂。首先，攻击对象的特征量可能并不十分明确，也不十分精确，有一定的变化范围，对攻击对象的描述会有一定的模糊性。其次，攻击对象可能有多个种类，而不仅是一种，因此，攻击对象特征量的范围会被拉宽。最后，一些民用目标的某些特征会与指定攻击对象的某些特征有重叠。如果单纯按照绿灯机制设计和训练武器，这些武器在战场上仍然可能错误地攻击指定对象之外的目标，甚至攻击平民目标。为了避免这些人工智能赋能的武器滥杀滥伤，需要对攻击对象的特征进行严格筛选，剔除其中的错误数据，提高对攻击对象的侦测精度。沿着这个路径，可以在很大程度上避免自主武器的滥杀滥伤。

另一个设计和训练人工智能赋能武器的路径是红灯机制。红灯机制就是在设计和训练人工智能赋能的武器时，为武器指定避免攻击的对象。如前所述，一些平民对象的某些特征可能与军事目标有相似之处，例如，校车与武装装甲车、水塔与军事瞭望塔、医院与军营等。在设计和训练武器的时候，可以把武器应避免攻击对象的特征输入其数据系统或者探测系统中，并给予避免攻击的激励。那么，武器系统就会逐渐了解避免攻击对象的特征，在发动攻击时避开具有这种特征的对象。需要避免攻击的对象可能是无穷多的，因此，红灯机制无法穷尽所有对象，只能挑选那些与指定攻击对象具有相似性而且重要的平民对象，例如，校车、水塔、医院等。

红灯机制能够人为地剔除避免攻击的对象，给人工智能赋能武器的攻击范围设置一些限制。将红灯机制和绿灯机制结合起来，能够尽可能地减少对平民的误伤，以促进这些武器遵守区分原则的要求。除了设计新的人工智能赋能武器，红灯机制和绿灯机制的思路还可以用来改造一些有悠久历史的武器，例如，陷阱和地雷。那些没有禁止陷阱和地雷的国家应该考虑根据军民之间的区分，增加一些新的启动和限制启动的机制，使得这些传统武器避免伤害平民。

防止人工智能武器违反国际法，增加人为控制，总是一个重要的选项。在时间允许的情况之下，武器发动攻击之前，应人为审核攻击对象，避免对平民发动攻击。为此，每个人工智能赋能的武器都需要安装拥有高优先级的制止开关，用于人为地停止武器对平民的攻击。

五、武装冲突法中的比例原则

使用武力法中的相称性原则和武装冲突法中的比例原则对应的英文都是principle of proportionality，但是其含义并不完全相同。前者是在决定行使自卫权的时候，要求反击的强度与受到的攻击相称；后者要求在武装冲突中，攻击军事目标所产生的对平民的附带杀伤（collateral damage）明显小于攻击军事目标所获得的军事收益。[1]例如，敌人坦克的旁边有一辆校车，攻击这辆坦克可能波及旁边的校车。如果校车是空的，攻击坦克可能是符合武装

---

[1] 谢成成：《论武装冲突法中的比例原则》，载《法学研究》，2019年第4期，第16-17页。

冲突法中比例原则的；如果校车中有学生，附带杀伤会严重得多，这时攻击坦克可能是违反比例原则的。具体情况需要比较军事目标和潜在附带杀伤的价值。

中国人民解放军在 1949 年解放上海的时候，没有使用大炮等重型武器，其目的就是减少附带杀伤给平民带来的伤害。[①] 受过训练的军事指挥员和作战人员理解武装冲突法中的比例原则，尽管在瞬息万变的战场上，有时候难以精细地计算目标的军事价值和附带杀伤的价值。但是，进行这种评估是有意义的，这不仅是国际法的要求，而且会影响人心向背、战争胜败。

机器不可能先验地了解和遵守比例原则，因此，在没有人类干预的情况下，人工智能赋能的军事系统可能会为了完成不太重要的军事任务而严重波及平民。为此，在武器设计和训练阶段，就应对军事系统提出遵守比例原则的要求。具体而言，就是要求武器的探测系统判断目标的价值和周边环境中民用对象的价值，并进行价值比较。在武器的控制系统中，这个要求可以和区分原则的要求结合起来，形成如下一组问题：（1）瞄准对象是不是一个军事目标？（2）瞄准对象如果是一个军事目标，攻击瞄准对象是否会带来附带杀伤？（3）附带杀伤的价值是否明显小于目标的军事价值？

在武器的设计和训练中，对这些问题进行解答和调较，可以帮助武器系统建立比例原则的判断逻辑。由于民用对象可能是无穷尽的，因此，不可能建立一套完备的判断体系，来输入武器系统。只能依靠机器学习的方式，让武器的控制系统在模拟的场景中反复训练，最后逐渐建立一套与人的价值观相近的判断逻辑。不能指望武器的这种判断是完善的，但起码会规避一些明显违反比例原则的攻击行为。

在武器控制系统缺乏判断依据的场合，武器系统可以请示军事指挥人员。军事指挥人员可以根据自己的判断，以高于机器的优先级启动或者制止武器的攻击行为。

---

① 搜狐网：《解放大上海只准用轻武器，小战士却开了一炮，军长这么说？》，2018 年，https://www.sohu.com/a/224816114_522585，访问时间：2022 年 8 月 1 日。

六、总结

军事系统中由机器自主选择攻击对象和攻击时机,这并不是一个新的现象。随着人工智能的快速发展及其军事应用的广泛扩展,军事行动中机器被过分授权或者误导人类决策的机会大幅度增加。未经人类干预的机器不会先验地具备国际法的概念,因此,这些机器的决策推荐值有可能以各种方式违反国际法中的相称性原则、区分原则和比例原则。这种机器僭越违法的行为,既破坏了国际社会的秩序,又违反机器拥有国的意愿、损害拥有国的利益。

人工智能的军事应用已经是一个既成事实,完全禁止人工智能的军事应用尚不现实。本章建议各国国防工业系统按照国际法的原则,调整人工智能在军事应用中的判断逻辑。这要求人工智能赋能武器的开发者和训练者要对其增加必要的约束条件、逻辑模块、配套硬件,调整部分机器的行为,使得相应的军事活动更好地规避违反国际法的行为。对于如何避免机器僭越违法行为的发生,对此提出一系列建议。

第一,在武器以及其他军用人工智能系统设计和训练的早期阶段,就应将相称性原则、区分原则和比例原则以可操作的逻辑输入机器或者训练机器,使得这些机器能够主动规避违法行为。

第二,人类介入和审核机器的判断和决策总是必要的。对于少量的杀伤破坏力小的武器军备和防御性的军备,可以更多地使用机器判断和决策的推荐值;对于数量大、杀伤破坏力强的武器军备以及进攻性的军备,应该更多地使用人工来审核机器判断和决策的推荐值。在需要人工审核情况之下,不能过于强调效率,否则人工审核难以在短时间内完成,仓促之际可能发生严重错误。

第三,为了使军事系统中的机器有效地区分战斗人员和非战斗人员,在设计和训练机器时,可以采用绿灯机制和红灯机制结合的方式,限定攻击对象并排除非攻击对象,尽可能避免误伤平民。

第四,为了减少附带杀伤,在设计和训练机器时,可以将附带杀伤的评估纳入人工智能的计算范围,最大限度避免人工智能赋能的武器出现滥杀滥伤现象。

第五，在设计军事人工智能系统的时候，应该增加"请示"的逻辑模块。尤其是在机器判断的模糊地带，人工智能系统应该主动请示军事指挥官，进行人工审核，并给予人工制动系统高优先权。

采取了以上这些策略，并不能杜绝机器误导违法和或者擅权违法的行为，但能够大幅度减少这样行为的发生。国际社会若基于以上这些策略开展合作，将会有效地减少无意的战争升级、人道主义灾难。单个国家，甚至单个军事研发企业和部门，也可以进行这种努力，推动遵守国际法成为军事人工智能开发中的常识和必要步骤。

第五章
军用人工智能竞争中的先行者优势*

罗易煊　李　彬

一、研究问题的提出

人类对人工智能的研究始自20世纪中叶，此后人工智能的应用陆续进入社会生活。随着近年计算机技术以及计算方法的进步，人工智能的发展速度迅速加快，其应用更加普及，人工智能军事应用也受到国际社会的普遍重视。鉴于人工智能军事应用可能会带来各种问题，本章主要关注人工智能军事应用中的先行者优势对相应国际竞争烈度的影响。

在国际技术竞争中，先行者相对于后来者可能获得一些优势。先行者如果抢先将新技术应用于军事领域，就可能在军事实力上获得相对优势。在对手眼里，先行者的军事优势是潜在的安全威胁，进而带来安全压力。为此，对手可能会被迫作出回应，以弥补其安全损失。这就是典型的安全困境，也是军备竞赛的一个根源。如果先行者优势不大，持续时间很短，后来者较易在技术和军事上实现追赶，则上述担忧将不那么强烈，各方之间的竞争激烈程度也将较低。如果先行者优势很大，持续时间很长，后来者难以追赶，则

---

* 本章首发于《国际政治科学》2022年第3期。

各方围绕技术优势的忧虑程度将更加强烈，各方之间可能形成激烈的技术竞争，甚至出现军备竞赛。在一些情况下，即使竞争各方未必了解对手军事技术发展的实际程度与效果，对先行者优势的担心本身也会推动安全困境和军备竞赛的发展。

目前，人工智能军事应用的先行者优势已经受到一些国家政府、智库和学者们的关注。相关讨论较为普遍、笼统地认为，在人工智能军事应用上先行者优势显著且重要，因此人工智能的军事应用必然引发剧烈的竞争乃至军备竞赛。例如，美国宾夕法尼亚大学的学者迈克尔·霍洛维茨（Michael C. Horowitz）对人工智能直接应用于军事领域的不可控后果提出了担忧。他在研究中直接使用了"先行者优势"一词，并认为受该特性影响，人工智能的军事应用极易引起国家间竞争。[1] 有其他学者甚至采用"赢者通吃"等词汇来强调军事人工智能先行者优势的重要程度。[2] 但是，这些判断并未给出翔实的技术分析，更多的是基于直觉而给出的警告。

如果人工智能军事应用的确具有明确、重大和持久的先行者优势，那么激烈的人工智能军备竞赛将不可避免，与军用人工智能相关的伦理、国际法、非授权升级、军事稳定性等问题可能也将难以获得有效解决。更为严峻的情况是，如果存在"赢者通吃"，即一个国家在人工智能军事应用上的先行者优势一直保持甚至扩大，并使其他国家再无机会缩小差距，那么决策者将不惜一切代价抢占先机，该领域的国际竞争将会极其激烈。反之，如果人工智能的部分军事应用并不具有明显的先行者优势，那么相关国际竞争最终会走向缓和。

本章认为，不同领域和类型的军用人工智能受到各种复杂因素的影响，其先行者优势可能各不相同。因此，本章对军用人工智能进行分领域分析，具体考察其各领域潜在的先行者优势。在此基础上，我们可以更有依据地推测这些军用人工智能国际竞争的激烈程度及其原因。

---

[1] Michael C. Horowitz, "Artificial Intelligence, International Competition, and the Balance of Power," *Texas National Security Review*, Vol. 1, No. 3, 2018, pp.35-37.

[2] Stephen Cave and Seán ÓHÉigeartaigh, "An AI Race for Strategic Advantage," Proceedings of the 2018 AAAI/ACM Conference on Ai, Ethics, and Society, 2018, p.36.

二、文献回顾

(一) 关于军备竞赛激烈程度的传统理论

本章认为，目前理解军备竞赛现象最有力的理论工具是安全困境模型，军备竞赛的激烈程度也可以从安全困境严重程度的角度得到解释。长期以来，国际关系学者对安全困境模型及其影响机制进行了大量研究。英国历史学家赫伯特·巴特菲尔德（Herbert Butterfield）和美国政治学家约翰·赫兹（John H. Herz）最早对"安全困境"这一概念进行阐释①，他们都将其本质定义为一个"悲剧"。② 根据艾伦·科林斯（Alan Collins）的分析，安全困境模型中最为重要的四个关注点是对别国安全的损害、所有各方安全的减损、意图的不确定性、缺乏合适的政策。③

阿诺德·沃尔夫斯（Arnold Wolfers）等学者从安全困境的严重程度推测军备竞赛的激烈程度，将注意力集中到军事技术的攻防属性这一因素上。④ 罗伯特·杰维斯（Robert Jervis）则对这一问题做了系统性归纳与总结，认为攻防平衡以及攻防差异性会影响安全困境的严重程度。⑤ 这些学者均认为，当进攻性军事技术相对防御性军事技术成本较低或是进攻更容易产生优势的时候，安全困境会比较严重。由于每一方都担心对手采用低廉的成本取得进攻优势，军备竞赛会比较激烈。他们还认为，当难以识别军事技术的攻防特性时，由于难以揣测对手的意图，相关各方为了保险起见会作出强烈反应，

---

① Herbert Butterfield, *History and Human Relations*, London: Collins, 1951; George H. Sabine and John H. Herz, "Political Realism and Political Idealism," *The Philosophical Review*, Vol. 61, No. 2, 1952, p.233.
② 尹树强：《"安全困境"概念辨析》，载《现代国际关系》，2003 年第 1 期，第 57 页。
③ Alan Collins, *The Security Dilemma and the End of the Cold War*, Edinburgh: Keele University Press, 1997, pp.11-14.
④ Arnold Wolfers, *Discord and Collaboration: Essays on International Politics*, Baltimore: Johns Hopkins University Press, 1965; Thomas C. Schelling, "The Strategy of Conflict Prospectus for a Reorientation of Game Theory," *The Journal of Conflict Resolution*, Vol. 2, No. 3, 1958, pp.203-264; Herman Kahn, *On Thermonuclear War*, Princeton: Princeton University Press, 1960.
⑤ Robert Jervis, "Cooperation under the Security Dilemma," *World Politics*, Vol. 30, No. 2, 1978, pp.188-200.

从而导致严重的安全困境和激烈的军备竞赛。此外,詹姆斯·费伦(James D. Fearon)等学者还认为国内政治与国际政治相交互的一些因素也会影响安全困境的严重程度。[①] 这些研究与本章处于不同维度,关联性较小。

目前,从攻防角度来考察人工智能军事应用国际竞争的激烈程度还比较困难,原因有两方面。第一,从范围上来看,不同于机关枪、坦克、导弹、导弹防御等专用武器技术,人工智能军事应用是一个大范围的赋能技术。我们可以根据机关枪、坦克等军备的技术特征判断它们对攻防平衡的影响,从而推测其如何影响安全困境以及相关军备竞赛的激烈程度。然而,人工智能可以全方位地赋能武器、军事训练、侦察、指挥以及后勤等系统,降低人力成本,提高其效率,因此人工智能对攻防平衡的影响将是全方位的。在军用人工智能仍在全面发展的当下,很难根据局部和有限的数据考察攻防平衡的全局改变。

第二,从时间上来看,攻防平衡理论关注特定时间点的攻防关系,但这个理论并不关注攻防关系随时间发生的变化。杰克·列维(Jack S. Levy)已经认识到这种局限性,他认为在某一时期起到稳定作用的武器特性可能在另一个时期造成不稳定。[②] 例如,核武器在美国和苏联之间所引发的安全困境在不同阶段是完全不同的。根据斯德哥尔摩和平研究所的数据和一些研究显示,美苏在核武器出现初期所进行的数量竞争非常激烈,而该竞争在20世纪70年代之后转向平缓。[③] 在这两个时期内,核武器技术的攻防属性没有突然转变,因此攻防因素无法充分解释安全困境严重程度与军备竞赛激烈程度的这种变化。这一解释力的缺失正来源于攻防因素的纯粹静态视角。

与此相对的,先行者优势这一动态因素会显著影响安全困境的严重程度,并进而影响军备竞赛的剧烈程度。20世纪70年代美苏军备竞赛激烈程度的

[①] James D. Fearon, "Rationalist Explanations for War," *International Organization*, Vol. 49, No. 3, 1995, pp.379-414; Bruce Bueno de Mesquita and David. Lalman, *War and Reason Domestic and International Imperatives*, New Haven: Yale University Press, 2008.

[②] Jack S. Levy, "The Offensive/Defensive Balance of Military Technology: A Theoretical and Historical Analysis," *International Studies Quarterly*, Vol. 28, No. 2, 1984, p.226.

[③] Robert S. Norris and Hans M. Kristensen, "Global nuclear weapons inventories, 1945–2010," *Bulletin of the Atomic Scientists*, Vol. 66, No. 4, 2010, pp.77-83.

第五章　军用人工智能竞争中的先行者优势

变化在一定程度上正是受到核武器先行者优势变化的影响。在美苏刚获得核武器的时期，该技术的先行者优势较为明显，双方一方面担心对手的先行者优势，另一方面力图保持自己的先行者优势，双方核武器数量竞赛非常明显。在20世纪70年代之后，由于核武器的数量优势已经不能够带来明显的军事优势，因此双方的数量竞赛转为缓和。

当前的这一波人工智能军事应用是包含有人工智能的一系列新的军事技术。从范围上来说，这些技术应用极广，涉及军事领域的很多方面；从时间上来说，这些技术的应用前景可能会比较长远。因此，目前很难简单地总体概括当前人工智能军事应用的攻防特性。为此，我们需要一些新的视角来考察军用人工智能国际竞争的发展演变。

（二）关于军用人工智能国际竞争的已有研究

如前所述，人工智能的军事应用已经引起广泛关注，关于人工智能军事应用引发竞争的研究不断增多。这些研究普遍认为，人工智能的军事领域竞争较为激烈，抢先取得优势非常重要。

一些学者将人工智能军事应用的相关国际竞争直接称为"军备竞赛"（Arms Race），贾斯汀·汉纳（Justin Haner）和丹尼斯·加西亚（Denise Garcia）详细分析了人工智能在自主武器系统上应用的竞争，他们认为这种竞争已经构成了美、中、俄等国之间的军备竞赛。[1] 其他一些学者也使用了"军备竞赛"来称呼这类竞争。[2] 实际上，这些研究在使用该词时并不总是为了强调竞争烈度，而是表示人工智能在军事应用上确实存在着国家间的竞争。但是，这些说法在一定程度上推动形成了竞争激烈的实质认知。

另一些学者没有直接使用"军备竞赛"一词，但在进行研究时也隐含了人工智能的军事应用会引发激烈竞争这一看法。马蒂亚斯·马斯（Matthijs M.

---

[1] Justin Haner and Denise Garcia, "The Artificial Intelligence Arms Race: Trends and World Leaders in Autonomous Weapons Development," *Global Policy*, Vol. 10, No. 3, 2019, pp.331-337.

[2] Paul Scharre, "Killer Apps: The Real Dangers of an AI Arms Race," *Foreign Affairs*, Vol. 98, No. 3, 2019, p.135-144.

Maas）研究了在人工智能军事应用领域进行军备控制的可行性，用核武器来类比人工智能的军事应用。① 肯尼思·佩恩（Kenneth Payne）等学者也进行了同样类比，并认为人工智能的军事应用与核武器一样同属高新技术的军事应用，且都是革命性的，因此军用人工智能国际竞争与冷战中的核军备竞赛类似。② 其他一些研究也在各种形式上存在这样的判断。③ 这些研究有两个共性：第一，认定人工智能军事应用相对于已有军事技术能够显著提升能力，或者说具有"革命性""颠覆性"；第二，所有"革命性""颠覆性"军事技术的变化都会引起剧烈的国际竞争，或者军备竞赛。实际上，这两点都是存疑的。第一，人工智能的军事应用类似于材料科学，很多时候是以潜滋暗长的方式在提高军事活动的效率，而不总是以革命性方式发挥作用。例如，人工智能辅助提高了文字录入的效率，减轻了文员的负担。即使没有国际竞争，这类技术也会被各国军方逐渐采用。因此，不能笼统地用"革命性"或"颠覆性"来概括军用人工智能技术发展的特点。第二，即使是"革命性""颠覆性"的技术也不一定会引发这类技术的国际竞争或者竞赛。1983年，美国政府提出"战略防御倡议"（Strategic Defense Initiative），旨在发展天基和定向能为主的战略导弹防御拦截器。当时美国提出来的技术概念可谓极具"革命性""颠覆性"，但是其他各方（苏联、欧洲、中国等）并未采取对称的竞争战略。也就是说，"革命性""颠覆性"军事技术的发展并不必然导致关于这项技术的军备竞赛，而是可能只给人们（尤其是决策者）带来担忧和压力。

兰德公司等智库机构也发布了大量关于人工智能军事应用的报告，这些报告对人工智能可能应用的军事领域进行了调研，考察了具体应用领域的划

---

① Matthijs M. Maas, "How viable is international arms control for military artificial intelligence? Three lessons from nuclear weapons," *Contemporary Security Policy*, Vol. 40, No. 3, 2019, pp.285-311.
② Kenneth Payne, "Artificial Intelligence: A Revolution in Strategic Affairs?" *Survival*, Vol. 60, No. 5, 2018, pp.7-32.
③ Amandeep Singh Gill, "Artificial Intelligence and International Security: The Long View," *Ethics & International Affairs*, Vol. 33, No. 2, 2019, pp.169-179.

分①，研究了人工智能应用于军事领域可能带来的收益②。但是，这些报告没有进一步具体分析各个领域中的先行者优势以及由此带来的竞争的激烈程度。2020年年初，由谷歌前CEO等科技企业家、学者组成的"中国战略小组"（CSG）向美国政府提交了一份内部报告，成为少数对此有所涉及的文件。报告中，学者们试图对各项技术进行具体细分，探究其细分后的特性对于竞争的影响，提出了"竞争护城河"等一系列重要的概念③，但由于这份报告涵盖很多技术领域，并非针对人工智能的军事应用，因此也无法直接用于评估人工智能军事应用所引发竞争的一些特征。

前文提到，人们对人工智能军事应用的先行者优势有一些猜测和判断。例如美国时任总统特朗普在2019年签署的行政令中曾提到："美国在人工智能领域持续性的领导地位对于维持美国经济和国家安全至关重要。"④ 俄罗斯总统普京也曾于2017年在演讲中表示："谁能在人工智能领域成为领导者，谁就能成为世界的领导者。"⑤ 这些猜测和判断会影响各国对军用人工智能的投资。如果决策者认定军用人工智能的发展具有明显和持久的先行者优势现象，他们就会担心对手一旦获取这种优势，自己再无机会追赶；决策者也会抢先投资并极力获取这种优势。在各方抢先投资的情况下，军用人工智能相关的安全困境将会不断加剧，军备竞赛也会日趋激烈。因此，先行者优势现象是我们推测和理解军用人工智能国际竞争的一个有益视角。

---

① Congressional Research Service, "Artificial Intelligence and National Security," November 10, 2020, pp.10-15.
② Rand Corporation, "Military Applications of Artificial Intelligence: Ethical Concerns in an uncertain World," 2020, pp.15-21.
③ China Strategy Group, "Asymmetric Competition: A Strategy for China & Technology," 2020, p.9.
④ Donald J. Trump, "Executive Order on Maintaining American Leadership in Artificial Intelligence," February 2019, https://www.whitehouse.gov/presidential-actions/executive-order-maintaining-american-leadership-artificial-intelligence/，访问时间：2022年8月1日。
⑤ "Putin: Leader in artificial intelligence will rule world," *AP NEWS*, September 2017, https://apnews.com/article/technology-business-russia-vladimir-putin-international-news-bb5628f2a7424a10b3e38b07f4eb90d4，访问时间：2022年8月1日。

三、概念、模型与分析要素

（一）核心概念

军备竞赛是指对手之间竞相发展军备的状况，常常指各方军备数量上关联性的增长。本章则使用国际竞争的说法，不仅包括军备数量上的关联性增长，还包括对技术发展的竞相投资。

在军事技术相关的国际竞争中，存在一些有利于先行者的因素。例如，先行者可以更早建立有经验的团队，从而在后续竞争中占据有利位置。另外，有些因素使得后来者有利。例如，后来者可以参考先行者的成败得失，避免走弯路，降低成本。因此，先行者不一定总是能够获得明显的军事优势，也不一定能够长期保持这个优势。军事技术发展的决策者需要根据利弊的计算来决定在军事技术的发展上是抢先行动还是后发制人。

先行者优势的概念原本出自棋类比赛：先行者在棋局上具备一定的优势。后来这个概念用于市场分析：抢先进入市场能够带来一定的贸易优势。在关于军事技术国际竞争乃至军备竞赛的讨论中，已经有安全专家提到先行者优势。本章将这一概念用于分析军用人工智能技术国际竞争的激烈程度。

本章中，先行的含义是早于其他行为体进行某项军事技术的开发、军事技术的应用或军事设施的部署。先行者是指在国际社会中，较早进行某项军事技术开发、军事技术应用或军事设施部署的行为体。在一些情况下，竞争各方几乎同时进行某项军事技术的开发、应用或设施部署。但在有些情况下，其中一方由于资源充沛、技术路线准确或者较为努力，较早取得了明显进展。这种情况下，率先取得进展的一方称作先行者。相对于先行者的是后来者、后发者、追赶者，这几个说法含义相同，都是在军事技术发展的某个阶段中相对滞后的一方。目前阶段的案例更多来自人工智能军事技术的研发，应用和部署方面先行者优势的经验尚不成熟，因此以下分析将更多利用人工智能研发的案例。

先行者优势指竞争中的一方在军事发展上抢先行动，因此它在军事能力上的收益高于后来者的收益。本章所述先行者优势需要区别于先发制人的优势,前者是动态交互中的概念,是指军事技术、军事设施(尤其指武器)上取得的优势;而后者是某个时间点上优先发动打击或进攻所带来的攻防平衡优势,后者仍是一个静态上的概念。

测量先行者优势有两个维度,分别是强度和持续时间。强度是指后发者开始追赶前,先行者优势的大小,即一方先进行某项军事技术开发后在军事实力上获得的收益与追赶者的收益之间的差距,这是一个较为直观的特征。先行者优势的持续时间指的是后发者开始追赶后,双方收益差距消失所需要的时间,这是静态视角下易被忽视的一个特征。人工智能军事应用中的先行者优势也会体现在强度和持续时间两方面。具体而言,人工智能军事应用的先行者优势是抢先发展这项技术的国家获得明显的军事优势,军事优势持续时间很长,对手将极难追赶,因此现阶段围绕军用人工智能技术的国际竞争非常激烈。

(二)分析要素

人工智能可以应用于许多军事领域(例如,作战、后勤等),先行者优势在不同领域中可能不完全一样。每个领域的军用人工智能可以还原成人工智能的各种技术成分,如算法、数据、算力(硬件)等。由于人工智能的每种技术成分受到不同因素的影响,其先行者优势的特征也会不同。因此,可以按照分步骤还原的方法,对人工智能军事应用进行技术成分分解,对其进行分项考察,最后通过综合分项考察结果,得到各个军事领域人工智能应用中的先行者优势。本章主要的分析要素有影响先行者优势的主要因素、人工智能的技术成分、人工智能军事应用的领域。本章的分析逻辑与人工智能军事应用中先行者优势形成和传递的逻辑是一致的,如图5-1所示。

图 5-1 先行者优势传递的逻辑

图5-1表示了军用人工智能先行者优势形成和传递的基本逻辑。本章的

分析也将按照该逻辑展开：首先从影响因素分析人工智能技术成分中的先行者优势，再根据军事领域中人工智能的技术成分分析先行者优势的传递，并最终由此推测军用人工智能各领域国际竞争的激烈程度。下文将具体介绍上述各分析要素。

1. 影响先行者优势的主要因素

本章将考察影响先行者优势的七类因素：①技术独立、均匀发展的指数规律；②不同技术路径的替代；③零和资源的占有；④规模效应；⑤试错成本与模仿学习；⑥维护成本；⑦其他次要因素。

2. 人工智能的技术成分

人工智能军事应用的技术成分有以下五类：①算法；②数据；③专用硬件；④外围硬件；⑤人机结合。这五类技术成分的先行者优势各不相同。

3. 人工智能军事应用的领域

在此采用美国国会研究服务部于2020年向美国国会提交的一份报告[①]中对军事领域的划分方法。这份报告将人工智能所能赋能的军事领域分为：①情报监视与侦察；②后勤；③网络空间作战；④信息战；⑤指挥控制；⑥半自主和全自主运载工具；⑦致命性自主武器系统。

情报监视与侦察（Intelligence, Surveillance and Reconnaissance, ISR）一般被认为是人工智能应用最显著的部分，主要基于人工智能的大数据处理能力。该领域的人工智能赋能可以使情报分析工作通过自动化提升效率。其具体功能包括嘈杂环境中的多语种讲话识别和翻译、无关联元数据下的图像地理位置确认、融合平面图像创建三维模型以及根据生活模式推断建筑功能等。美军对极端恐怖组织"伊斯兰国"（ISIS）作战中的军事项目 Project Maven（梅文计划）就是该类应用的体现。

后勤（Logistics）需要利用人工智能处理综合数据的能力。例如，通过分析所有的运输请求，规划最省时、经济的运输方案以提高效率、节省成本，

---

① Congressional Research Service, "Artificial Intelligence and National Security," CRS Report, November 10, 2020, https://crsreports.congress.gov/product/pdf/R/R45178，访问时间：2022年8月1日。

或者分析军事设施部件的传感器数据，进行预测性修理或零部件替换。

网络空间作战（Cyberspace Operations）是通过训练人工智能检测网络活动中的异常情况，从而提供全面和动态的攻击屏障。人工智能具备快速响应大量信息的能力，尤其适合应对网络攻击，同时也能应用于发动攻击。

信息战（Information Operations）中，可以利用人工智能具有的"深度伪造"等能力，即通过合成照片、视频等进行深度的虚假信息制造，进行虚假新闻报道，从而影响公众话语、削弱公众信任等。

指挥控制（Command and Control）中，人工智能算法能够基于对战场的实时分析为指挥官提供可行的行动路线选项，从而提高战时决策的质量和速度。

半自主和全自主运载工具（Semiautonomous and Autonomous Vehicles）中，人工智能被运用于战斗机、无人机、地面车辆、海军舰艇等，类似于商用无人驾驶汽车，可以感知环境、识别障碍物、融合传感器数据、计划导航，甚至与其他运载工具交换信息。

致命性自主武器系统（Lethal autonomous weaponsystems, LAWS）则是使用人工智能赋能的传感器套件和计算机算法独立识别目标，使用搭载武器系统交战并摧毁目标，从而不完全需要人工控制系统。

上述七个军事人工智能领域中，每项技术都可以逆向还原出所使用的人工智能技术成分，如算法、数据等；对每个人工智能技术成分，又可以进一步考察影响先行者优势的因素。通过这种还原分析，我们可以推测各个领域人工智能军用技术的先行者优势，从而理解这些领域国际竞争的激烈程度。

四、先行者优势的产生与传递

一些影响因素会导致技术竞争中先行者优势的产生与持续，这些先行者优势会具体体现到人工智能的技术成分中，使得不同技术成分具有不一样的先行者优势。在人工智能应用于不同军事领域的过程中，先行者优势又会被带入不同军事领域。本节根据先行者优势在人工智能军事应用中的产生和传递规律，推测各类军用人工智能领域中的先行者优势。

（一）影响先行者优势的因素

先行者优势是一个动态的概念，有很多因素会影响其强度和持续时间。一些因素会改变其强度，而另一些可能改变其持续时间，从而影响追赶者的追赶难度。本章将影响先行者优势的因素归纳为六个主要因素和其他一些次要因素。这些因素分别是技术独立、均匀发展的指数规律，不同技术路径的替代，零和资源的占有，规模效应，试错成本与模仿学习，维护成本，以及其他次要因素。这些因素会从不同方向影响先行者优势的持续时间，互相叠加。在具体问题中，往往一两个突出因素会主导先行者优势的持续时间。

1. 技术独立、均匀发展的指数规律

某项技术独立、均匀发展的速度，与相关技术基础、对该技术的投入和对该技术提出的需求成正比。一项技术的相关技术基础包括已有的研究成果、研究队伍以及产业链基础。这些基础能够促进技术的持续发展，因此技术发展的速度与技术基础成正比；技术发展之后，又会反过来拓展技术基础。在不考虑其他因素（如资源和市场约束）的情况下，技术发展速度与技术基础互相促进，会使得技术发展呈现出指数增长的规律。随着这种指数型增长，追赶者与先行者的差距将一直增大，从而出现所谓"赢者通吃"的现象。

另外，投入和需求也会促进技术的发展速度，但是，投入和需求明显受到先行者和追赶者主观意愿的影响，更多地体现在双方对竞争的态度中，属于本研究要考察的因变量。综合而言，技术独立、均匀发展的逻辑特别有利于先行者优势，甚至出现"赢者通吃"的局面。如果该规律起主导作用，军事技术的国际竞争将会非常激烈。

2. 不同技术路径的替代

在微观层面上，技术发展并不总是均匀的，有时会有突如其来的突破，继而转化为一种新的技术路径。这种突破在先行者与追赶者之中都有可能出现，但在基础更好的先行者国家中出现的可能性更大。一些新技术路径的使用会使技术发展速度获得大的跃升，先行者国家便更容易维持优势，或使优势持续时间增加。然而，一旦追赶者国家获得了这种突破，也很有可能迅速

抹平先行者优势。从这种层面上看，很难确认不同路径的替代是否会使先行者优势增强或是持续更长时间，这需要具体问题具体分析。

同时，也有一些新技术路径的出现并不必然马上带来技术发展速度的飞跃。新技术路径的最终结果有时候需要较长时间来检验。最显著的例子就在无人驾驶领域中，激光雷达与纯视觉两条技术路径至今仍处于争论阶段。无人驾驶汽车公司特斯拉的首席执行官埃隆·马斯克（Elon Musk）曾表示旧技术路径激光雷达相较于纯视觉这一新技术路径并无前途。[1]但随着激光雷达成本的降低，这一条技术路径仍被很多公司采用。其原因正在于，虽然纯视觉是在近年来人工智能获得巨大发展之后出现的新技术路径，但这种新技术路径的出现并没有立即使技术发展速度获得飞跃，甚至这两种技术路径孰优孰劣仍尚未可知。

在技术路径复杂竞争的情况下，可能的规律性因素在于先行者调整技术路线的成本更大。在两种技术路径优劣未分的情况下，一旦选定一条技术路径全面铺开，而后续该技术并未更为高效，那么先行者就需要承担一定的先期投资损失，即可能面临更大成本。若将这种风险成本考虑在内，不同技术路径的替代会使先行者优势衰减甚至消失，从而使得"赢者通吃"的可能性极低。

3.零和资源的占有

在追赶者尚未进行技术开发或技术开发尚未成功时，先行者拥有优先抢占资源的时机。这种资源可以是传统意义上的矿物等实体资源，也可以是空间资源、市场资源等不具象资源。如果这种资源总量是固定（零和）的，那么先行者对资源的优先抢占将意味着追赶者后续面临资源较少乃至无资源可用的情况。举例而言，地球静止卫星轨道能容纳的卫星总量是有限的，一定程度上属于零和资源。依照国际电信联盟（International Telecommuication Union, ITU）制定的规则，该领域在事实上形成了"先发先占有利位置"的

---

[1] Brad Templeton, "Elon Musk's War On LIDAR: Who Is Right And Why Do They Think That?" *Forbes*, May 6, 2019, https://www.forbes.com/sites/bradtempleton/2019/05/06/elon-musks-war-on-lidar-who-is-right-and-why-do-they-think-that/?sh=2d7443912a3b，访问时间：2022年8月1日。

局面[①]，先行者通过对静止卫星轨道的占有能使其在长时间内保持优势。当静止卫星轨道内卫星达到上限之后，追赶者即使具有需求，加大投资，也很难找到合适的位置发射自己的同步卫星。在手机操作系统的市场资源等其他领域中也存在同样的情况。

因此，如果一项技术发展所依赖的资源具有零和的属性，那么先行者优势的持续时间就会延长。

4. 规模效应

"学习曲线"是源于"二战"时期飞机工业的一个工业领域概念。它描述了当产量上升时，生产每架飞机的劳动时间会极大下降的现象。之后的研究表明许多领域都存在这种现象，而技术的发展往往也符合这一规律。随着新技术的发展，继续研发的成本会下降，发展速度自然就会上升。与之相似的"规模效应"指出，当一个领域发展到一定的经济规模时，产业链的完整性、资源配置与再生效率的提升能够提高该领域的收益能力。依据这两个理论，先行者率先发展技术，也可以更快地降低成本，形成能够提升效益的规模，进而拉大与追赶者的差距。

学习曲线与规模效应有利于先行者优势的前提是这一领域能够形成一定的规模，具体而言则是指能够形成一定的产业链。由于并非所有军用人工智能都有大规模应用，所以这个因素并不总是能够发挥作用。

5. 试错成本与模仿学习

技术发展都会面临试错与"走弯路"的可能性，而先行者走弯路的可能性更大，试错成本更高；追赶者通过模仿学习，可以主动规避一些试错成本。前述讨论中技术路径替代的一些情形就属于试错与"走弯路"的情况，但有所不同的是，技术路线的替代往往具有随机性，而通过模仿减少试错成本是追赶者的有意策略。例如，在20世纪的超音速客机领域中，英国、法国以及苏联在这项技术应用上成为先行者，但这项技术受多重因素影响在21世纪初停用。这使得这些国家并没有获得先行者优势，甚至付出了额外的成本，而

[①] 吕海寰、慕剑铭、甘仲民，等：《卫星通信系统》，北京：人民邮电出版社，1999年，第139页。

这项技术中的追赶者就不必支付这些研发投入。因此，这个例子中的先行者优势为负。

另外，先行者的试错能够为追赶者提供负面教训，而先行者也可能提供正面经验。无论先行者是否有意供应，追赶者或多或少都能获取到一些正面的发展经验，从而通过模仿学习降低发展成本，提升发展速度，因此这个因素也会削弱先行者优势的强度和持续时间。

6. 维护成本

先行者率先进行技术开发，并将技术应用于军事领域。由于军事应用需要维护和更新，所以先行者需要更早支付维护成本，这会削弱部分先行者优势。同时，即使进行维护和更新，军事应用的实体部分还是会老化，因此先行者的军事设施往往比追赶者的军事设施更老旧，这也会削弱一部分先行者优势。但是，不同软件和硬件的老化速率并不相同，因此需要针对具体对象确定其维护成本和折旧率。简而言之，可以通过一项技术应用的维护成本和折旧率判断该因素对于先行者优势的削弱程度。

7. 其他次要因素

还有一些因素可能影响先行者优势。如果一项技术的军事应用会带来负面后果，那么先行者优势的持续时间就会受到削弱。例如，若一项军事技术容易出现安全事故、环境、伦理等问题，随着该技术的发展先行者认识到这种后果之后，则会选择放弃或者克制该项技术的继续研发、部署或使用；同时追赶者也会进行类似的克制。此时先行者优势就会被削弱，甚至完全消失。

此外，还有存在较大争议的规则制定这一因素。很多学者和研究报告认为制定规则可以使得先行者优势无限扩大。"中国战略小组"（Chinese Study Group, CSG）的内部报告中就提到了制定规则对于维持"竞争护城河"（Competitive Moats）的重要性。[1] 但实际上这种规则因素应该进一步区分为排他性政治规则和排他性技术规则。其中，前者指超出技术本身的对追赶者有所限制的规则，如核不扩散机制；而后者则是基于技术标准的限制规则，

---

[1] China Strategy Group, "Asymmetric Competition: A Strategy for China & Technology," 2020, p.9.

如通信标准。排他性的政治规则往往能够使得先行者优势的维持时间大幅增长,但排他性的技术规则很难实现同样的作用,因为追赶者能够通过适应这种规则或技术迭代,制定新的技术规则来削弱其限制,从而缩小其与先行者的差距。但是,达成排他性政治规则需要苛刻的条件,而排他性技术规则对先行者优势的影响并不明显,因此制定规则对于先行者优势的影响并非显而易见,而是需要具体问题具体分析。

人工智能军事应用的范围非常广泛,所选取的技术路线也会相对复杂。在研发和部署的过程中,一些项目成效显著,也有一些项目由于技术不够成熟或者技术路线错误而效果不佳。在成效显著的项目中,先行者优势相对较强;在成效不佳的项目中,先行者优势强度则较弱。从宏观角度来看,那些成效不佳(先行者优势强度较弱)的项目会被自然淘汰,成为竞争热点的项目通常是成效显著(先行者优势强度较强)的项目。因此,本研究将重点关注先行者优势持续的时间,并假定各方竞争的军用人工智能技术中先行者优势都较强。当评价先行者优势时,除非特别说明,都是指这个优势持续时间的长短。如果一项军用人工智能先行者优势保持的时间很长,那么先行者就可以在较长时间内享受优势,而其他国家也需要较长时间追赶。由于后发国家担心这种长时期的劣势,必然也会尽早发展相应技术,进而导致各方之间展开激烈竞争。在考察先行者优势持续时间时,本章假定先行者与追赶者的技术基础和投资力度相当,只是双方在进行研究或应用的时间上有先后。

(二)人工智能技术成分中的先行者优势

军用人工智能的技术成分大体包括两类:第一,通用人工智能的技术成分;第二,相应军事设备中的技术成分。通用人工智能技术底层的三要素是算法、数据与算力。本章将算力部分的硬件(如芯片)称作"专用硬件"。军事设备包含人工智能外围设备的发展与人员培训所花费的时间。因此,总时间花费包含算法、数据、算力(专用硬件)、外围硬件和人机结合这五个技术成分。每个技术成分中的先行者优势以不同的方式受到前述七类因素的影响。本小节根据这个逻辑,考察这些技术成分中的先行者优势。

目前,关于军用人工智能发展时间特征的数据和案例相对缺乏,部分原因在于这些数据的敏感性与非公开性,也有部分原因是军用人工智能发展的时间特征尚未完全得以体现。为了提供实证依据,本章的替代方案是使用通用人工智能或者以往军用设备(不包含人工智能)发展的案例。这些案例可以给出粗略的测算基准(benchmark),用于检验本章的核心观点。

1. 算法

算法是人工智能技术的基础,是对数据进行深度分析的工具。一方面,人工智能算法的发展符合独立、均匀发展的规律,即其独立发展速度与基础成正比。这个因素有利于先行者优势。另一方面,算法研究中不同路径的替代非常频繁。为了实现一种功能,较短的时间内就可能出现多种技术路径的算法。以最广为人知的"深度学习"围棋算法为例,"AlphaGo"的开发者曾介绍了其发展历经的四个版本:自2015年10月击败欧洲围棋冠军的版本到2016年3月击败世界冠军李世石的版本,再到2016年年底的"Master"版本,最后到2017年的"AlphaGo Zero"版本。短短不到两年时间迭代了四个版本,并且每一个版本在能力上都有跨越式的提升。[①] 再加上其他公司开发的实现同样围棋功能的算法,可以说短短几年内出现了大量的算法更迭。

依照前文分析,频繁的路径更迭意味着技术突破大量产生。先行者的确引领了其中一部分突破,但在算法优劣不明晰的情况下,先行者承担更大路径低效的风险成本,因此这种更迭会一定程度上削弱先行者优势的持续时间和强度。对于追赶者而言,一旦获得一个优势算法,便能在算法层面抵消先行者优势。

算法领域发展所仰赖的资源并不存在零和的属性,因此算法领域的先行者无法利用资源控制来维持其优势。由于人工智能正处于发展风口,尤其是在民用领域已经形成了不小规模的产业,学习曲线和产业规模会增强算法领域的先行者优势。那些与民用关联较强的军民两用人工智能技术可以依赖民用人工智能的规模效应,因此其先行者优势会比较明显。

虽然算法领域的试错成本相对较小,先行者不必付出高昂的试错成本,但其模仿学习的难度较其他领域更低。即使先行者不公开算法的全部细节,

---

① David Silver, et al., "Mastering the Game of Go without Human Knowledge," *Nature*, Vol. 550, No. 7676, 2017, pp.354-359.

只须知道其实现的功能和算法的基本原理，追赶者就能较快开发出类似功能的算法。

就维护成本而言，算法不具备实体，不存在传统意义的设备维护成本，其维护成本几乎可以等同于持续研发成本，投入的人力成本能在此过程中进行一定的维护。因此，算法中的先行者优势不会被其维护成本削弱。

根据上述分析，可以知道算法中的先行者优势持续时间非常短，这一判断也能获得案例分析支持。仍以"深度学习"围棋算法为例，"AlphaGo"于2015 年 10 月击败欧洲围棋冠军，成果于 2016 年 1 月 27 日发表于《自然》（Nature）杂志[1]，随后"深度学习"的围棋算法在几个月内有了井喷式的发展。腾讯人工智能实验室开发的围棋人工智能"绝艺"第一个版本于 2016 年 3 月完成，比利时程序员开发的围棋人工智能"Leela"于 2016 年 4 月开始提供完整版本，并于 6 月开始使用深度卷积神经网络，大幅提升了棋力。可见，追赶者仅仅耗费几个月的时间就实现了模仿学习，远远低于开发 AlphaGo 所需的 3 年时间。这个案例中，追赶者花费时间很短，其中一个原因在于学者之间的交流较为通畅。虽然军事领域的交流程度远低于此，但先行者在算法上的基本逻辑等知识仍可能被追赶者了解，并模仿学习。

总的来看，各种因素对算法中先行者优势的综合影响如表 5-1 所示。技术独立、均匀发展的指数规律会提升算法的先行者优势；路径更替这个因素会降低先行者优势；作用最大的是试错成本与模仿学习，该因素使具有实力的追赶者能在较短时间内在算法上追赶上先行者。根据已有案例，在算法这个技术成分中，先行者优势的持续时间将不到 1 年。

表 5-1 先行者优势各影响因素在算法领域的表现

影响因素	持续时间	影响因素	持续时间
指数规律	↑	试错成本与模仿学习	↓
路径更替	↓	维护成本	—
零和资源	—	其他因素	—
规模效应	—	综合	<1 年

---

[1] David Silver, et al., "Mastering the Game of Go with Deep Neural Networks and Tree Search," *Nature*, Vol. 529, No. 7587, 2016, pp.484-489.

2. 数据

人工智能的研制和训练需要大量数据。数据积累越多，人们今后获取数据的渠道也会变得越便捷，因此，从技术独立、均匀发展的规律来看，数据积累中也存在着一定的先行者优势。但是，数据与传统意义上的技术有一定区别，数据获取与整理的速度与已经积累的数据的量并没有明显的正比关系，数据的积累并不会按照指数规律急剧地增长，而是随着时间比较平直地增长。也就是说，数据积累中先行者优势的扩展并不十分迅速。

数据的获取与积累很大程度上是在数量层面上，不同技术路径的更替并不明显，因此先行者优势不会被削弱。与矿产等实体资源不一样，数据来源大多不会因为使用而消失，因此数据领域通常不具有实体资源的零和属性。只要数据来源继续存在，先行者获取的数据往往也能被追赶者获得，因此资源是否零和这个因素不会增加先行者优势的持续时间。

就学习曲线与规模效应而言，数据的收集能力一定程度上符合学习曲线，即随着收集经历的增长，其能力会不断上升；但数据的规模效应并不明显，因为数据的获取与积累是一个数量层面的过程，很难形成一个产业链或者一定的规模经济，因此先行者提升数据收集与积累的速度将不明显。总体而言，从这个角度看数据领域具有先行者优势，但是并不显著。

数据领域的试错成本几乎不存在，数据的收集与积累不存在试错的概念。由于量的积累必须依赖时间，追赶者也很难通过模仿学习来快速缩小差距。这个因素并不会明显削弱数据领域的先行者优势。

多数情况下，数据也并非一个实体概念，维护成本不是很高，因此，数据领域的先行者优势不会被维护成本的因素所削弱。

此外，数据领域面临一些制定规则的压力，这种规则主要是基于对个人信息的保护而制定的一些政治性规则，但这种规则不具有排他性，因此先行者和追赶者所受到的规则约束是相似的。这种压力不会很大程度上影响数据领域的先行者优势。

简言之，从表 5-2 可以看出，数据领域独立、均匀发展的指数规律提供比较平直增长的先行者优势，其他因素并不会明显增强或者削弱先行者优势的持续时间。

表 5-2 先行者优势各影响因素在数据领域的表现

影响因素	持续时间	影响因素	持续时间
指数规律	↑	试错成本与模仿学习	—
路径更替	—	维护成本	—
零和资源	—	其他因素	—
规模效应	—	综合	<4 年

不同的问题涉及的数据量和数据获取难度不完全一样,因此,数据累积中先行者优势的持续时间也不相同。对于较大型的数据累积,我们可以根据算法与数据累积的工作量之间的关系来估算其先行者优势的持续时间。一项关于数据科学研究小组的调查统计指出,数据相关研究中数据的搜集、整理和处理环节一般占到80%左右。[①] 此外,特斯拉数据部门的一位负责人也表示,他们的无人驾驶项目中数据所占的工作量占75%左右,而算法仅占25%左右。算法领域先行者优势大约持续不到1年,那么可以推算,人工智能研究者大型数据累积中先行者优势大约不到4年。

3. 专用硬件(芯片等直接为人工智能提供算力的硬件)

人工智能的专用硬件主要指人工智能实现功能所需的传感器、控制器、芯片,以及传统信息通信技术硬件和物联网技术相关硬件,并以芯片为核心。这些技术的发展符合独立、均匀发展的指数规律,因此具有比较强的先行者优势。在没有其他因素干扰的情况下,该优势会持续较长时间。

专用硬件领域包括计算芯片在内的硬件中不同技术路径的更替并不明显,CPU、GPU、FPGA、ASIC 等不同芯片类型的应用场景几乎各不相同,相互替代的情况不多见。芯片计算能力的发展主要在于制作工艺的提升,而非技术路径的更替。目前,专用硬件领域的先行者优势不易被突如其来的路

---

① Gil Press, "Cleaning Big Data: Most Time-Consuming, Least Enjoyable Data Science Task, Survey Says," *Forbes*, March 23, 2016, https://www.forbes.com/sites/gilpress/2016/03/23/data-preparation-most-time-consuming-least-enjoyable-data-science-task-survey-says/?sh=bc828b36f637,访问时间:2022 年 8 月 1 日。

径更替所削弱。

专用硬件领域所使用的原材料尚不存在资源零和的限制，但其市场容量可能受到零和效应的影响。由于实体化芯片、传感器等都是特定领域的应用设备，虽然其应用领域不少，但总的市场资源依旧是有限的。这些硬件技术的发展高度依赖于市场，而市场在一定程度上具有零和特征。当先行者抢占了市场，发展出完整的产业链，追赶者将更难依赖市场养育出完整的硬件技术产业链，而先行者与追赶者的差距会持续扩大。因此，专用硬件领域先行者优势强度很高，而且持续时间很长。

在民用市场中，专用硬件领域早已形成完整的产业链和合适的经济规模，学习曲线和规模效应都非常明显。先行者通过持续的生产和适当的规模降低成本、提升效率，与追赶者的差距持续扩大。这个因素提升了专用硬件领域中的先行者优势。

芯片等专用硬件的发展和生产受到专利、工艺保密、设备的出口管制等因素影响，追赶者很难避免试错成本。芯片等专用制作工艺技术的提升需要整个产业链，而非单一某项技术的升级，追赶者很难通过模仿学习快速缩小差距。从试错成本和模仿学习的角度来看，专用硬件这个领域中的先行者优势持续时间比较长。

芯片等硬件不仅有一般意义上的维护成本，其成本折旧也比较高。摩尔定律认为，处理器的性能每两年可以翻一番，虽然这一规律在近年来并非十分精确，但是芯片等硬件的性能提升速度依旧很快。这意味着先行者优先发展并使用的硬件面临很高的折旧成本，这会在一定程度上削弱专用硬件领域的先行者优势。

表5-3对上述因素的作用进行了总结，独立、均匀发展的指数规律，市场一定程度上的零和属性，以及模仿学习的困难都使得先行者优势的持续时间非常长，折旧成本虽然会削弱先行者优势，但是作用并不大。因此，专用硬件领域中，先行者优势的持续时间非常长，结合芯片专家的判断，可以推

测这个领域先行者优势的持续时间在 10 年左右。①

表 5-3 先行者优势各影响因素在专用硬件领域的表现

影响因素	持续时间	影响因素	持续时间
指数规律	↑	试错成本与模仿学习	↑
路径更替	—	维护成本	↓
零和资源	↑	其他因素	—
规模效应	↑	综合	10 年

4. 外围硬件

本研究中，外围硬件指被人工智能赋能并需要特别改造或者特别设计的军事设施，如军用无人机、雷达、军用机器人等。值得强调的是，由人工智能赋能的外围硬件需要很多专门领域的技术作为基础，如自动驾驶的军车以车辆制造技术为基础。本章的分析中假定先行者与追赶者的技术基础是相当的，他们只是在人工智能方面开展新的竞争。例如，双方的汽车制造技术相当，但双方开展自动驾驶研究的时间出现了先后差别。

从技术独立、均匀发展的指数规律来看，外围硬件领域的先行者优势比较明显。先行发展了外围硬件设备的国家在技术上基础雄厚，便于开展下一阶段研发，增加了后发者追赶的难度和时间。不同技术路径的替代会削弱先行者优势，使局部弯道超车成为可能。目前，人工智能军事应用刚刚兴起不久，一些新兴技术路线（如军用机器人、无人驾驶军车等）存在很多选项，先行者必须付出更多成本来预防竞争对手实现未曾预计到的技术突破。技术路径的替代会削弱先行者优势，缩小追赶者的追赶时间，但是，追赶者是否能够找到最合理的追赶路径，也存在着较大不确定性。

---

① 布鲁金斯学会的一篇报告认为，半导体芯片的产业链是赢者通吃的，见 Christopher A. Thomas, https://www.brookings.edu/techstream/lagging-but- motivated-the-state-of-chinas-semiconductor-industry/，访问时间：2022 年 8 月 1 日；而智库信息投资公司 EqualOcean 的一篇报告做出了更具体的分析，认为芯片产业链的追赶时间在 12～15 年，见 Fuller Wang, "China Chips: Will China Dominate the World Semiconductor Market in 5 Years?" *EqualOcean*, October 18, 2021, https://equalocean.com/analysis/2021101816695，访问时间：2022 年 8 月 1 日。

第五章 军用人工智能竞争中的先行者优势

一些军民两用的技术和设施可以从市场获得反哺,如无人驾驶汽车的研发可以通过市场获得部分经费和实践经验。一些敏感程度较低的军事技术和设施(如低端无人机)受到的出口管制限制不多,它们对市场也存在依赖。对于这些可供出口的产品,先行者有机会大规模占领市场,并从市场获得反哺;而追赶者从市场获得反哺的机会较少。因此,市场的零和属性会增加追赶者的难度。此外,也有一些军用设施和技术受到出口管制的限制,出口量非常小。在这类设施和技术的竞争中,市场对先行者优势的帮助作用较小。因此,在外围硬件这个领域,先行者能否通过对市场等零和资源的占有维持和延长其优势,其结果较不确定。总体而言,军民两用品和低端军用品受到市场的帮助更大,而敏感设施和技术受到市场的帮助较小。

先行者有机会提高外围硬件的使用规模,从而降低单位成本,这有利于先行者优势;外围硬件需要维护成本,这对先行者优势存在显著削弱。

在外围硬件中,不同军事设施需要的改造程度各不相同。有些军事设施在接受人工智能赋能时需要专门设计,例如作战机器人。这类人工智能设备研发中的先行者优势持续时间可能会超过专用硬件,达到10年左右。① 有些军事设施依靠升级算法便能够利用人工智能提升效率,如军用雷达的目标分析。这些领域的先行者优势与算法类似,持续时间只有不到1年。大体上来看,实现人工智能赋能所需改造越多、时间越长,相应的先行者优势的持续时间也更长。

总之,如表5-4所示,在外围硬件领域中,技术独立、均匀发展的指数规律和规模效应会有利于先行者优势的维持;路径更替、试错成本和维护成

---

① 人工智能的赋能应用并未全面铺开,但在讨论外围硬件的先行者优势时,可以一定程度上参考历史上的军备发展追赶案例,因为讨论外围硬件成分的先行者优势时排除了人工智能本身成分,仅是传统意义上的单纯军备硬件。以"二战"末期到冷战初期美苏战略轰炸机的发展追赶为例,美国首先研发了B-29战略轰炸机,而苏联于1944年获得了三架B-29,并以此为基础研发了仿制型的图-4战略轰炸机,其于1948年服役,并于1949年实现完全作战能力。此处苏联作为追赶者在获得了完整的先行者军备样品的前提下花费了4~5年的时间基本实现追赶,由此可推断正常情况下此类外围硬件追赶时间会更长,可以达到5~10年。参见G. Scott Gorman, "The Tu-4: The Travails of Technology Transfer by Imitation," *Air Power History*, Vol. 45, No. 1, 1998, p.16.

本因素会削弱先行者优势。由于该领域中对已有设备的改造程度差别较大，由此形成的先行者优势也存在明显差异，其优势持续时间大约为 1～10 年。需要重新设计、制造的比例越高，先行者优势持续时间将越长。

表 5-4　先行者优势各影响因素在外围硬件领域的表现

影响因素	持续时间	影响因素	持续时间
指数规律	↑	试错成本与模仿学习	↓
路径更替	↓	维护成本	↓
零和资源	不确定	其他因素	不确定
规模效应	↑	综合	1～10 年

5. 人机结合

得到人工智能赋能的军事设施仍然需要军事人员进行设置、部署、启动、维护和评估，这些人机结合的活动是军用人工智能技术得以发挥作用的重要环节。人机结合的相关军事人员需要经过专门培训，该环节的竞争也由此产生。率先在军用人工智能领域进行人机结合培训的一方将能形成先行者优势。

技术独立发展的指数规律在该领域上的表现非常平直，并不会形成逐渐放大的先行者优势。规模效应在一定程度上可以降低培训成本，有利于先行者优势。追赶者通过模仿学习、减少试错成本也可以在一定程度上减少先行者优势。其他因素在人机结合这个领域对先行者优势的影响都不十分明显。因此，该领域的先行者优势持续时间较短。一些专业性军事训练的时间大约是一年或更短。① 由此推测，如表 5-5 所示，人工智能军事应用中人机结合所呈现的先行者优势持续时间不超过 1 年。

---

① 以同为新兴技术军事应用的网络为例，美国国防部的文件显示美军的海军舰队网络司令部达到完全作战能力的时间为 2000 小时左右，亦即一年左右，参见 "Navy Cyber Mission Force Teams Achieve Full Operational Capability," U.S. Department of Defense, November 2, 2017, https://www.defense.gov/News/News-Stories/Article/Article/1361059/navy-cyber-mission-force-teams-achieve-full-operational-capability/，访问时间：2022 年 8 月 1 日。

表 5-5 先行者优势各影响因素在人机结合领域的表现

影响因素	持续时间	影响因素	持续时间
指数规律	—	试错成本与模仿学习	↓
路径更替	—	维护成本	—
零和资源	—	其他因素	—
规模效应	↑	综合	<1 年

五、不同领域军用人工智能技术中的先行者优势

人工智能军事应用由人工智能的各个技术成分（例如，算法、数据等）组成，因此人工智能技术成分中的先行者优势通过这一途径传递到各军事应用领域。各领域所包含的技术成分并不一致，有的领域主要依赖算法和数据等"软件"，有的领域则需要完全设计和制造新的硬件。因此，各技术成分对各领域的先行者优势的贡献不同。本节将根据各领域技术成分的主次关系以及各技术成分中的先行者优势，综合评估人工智能军事应用各领域的先行者优势。

同时，有些技术成分的先行者优势的持续时间可以相互重叠，有些则不能。其中，算法是人工智能的基础部分，人机结合主要用于技术和设备完成后的操作人员培训，这两者均需要单独考虑时间；当其他技术成分与算法、人机结合等组合时，这些技术成分与算法、人机结合的优势持续时间不能重叠，需要累加；而其他技术成分的优势持续时间可以重叠计算。

（一）情报监视与侦察

在情报监视与侦察领域，人工智能的主要用途是处理和分析数据。人工智能对数据的分析依赖特定算法（如图像识别、自然语言处理等技术以及其他情报处理的算法），从而实现情报分析工作自动化，提升效率。因此，算法的先行者优势会传递至情报领域。先行者在算法上的优势持续时间不长，这是因为先行者所开发的相关算法较易被追赶者模仿学习。因此，这一部分对情报领域先行者优势持续时间的贡献很小。

情报监视与侦察领域中另一重要技术成分是数据。数据的来源分为三种

情形：一是提供数据的设备并不需要人工智能赋能；二是数据设施的软件需要系统性改造和升级，以便获取人工智能算法能够处理的数据，并对人工智能进行训练和标度；三是数据设备需要根据人工智能的需求专门设计和制造。

美国国防部负责信息系统和网络技术的理查德·林德曼（Richard W. Linderman）指出，由于可供分析的数据集已大量存在，人工智能在情报领域非常有用。[1] 由此可见，尚未得到人工智能赋能的侦测系统已经能够收集到大量数据；人工智能的应用则会大幅提高数据分析效率，这属于上述第一种情形。在此情形中，人工智能先行者优势仅仅源于算法中的先行者优势，其持续时间不到1年。

第二种情形需要按照人工智能的需求进行新的数据收集与累计，这是为了对特定的人工智能进行训练和标度。美国情报界已经或者正在开发不少运用人工智能的项目，仅中央情报局正在开发的相关项目就超过一百个，这些项目能够利用人工智能完成图像识别和预测分析等任务。[2] 其中，最为知名的案例是"Project Maven"（梅文计划），这一项目曾在美国对"伊斯兰国"（ISIS）的作战中提升了其战场情报能力。它旨在将计算机视觉和人工智能算法纳入情报收集部门，用于梳理无人驾驶飞行器的镜头并自动识别目标的敌对活动，其侦察对象往往是新目标和现象。例如，当侦察得到人工智能赋能的新型无人机的运动轨迹时，既有数据并不一定符合人工智能的分析要求，因此需要重新收集和积累数据。由于数据这一技术成分中的先行者优势持续时间要远远大于算法，因此第二种情形中的综合先行者优势主要源于数据积累，其持续时间为1~4年。需要重新收集的数据比例越高，先行者优势持续时间越长。

第三种情形中，需要根据人工智能的需求来专门设计和制造侦察设备。可以设想，今后可能出现按照人工智能优化后的专用侦察设备，其获得的数

---

[1] Congressional Research Service, "Artificial Intelligence and National Security," November 10, 2020, p.10.
[2] Patrick Tucker, "What the CIA's Tech Director Wants from AI," Defense One, September 6, 2017, http://www.defenseone.com/technology/2017/09/cia-technology-director-artificial-intelligence/140801/，访问时间：2022年8月1日。

据将非常适合人工智能系统的要求。这属于前文讨论过的外围硬件，这些外围硬件所涉及的先行者优势与硬件所需要改造的程度正相关，优势持续时间可以达到1～10年。

综合来看，在情报监视与侦察领域，人工智能赋能所获得的先行者优势持续时间跨度较大。在仅用人工智能算法处理原有设备就可获取数据时，先行者优势持续时间不到1年；在需要重新获取和积累数据时，先行者优势持续时间会增加至最多4年；如果需要研制新的侦察设备，先行者优势持续时间会增加至最多10年。

（二）后勤

人工智能应用于后勤领域的技术成分主要包括算法和人机互动，而该领域既有数据仍可在人工智能环境下使用，因此积累新数据的需求较小。这一领域的一个典型案例是美国空军通过人工智能分析F-35飞机发动机等部件传感器数据，以进行预测性修理或零部件替换。[1] 该案例主要是通过改进算法和人机互动实现零部件更换安排的优化。另一个案例是国际商业机器公司（International Bussiness Machines Corporation, IBM）研发的Watson系统。2017年9月，美国陆军支援活动（LOGSA）开始使用IBM研发的人工智能Watson系统分析维修零件配送的运输流程，用以确定最省时、高效的供应方式。当这项任务由人类分析师进行时，他们仅能分析10%的运输请求，实现每年约1亿美元的经费节省；而Watson系统能够分析100%的运输请求，从而在更短时间内节省更多成本。[2] 这项人工智能赋能具体包含了两部分：一是实现特定功能的人工智能算法Watson；二是配合该系统实现完整功能所需要的人员培训，如运输队司机以及车辆终端数据收集人员的培训等。

在算法这一技术成分中，先行者获得的优势持续时间不到1年。例如，

---

[1] Marcus Weisgerber, "Defense Firms to Air Force: Want Your Planes' Data? Pay Up," Defense One, September 19, 2017, http://www.defenseone.com/technology/2017/09/military-planes-predictive-maintenance-technology/141133/，访问时间：2022年8月1日。

[2] Adam Stone, "Army Logistics Integrating New AI, Cloud Capabilities," September 7, 2017, https://www.c4isrnet.com/home/2017/09/07/army-logistics-integrating-new-ai-cloud-capabilities/，访问时间：2022年8月1日。

一旦用于优化运输方案的算法付诸应用并获得成功,追赶者很容易开发出类似算法;而在人机互动部分,其先行者优势持续时间也不到 1 年。综合考虑,将人工智能率先应用于军事后勤领域,所产生的先行者优势持续时间不到 2 年。

(三)网络空间作战

网络空间作战的人工智能既可用于进攻,也可用于防御。由于人工智能赋能的网络防御(Cyber Defense)部分更易获得公众的理解和宽容,且具有军民两用特性,因此获得了更多的公开讨论。相对而言,公开出版物中对网络作战进攻部分的细节讨论较少。但是,人工智能对于网络空间作战中攻防两端的赋能是相通的,如使用人工智能所找到的网络漏洞既可用于防御,也可用于进攻。因此,本小节讨论以网络防御为考察对象,但结论也可适用于网络进攻。

在人工智能的各个技术成分中,算法对网络空间作战最为重要。有学者分析表明,广泛适用于网络防御的人工智能技术与算法由人工神经网络研究提供,较少需要新数据;[①] 网络作战可能会使用一些专用硬件,但大多数情况下无须重新制造;网络作战不需要专用外围硬件;网络空间作战人员为技术专家,其培训往往是分散的,甚至可以嵌入算法研制过程中,因此不另需时间。

网络空间作战人工智能赋能的根本目标是网络攻击智能化和自动化,以大幅提升效率。该领域人工智能运用的实例也表明其主要依赖于算法部分。2016 年,美国国防部高级研究计划局(DARPA)举办了网络挑战赛,并与获胜者——主营软件算法的 ForAllSecure 公司签订了研究合同,开始实施"Voltron"计划,其主要目标在于利用人工智能自动发现和修补军用网络、系统和软件漏洞,这正表明人工智能运用于网络空间作战主要依赖于算法领域。

总的来看,网络空间作战中的先行者优势主要来源于算法,而算法提供的先行者优势持续时间不到 1 年。

[①] Enn Tyugu, "Artificial Intelligence in Cyber Defense," 2011 3rd International Conference on Cyber Conflict, 2011, pp.1-11.

（四）信息战

人工智能在信息战中主要用于干预信息的产生和传播，如通过推送、裁剪或伪造一些文本、照片、视频等信息影响公众话语。其中，"人工智能换脸"算法已比较成熟，并于民用领域获得广泛应用，甚至引起一定争议。信息战领域中该算法的应用尚无获得公开承认的重大案例，而更多是专家对其破坏性的推测。有学者指出，深度造假技术可能被用于制造虚假新闻报道、影响公共话语、削弱公众信任以及勒索外交官。[1]

信息战比较依赖算法、数据和人机互动这三个技术成分。算法为信息战提供必要的工具；数据可用于训练和校准专用的人工智能，提升信息投送精准性；人机互动也是信息伪造的必要部分。而专用硬件和外围硬件对于信息战的作用不大。

算法上的先行者优势持续时间不到 1 年，追赶者能较快模仿同样方式的信息战算法。但是，由于先行者率先掌握和积累了大量数据，追赶者并不能很快就与先行者在信息战中全面抗衡。追赶者需要大约 4 年的时间才有机会掌握全局数据，实质性削弱先行者的全面优势。在人机互动方面，先行者优势的持续时间将近 1 年，但这种培训可以与算法升级和数据积累同步进行。综合来看，信息战中先行者优势的持续时间大约为 5 年。

（五）指挥控制

指挥控制是指根据已有信息对军力、火力调配和使用作出决定，并将决定传达到基层的过程。这一过程涉及多个层面，多数可通过人工智能赋能提高效率、降低成本、提升准确度。由于面临着责任归属、误判等种种问题，能否将决策的权力从人转交到人工智能已经历了相当一段时期的争论，甚至至今仍在相关规范制定讨论中存在很大争议。笼统而言，指挥控制中人工智

---

[1] Kyle Rempfer, "Ever Heard of 'Deep Fake' Technology? The Phony Audio and Video Tech Could be Used to Blackmail Us Troops," *Military Times*, July 19, 2018, https://www.militarytimes.com/news/your-air-force/2018/07/19/ever-heardof-deep-fake-technology-the-phony-audio-and-video-tech-could-be-used-to-blackmail-us-troops/，访问时间：2022 年 8 月 1 日。

能应用的好处可能导致人类对人工智能的依赖甚至盲从。尤其在数据量大、时间紧迫的情况下，人类未必有能力核对与纠正人工智能的判断，人工智能误导决策的机会增多。因此，在指挥控制领域使用人工智能的程度上，人类需要有所克制，但这一限度目前尚无定论。本章在此不讨论这一限度问题，仅假定最终决策者是人。

人工智能对指挥控制领域的赋能涉及所有五个技术成分：算法、数据、专用硬件、外围硬件与人机结合。算法用来处理有关敌情资料，优化作战方案，是指挥控制中最不可缺少的部分。数据包括敌我双方和环境的数据，有些数据是客观生成的数据（如三维地图等），有些数据是人工智能手段推测的结果（如敌我双方的航路等）。有些决策过程需要在极短时间内处理大量特殊数据，因此需要芯片等专用硬件来承担计算任务。为了便捷、保密地传递决策信息，还需要专门建设一些通信设备等外围硬件。此外，指挥控制不仅涉及高层指挥员。中国指挥与控制学会理事长戴浩院士曾从态势认知、筹划决策、平台控制、军事训练四个方面提出人工智能在指挥控制领域的赋能形式。以态势认知为例，人工智能可以借助深度学习等算法，形成一组面向特定作战任务的战场态势理解分析工具，辅助各级指挥员提高对战场态势的认知速度和准确度。[①] 这就涉及大量人机互动及相关培训工作。

先行者优势的持续时间在算法上不到1年，在数据上不到4年，在专用硬件上为10年，在外围硬件上为1～10年，在人机结合上约为1年。对于指挥控制领域而言，硬件部分对其先行者优势的贡献最为主要，其次为数据，而算法和人机结合的贡献并不显著。专用硬件、外围硬件和数据的发展时间可以互相重叠，因此综合先行者优势的持续时间并不需要对这三类技术成分的对应时间进行叠加，即约为10年。

（六）半自主和全自主运载工具

半自主和全自主军用运载工具的人工智能应用与民用无人驾驶有一定的相似性，这也是人工智能军事应用发展最为明确和可预见的领域。人工智能

[①] 戴浩：《人工智能技术及其在指挥与控制领域的应用》，搜狐网，2017年4月4日，https://www.sohu.com/a/131912845_358040，访问时间：2022年8月1日。

对于这一领域的赋能同样涉及所有五个技术成分：无人驾驶相关的算法，各种航路的数据，人工智能芯片等专用硬件，搭载人工智能的飞机、舰船、导弹等外围硬件，以及相关的人机互动技术。其中，硬件部分的先行者优势占主导性地位。与指挥控制领域相似，由于各技术成分的发展时间可以互相重叠，可以推测半自主和全自主运载工具军事领域中人工智能赋能的先行者优势持续时间也约为 10 年。

需要注意的是，外围硬件对该领域的先行者优势贡献较大，而外围硬件涉及一些早已存在的军备，如军舰等。本章讨论的先行者优势是人工智能与原有军备耦合发展带来的，原有军备发展中也存在的先行者优势不在本章讨论范围之内。

（七）致命性自主武器系统

致命性自主武器系统用人工智能赋能仍是一项争议非常大的应用，因为其可能造成的杀伤存在伦理上的问题。但就这一应用本身来看，其涉及的人工智能技术成分与半自主和全自主运载工具、指挥控制等军事领域是相类似的，由其带来的先行者优势也是相类似的，不再作单独讨论。

综合考虑，将人工智能运用于致命性自主武器系统的先行者所能获得的先行者优势强度很强，持续时间也大约为 10 年。

六、结论与讨论

本章的核心研究问题是，军用人工智能发展中的先行者优势是永远增加，还是只能持续一段时间。本章采用分解和还原的分析框架，按照先行者优势传递的逻辑，考察了人工智能军事应用七个领域中先行者优势的持续时间。这七个领域中，先行者优势持续时间不完全相同，最长的大约为 10 年，这与"赢者通吃"的判断显然不同。"赢者通吃"的观点认为，一个国家一旦在人工智能军事应用中取得优势，就能持续保持并扩大该优势，而其他国家再无机会赶上。本章认为，一些因素促进和延长先行者优势，而另外一些因素削弱和缩短先行者优势。这些因素竞相发挥作用，使得人工智能军事应用与其他技术发展一样：先行者不能"一劳永逸"，永葆优势；追赶者则可以通过努力消除与先行者之间的差距。本章推测得出的先行者优势时间具有不确定性，但这种不确定性不影响对核心问题的回答，即先行者优势不会永久持续。

本章提出了一个分析框架：首先从影响先行者优势的因素考察人工智能技术成分中的优势持续时间，然后根据人工智能军事应用各领域所包含的技术成分，推测各领域中该优势具体持续时间。本研究的一个中间结论如下：算法和人机互动技术成分中的先行者优势持续时间非常短，只有1年；人工智能专用硬件和外围硬件技术成分中的先行者优势比较长，甚至可以达到10年；数据积累技术成分中的先行者优势居中，大约为4年。尽管这些估算结果具有一定的不确定性，但仍具有意义。在算法和人机互动等技术中，一时获得优势并不能维持长久，后发者总有机会。因此，维持技术队伍和发展条件极为重要。在人工智能专用硬件和外围硬件技术中，抢先发展获得的优势能够维持比较长的时间，一旦落后，追赶难度较大，因此相关竞争会较为激烈。

本章的分析逻辑适用于军用人工智能的研发、应用和部署。在目前阶段，仅有研发方面的经验与案例可供参考，因此，对军用人工智能技术的应用和部署方面，先行者优势的持续时间更不确定。

在人工智能军事应用的七个领域中，有些领域较多依赖硬件建设，这些领域中先行者优势持续时间较长；有些领域仅仅依赖算法更新，这些领域中先行者优势持续时间较短。可以看到，在后勤和网络空间作战领域中的先行者优势持续时间非常短，后发者能在较短时间内追上先行者。因此，这两个领域中的国际竞争不可能具有"一锤定音"的效果，相关竞争的激烈程度较低。在指挥控制、半自主和全自主运载工具以及致命性自主武器系统等领域，先行者优势的持续时间较长，因此这些领域的国际竞争会比较激烈。信息战领域中的先行者优势持续时间居中，就此开展的国际竞争激烈程度也相对居中。

上述分析为根据科学原理进行的成本—收益分析，属于理性分析的范畴。但事实上，国际竞争的激烈程度并不直接源于科学原理和事实，而是受到主观感知的影响。每当新科学技术出现并应用于军事领域时，人们往往会产生对先行者优势的焦虑感,期望极力延续自己过往的军事优势,或是担心对手在新领域获得持久的先行者优势。这种担忧的直观表现正是"赢者通吃""抢占科技高峰"等说法。它们可能通过塑造人们的主观判断影响人们对新兴科技的投资,进而影响新兴科技国际竞争的激烈程度。

在人工智能军事应用领域,目前较为普遍的认知是先行者优势极为明显,而且会延续很久。这种感知和焦虑感可能已经影响了该领域国际竞争的激烈程度。竞争各方都担心对手获取优势后自己再无机会赶上,并为此加快投资和发展,以免被动。这类情绪互相影响,逐渐放大,会加剧人工智能军事领域竞争的激烈程度,值得警惕。

夸大人工智能军事应用领域的先行者优势,会提升焦虑感,并推动不成熟、错误的技术发展和投资,造成资源浪费,甚至走进技术发展的"死胡同",变优势为劣势;焦虑感还会推动不必要的国际竞争,出现不必要的对抗升级。漠视人工智能军事应用领域的先行者优势同样也会带来负面后果,如错失发展良机,在该领域出现长时间的落后局面,导致后续追赶代价极大。为此,需要尽可能根据科学技术的原理,客观推测人工智能军事应用领域中的先行者优势,减少误判。

本章的结论有助于客观认识人工智能军事应用领域中的先行者优势,并据此推测和理解该领域国际竞争的激烈程度。由于人工智能军事应用正在兴起,相关实证材料不够充分,因此,本章的一些推测仍存在较大的不确定性。在人工智能军事应用发展轨迹更加明晰之后,本章提出的研究框架可以用来进一步准确理解该领域国际竞争的激烈程度。

第六章
军用无人机的使用偏好及安全影响*

佘纲正　罗天宇

一、导言

2019年6月，伊朗出人意料地在霍尔木兹海峡上空成功击落一架美国RQ-4"全球鹰"无人侦察机。本就不太平的波斯湾局势更加紧张，美伊两国迅速拉高对抗调门，双方似乎走到全面战争的边缘。同年9月，位于沙特阿拉伯腹地的布盖格炼油厂（Abqaiq Oil Processing Plant）和胡赖斯油田（Khurais Oilfield）遭到据称来自也门胡塞武装的无人机攻击。这起短暂的袭击虽然没有导致严重人员伤亡，却使得全球石油供应在短时间内减产超过5%。2020年1月，美军出动MQ-9"收割者"无人攻击机发射数枚AGM-114"地狱火"导弹，定点清除了正在伊拉克进行访问的伊朗伊斯兰革命卫队高级将领、"圣城旅"指挥官卡西姆·苏莱曼尼（Qasem Soleimani）。消息传出，整个世界为之错愕。同样在最近这一两年间，在叙利亚、利比亚和同属大中东地区的外高加索等地，无人机也逐渐成为一系列正面战场上的"明星"乃至"主角"，进一步凸显其在当前区域危机和冲突中不可或缺的存在。

---

*　本章首发于《国际政治科学》2022年第2期。

第六章 军用无人机的使用偏好及安全影响

在 21 世纪之前，无人机在军事上主要被用来进行侦察活动。"9·11"事件之后，无人机逐步成为美国在反恐战争中杀伤目标的关键武器。例如在中东地区，美国于 2002—2015 年间就使用无人机发起了多达 500 余次攻击，而这也使得地区和全球其他国家更加关注无人机的军事效能。① 伴随着技术的进步和普及，无人机在全球范围内开始大规模扩散，全世界拥有军用无人机的国家数目从 2010 年的 60 个激增至 2020 年的 102 个。② 在这一全球趋势中，近年来阿拉伯国家已成为国际军用无人机市场上的主要买家，而同处中东地区的以色列、土耳其和伊朗等国也非常积极地持续推进自行研发和装备各式军用无人机的工作。③ 除了那些在中东部署和运用军事力量的域内外国家，诸如黎巴嫩真主党、巴勒斯坦伊斯兰抵抗运动（哈马斯）以及也门胡塞武装等不少非国家行为体也都有意愿与能力尝试通过无人机达成自身在该地区的政治和军事目的，这使得中东逐渐成为全球使用军用无人机最多的区域之一。④

不少军界、业界和学界人士都对军用无人机展现出浓厚的兴趣，其中就包括谈论军用无人机的特性及其使用所带来的安全影响。⑤ 一些学者认为无人机将带来划时代、颠覆性和全方位的变局。例如，胡佛研究所高级研究员艾米·泽加特（Amy Zegart）认为，"无人机将彻底改变国家和非国家行为

---

① Sarah E. Kreps, Matthew Fuhrmann, Michael C. Horowitz, "Drone Proliferation in the Twenty-first Century", in Alexandra Gheciu, William Curti Wohlforth eds., *The Oxford Handbook of International Security*, Oxford: Oxford University Press, 2018, p.578.

② Dan Gettinger, *Drone Databook Update: March 2020*, New York: The Center for the Study of the Drone at Bard College, 2020, p.1.

③ Peter Bergen, Melissa Salyk-Virk, David Sterman, "World of Drones," Last updated on July 30th, 2020, https://www.newamerica.org/international-security/reports/world-drones/，访问时间：2021 年 7 月 4 日。

④ Ash Rossiter, "Drone usage by militant groups: exploring variation in adoption," *Defense & Security Analysis*, Vol. 34, No. 2, 2018, pp.113-126.

⑤ Thomas P. Ehrhard, *Air Force UAVs: The Secret History*, Arlington, VA: Mitchell Institute Press, 2011; Michael C. Horowitz, Sarah E. Kreps, and Matthew Fuhrmann, "Separating Fact from Fiction in the Debate over Drone Proliferation," *International Security*, Vol. 41, No. 2, 2016, pp.7-42.

体威胁和使用暴力的方式"①。然而，反对者们强调无人机归根结底只是一种普通的武器，并不能对安全领域造成特别显著的影响。加拿大武装力量前总参谋长托马斯·劳森（Thomas Lawson）表示，从最后结果来看，步枪、火炮、有人机或是无人机"并没有显著的区别"。②这一类关于全球和地区冲突是否将被无人机完全改写的讨论引人瞩目，但很多时候仍然停留在大而化之、笼统概括的层面。争论双方所呈现的主要是各自对无人机的部分相关技术特征进行演绎推理后得出的结论，不仅缺乏充分的实证支持，也没有进一步探究安全影响可能包含的不同维度。一些文献尝试展示和讨论现实世界条件限制下无人机所能实际发挥的作用，并对于人们更好地理解不同场景下军用无人机使用可能存在的差异提供了帮助，但大多存在着结构零散和案例滞后等不足。

本章回答的主要问题是：当前军用无人机的使用偏好及其在安全上的影响是什么？具体而言，什么因素划分了军用无人机使用场景上的主要类型？怎样的作用机理决定了不同类型下无人机攻（无人机使用方）防（无人机目标方）双方的选择偏好？这些对于地区安全特别是冲突对抗的频度和烈度又会产生何种影响？为此，本章尝试构建一个更加全面合理的有关军用无人机使用偏好及其安全影响的分析框架，以求发展出符合现实世界广泛性和复杂性、兼顾理论简洁性和创新性的解释。在批判吸收前人已有研究的基础上，本章创造性地根据冲突爆发前后的不同阶段以及敌对双方的空中优势对比情况，把军用无人机的使用归为四种类型分别进行考察。对抗阶段差异和空中优势归属何方的不同状态会在无人机系统所受威胁程度高低以及无人机军事行动是否造成重大人员伤亡的关键问题上产生分野，而这些因素相互结合会给攻防双方的无人机运用和应对带来相应的选择偏好。本章认为，尽管在这些不同类型的无人机使用情境中攻防双方的动机与行为不尽相同，但从总体

---

① Amy Zegart, "The Coming Revolution of Drone Warfare," *Wall Street Journal*, March 18, 2015, http://www.wsj.com/articles/amy-zegart-the-coming-revolution-of-drone-warfare-1426720364，访问时间：2021年9月10日。

② Micah Zenko and Sarah Kreps, "Limiting Armed Drone Proliferation," Washington, D.C.: Council on Foreign Relations, 2014, p.8, http://www.cfr.org/drones/limiting-armed-droneproliferation/p33127，访问时间：2021年9月10日。

上看,军用无人机使用所产生的安全影响却相对一致,即当下军用无人机的出现会推动敌对双方较量冲突频次的增加,但与此同时自身难以造成冲突烈度的显著升级。这一发现不仅能更加清晰地解释无人机对地区安全的真实影响以及背后的生成机制,同时也能够通过近年来无人机在中东地区大规模使用的各类具体案例得以检验,因此在理论和政策层面都具有一定的意义。

本章共分为五个部分。在本部分导言之后,第二部分扼要回顾目前有关军用无人机使用偏好及安全影响的各类文献,归纳既有研究的贡献及存在的不足。第三部分讨论本章所涉及的相关定义、关键概念以及分析框架。第四部分是基于中东地区军用无人机实际使用的案例检验。最后一部分总结全文的主要发现,阐释本研究的理论意义及政策启示,并提出对未来进一步研究的思考和展望。

二、文献回顾

进入 21 世纪以来,国际秩序持续演进,军事技术亦不断进步。新式武器装备层出不穷,冲突形态也愈发多元,给世界各国带来了更加复杂的安全挑战。左希迎指出,当前大国竞争凸显了非常规战争的重要意义,非常规战争不仅是国际社会关注的热点,也影响了国家的战略和战术偏好。[①] 贾子方和王栋关注人工智能技术对战争形态的可能影响,认为人工智能技术的进步会推动大国之间常规威慑能力的提升,在战略层面有利于维持大国间脆弱的平衡。[②] 总体而言,学者对新时期军事技术的进步与战争形态改变之间的联系展现出愈发浓厚的兴趣,并进而考察其对国际政治特别是全球与地区安全的影响。

在当前诸多的新兴军事技术之中,无人作战系统特别是无人机尤为引人关注。2020 年 7 月习近平总书记在视察空军航空大学时就指出:"现在各类

---

① 左希迎:《非常规战争与战争形态的改变》,载《世界经济与政治》,2020 年第 3 期,第 78-101 页。
② 贾子方、王栋:《人工智能技术对战争形态的影响及其战略意义》,载《国际政治研究》,2020 年第 6 期,第 36-59 页。

无人机系统大量出现,无人作战正在深刻改变战争面貌。"① 与此同时,不少国外学者也对无人机本身的技术属性及其影响展开了讨论。一些研究人员将无人机技术视为一项颠覆性的军事科技,认为它的使用有很大概率会对全球与地区安全产生重大影响,因为无人机的革命性在于从总体上大幅降低了使用军事力量的成本。② 迈克尔·霍洛维茨持相同观点,认为军用无人机已经在国家和非国家行为体如何更新作战方式的问题上发挥着越来越大的作用。③ 然而,反对者指出军用无人机不过是几种现存军事技术(螺旋桨/喷气式飞机、摄像/侦察设备、精确制导弹药以及卫星数据传输等)的集成,所以称不上是一种革命性的进步。④ 针对这些讨论,马克·莫亚(Mark Moyar)表示,即使不是单一颠覆性技术,将几项现有技术进行融合亦有可能改变战争的面貌和性质,进而带来重大的军事革命。比如航空母舰的出现在某种意义上也是军事技术的集成,但其彻底改变了人类海战的规则和理念。不过,他认为与航母和坦克等装备相比,当前无人机似乎尚不足以给战争本身带来根本性的改变。⑤

在上述一些基于总体技术属性的大致判断以外,涉及军用无人机更加具体的使用特征及其各方面影响的相关讨论可谓林林总总,在研究范围、关注

---

① 《习近平八一前夕视察空军航空大学时强调 深化改革创新 不断提高办学育人水平》,载《人民日报》,2020 年 7 月 24 日,第 1 版。
② Christof Heyns, "Report of the Special Rapporteur on Extrajudicial, Summary, or Arbitrary Executions," United Nations General Assembly, 68th sess., September 13, 2013, p.5, http://www.un.org/en/ga/search/view_doc.asp?symbolA/68/382; Michael J. Boyle, "The Race for Drones," *Orbis*, Vol. 59, No. 1, 2015, pp.76-94.
③ Michael C. Horowitz, "Do Emerging Military Technologies Matter for International Politics?" *Annual Review of Political Science*, Vol. 23, 2020, pp.385-400.
④ Mark Moyar, "Drones- An Evolution, Not a Revolution, in Warfare," *Strategika*, January 2014, pp.11-13.
⑤ Mark Moyar, "Drones- An Evolution, Not a Revolution, in Warfare." 莫亚认为只有从根本上提升进攻方的机动性、火力或者准确度(如航母和机枪),或者极大地提高防御方的生存率(如铁甲舰和坦克),融合型军事科技产品才能对战争本身带来革命性变化。

第六章　军用无人机的使用偏好及安全影响

重点及呈现方式上均存在着相当大的差异。① 本章从无人机的使用偏好与其安全影响出发，从既有研究中梳理出两条相对清晰的线索。

（一）军用无人机的使用偏好

根据学者研究的视角，当前对军用无人机使用偏好的研究可分为三类，即短期成本—收益视角、长期战略视角以及价值观视角。

第一，短期成本—收益视角往往从无人机的成本及其效用出发考虑国家与非国家行为体对无人机的使用偏好。一般认为无人机主要具有四大特征：零伤亡、低造价、高隐蔽性与高任务效率。首先，由于其远程遥控的性质，无人机行动对自身操作人员造成直接伤害的风险极小，这可能促使各方总是积极主动地部署军用无人机。② 其次，无人机的造价成本低于其他一些军事选择。考虑到部署地面部队所带来的巨大风险及高昂军费开销，各国越来越倾向尽可能出动空军力量实现一部分战略战术目的。相较于有人驾驶战斗机，无人机与其能力上限的差距正在缩小，但在成本上仍然保持着相当大的优势。③ 再次，无人机一般在尺寸上小于有人机，有利于提升军事行动的隐蔽性，增加成功率。最后，无人机执行任务效率较高，其长滞空和察打一体等特性意味着能够提供可信的长期威胁，并减少目标识别和攻击决策之间的耗时。

---

① 值得说明的是，本章专注于探讨军用无人机的使用偏好及其安全影响。事实上，随着无人机在全球扩散现象的蔓延，还有不少学者偏重于研究国家或非国家行为体拥有无人机这一行为本身会对地区和全球安全造成的影响。这不是本章所重点关注的方向，这一方面的相关讨论可参见：Umar Farooq, "The Second Drone Age. How Turkey Defied the U.S. and Became a Killer Drone Power," *The Intercept*, May 14, 2019, https://theintercept.com/2019/05/14/turkey-second-drone-age/，访问时间：2021 年 8 月 4 日；Federico Borsari, "The Middle East's Game of Drones: The Race to Lethal UAVs and Its Implications for the Region's Security Landscape," *ISPI Analysis*, January 15, 2021, https://www.ispionline.it/sites/default/files/pubblicazioni/borsari_analisi_26.01.2021.pdf，访问时间：2021 年 8 月 4 日。

② Michael C. Horowitz, Sarah E. Kreps and Matthew Fuhrmann, "Separating Fact from Fiction in the Debate over Drone Proliferation," *International Security*, Vol. 14, No. 2, 2016, pp.7-42.

③ Office of the Chief Scientist, United States Air Force, "Autonomous Horizons," AF/ST TR 15-10, June, 2015, http://www.af.mil/Portals/1/documents/SECAF/AutonomousHorizons.pdf?timestamp=1435068339702，访问时间：2022 年 8 月 4 日。

从上述四点来看，似乎国家与非国家行为体对选择无人机都有着共同的理由。但从更加微观的层面出发，两者对于短期成本与收益的理解并不完全一致，因而具体的偏好也具有差异。国家更关注无人机的零伤亡与任务效率高这两个特征；相对而言，非国家行为体则更关注无人机的造价成本。对于国家而言，伤亡是内外冲突决策中的重要因素。美国的相关公众舆论调查显示，实际冲突中伤亡人数的上升与国内领导人政治支持的下降之间经常存在直接的关联。[①] 对于非国家行为体而言，由于很难获得最先进的军用无人机，其往往通过市场获得商用无人机并对其进行改装后投入使用。鉴于其高性价比特别是所能提供的灵活性、军事能力与战术选择，无人机对于非国家行为体有着很强的吸引力。正如丹尼尔·古雷（Daniel Gouré）指出，"（通过获得无人机）非国家行为体也能拥有空军"[②]。比如通过将无人机改造为简易爆炸装置（Improvised Explosive Devices，通常简称为 IED）的运载系统发动袭击，非政府武装组织能避免与政府军"硬碰硬"的正面交锋。同时，对于非国家行为体而言，有时使用无人机也是出于政治宣传的目的。像黎巴嫩真主党和巴勒斯坦哈马斯对操纵无人机进入以色列领空的能力的强调，本质上是对其象征作用的重视，尽管实际军事效果寥寥，却可以为自身打造与强敌坚持抗争的形象。而对于那些伊拉克和叙利亚境内的反政府武装及恐怖组织而言，它们可以利用无人机拍摄战斗相关画面并将其上传到社交媒体，以此来获得更高的曝光度乃至更多的外部支持。[③] 当然，有一些学者也从成本—收益的角度出发对无人机持有怀疑态度。一方面，就成本而言，随着技术的不断改进升级，目前已出现一批造价不菲的高性能无人机，如美国与以色列对外出口的一些无人机售价甚至高于部分中低端有人战机。同时，如果过分追求低成本大概率会带来相应的低性能，反而会使得无人机持有者陷入聊胜于无的尴尬境地。另一方面，有学者指出，正是由于机上驾驶员的缺失，无人机对

---

① John E. Mueller, *War, Presidents and Public Opinion*, New York: John Wiley & Sons, 1973.
② Daniel Gouré, "The IEDs of the Next War: Small Drones," Lexington Institute, October 10, 2014, http://www.defense-aerospace.com/article-view/release/157899/drones-arethe-ied-ofthe-next-war.html，访问时间：2021 年 10 月 20 日。
③ Ash Rossiter, "Drone usage by militant groups: exploring variation in adoption," *Defense & Security Analysis*, Vol. 34, No. 2, 2018, pp.113-126.

自身遭受威胁时的感知并不全面和灵敏。当前无人机容易被有针对性的反无人机防空系统发现、识别、干扰或摧毁，这在很大程度上限制了军用无人机的应用场景和实际效能。①

第二，长期战略视角往往从国家的长远战略规划及实现的角度出发分析无人机的使用偏好。"9·11"事件以来，反恐成为美国国家安全战略的重要一环，利用无人机进行"定点清除"成为该战略的重要组成部分。美国前总统奥巴马曾指出，无人机能够极大地减轻部署地面部队所面临的公众监督压力，这使得国家领导人很容易将无人机视为打击恐怖主义的一剂"万灵药"（cure-all）。②当然这一倾向也并非美国独有，以色列在其周边国家和地区进行的所谓"反恐行动"中也多次依赖武装无人机。③不过，亦有一批学者对这种偏好加以批评。如果各国将无人机战略视为一种"灵丹妙药"（silver bullet），那最终很可能会伤害自身的长期反恐战略。由于无人机提供了一种看似简单便捷而又低成本的处理办法，各国政府很难有动力去花大力气解决系统性的治理难题。而无人机只能处理问题的表面，并不能解决问题的根源，长期而言可能会导致更大规模危机的爆发。④

第三，价值观视角对于军用无人机使用偏好的分析可以分为两个方面。首先，一些西方学者在研究中关注不同政体国家青睐无人机在原因与动机上的差异。马修·福尔曼（Matthew Fuhrmann）和迈克尔·霍洛维茨指出民主

---

① George Woodhams and John Borrie, "Armed UAVs in conflict escalation and inter-State crisis," The United Nations Institute for Disarmament Research (UNIDIR), 2018, https://www.unidir.org/files/publications/pdfs/armed-uav-in-conflict-escalation-and-inter-state-crisis-en-747.pdf，访问时间：2021年7月15日。

② Barack Obama, "Remarks by the President at the National Defense University," Washington, D.C.: White House, May 23, 2013, https://www.whitehouse.gov/the-press-office/2013/05/23/remarks-president-national-defense-university，访问时间：2021年7月4日。

③ "Israeli Drone Strike in Syria Kills Two near Frontier: Hezbollah's Al-Manar TV," Reuters, July 29, 2015, http://www.reuters.com/article/us-mideast-crisis-syria-attack-idUSKCN0Q311T20150729，访问时间·2021年7月4日；Amira Haas, "Clearing the Fog on Israeli Drone Use in Gaza," Haaretz, March 1, 2014, https://www.haaretz.com/.premium-clearing-the-fog-on-israeli-drone-use-in-gaza-1.5327742，访问时间：2021年7月4日。

④ Frank Sauer, Niklas Schörnig, "Killer drones: The 'silver bullet' of democratic warfare?" Security Dialogue, Vol. 43, No. 4, 2012, pp.363-380.

国家和专制国家都有可能倾向使用军用无人机，但民主国家对无人机使用的偏爱可以归结为公众对伤亡的厌恶，而在专制国家里统治阶级更希望能够加强对武力使用的集中控制，特别是考虑到在地面操纵无人机的士兵相较飞行员能被更好地加以监督和控制。[1] 其次，部分研究人员从道义价值上审视无人机的使用并加以批判。一方面，有学者指出无人机在杀伤恐怖分子的同时很难将普通民众精确区分开来，所以在其使用过程中往往伴随着误杀与误伤；并且由于无人机操控人员远离战场，很容易作出某些较为随意或者激进的攻击决策，导致平民被误杀的概率大为上升。[2] 而对于专制国家而言，无人机带来的镇压便利性可能会催生出人道主义灾难。[3] 这些伦理困境使得无人机的使用可能会削弱一国的国际声望。另一方面，一些学者对无人机使用的审慎态度和消极看法源于对违反国际法的担忧。在公认的战区之外进行无人机空袭有悖国际法精神，很容易招致国际社会成员的反对。[4] 同时，有研究表明，国际组织和非政府组织在对使用军用无人机发动袭击这类国家安全问题上的批评也能影响相关国家公众的态度，当公众将注意力集中于无人机违法情形而非其效用时，其对于无人机使用的支持力度会显著削减。[5]

（二）军用无人机使用的安全影响

当前对使用军用无人机安全影响的研究可归纳为三类，分别为对地区秩序影响的考察、对反恐效能的评估，以及对国际安全规范冲击的讨论。

---

[1] Matthew Fuhrmann and Michael C. Horowitz, "Droning On: Explaining the Proliferation of Unmanned Aerial Vehicles," *International Organization*, Vol. 71, No. 2, 2017, pp.397-418.

[2] Avery Plaw, Matthew S. Fricker, and Carlos R. Colon, *The Drone Debate: A Primer on the U.S. Use of Unmanned Aircraft Outside Conventional Battlefields*, Lanham, Md.: Rowman and Littlefield, 2016.

[3] Patrick Tucker, "Every Country Will Have Armed Drones within 10 Years," *Defense One*, May 6, 2014, https://www.defenseone.com/technology/2014/05/every-country-will-have-armed-drones-within-ten-years/83878/，访问时间：2021 年 7 月 15 日。

[4] Michael C. Horowitz, "Do Emerging Military Technologies Matter for International Politics?" *Annual Review of Political Science*, Vol. 23, 2020, p.388.

[5] Sarah Kreps, "Flying under the radar: A study of public attitudes towards unmanned aerial vehicles," *Research and Politics*, Vol. 1, No. 1, 2014, pp.1-7; Sarah Kreps and Geoffrey PR Wallace, "International law, military effectiveness, and public support for drone strikes," *Journal of Peace Research*, Vol. 53, No. 6, 2016, pp.830-844.

第六章 军用无人机的使用偏好及安全影响

1. 对地区秩序影响的分析集中于无人机在国家之间对抗时发挥的作用

这些分析主要集中在两个层面。首先，无人机如何影响两个国家间的常规军事冲突。一些学者认为无人机在正式交战中能够发挥出独特的作用。反对者则强调，相比那些现代化的先进军用有人飞行器，无人机航速较慢，飞行高度较低，如果对方国家拥有比较先进和充足的战机或防空武器，无人机在正面战场上的作用就十分有限。基于当前技术的特点，无人机难以从根本上改变既有针对拥有完整防空体系国家的交战方式。[1] 不过，成本相对低廉的无人机在小国间的冲突中可能会发挥越来越重要的作用，这会加剧区域或次区域局势的动荡。[2]

其次，近年来不少学者将目光聚焦到冲突爆发之前的阶段，即重点讨论无人机在国家间威慑行为和强制外交中的角色。那些认为无人机会对区域秩序产生积极影响的学者指出，当前的冲突研究表明大多数的国际争端来自边界问题。特别是消息的双向不透明使得各方难以摸清对方的意图和决策，容易导致误解、误判，推动冲突的爆发和升级。[3] 因此，侦察无人机的部署可以在两个方面缓和乃至消解国际冲突矛盾：无人机可以从空中提供更加准确的情报信息——如果能更加清晰地确认对方没有预备发动进攻的相应部署，那么本方也就无须进行相应的升级安排，这将减少在安全困境下一国因提前采取反制措施而破坏稳定的风险。侦察无人机也可以降低对方进行突然袭击或其他秘密活动的决心和能力。因为如果潜在的攻击方认为突然性是军事行动成功的关键，那么对方侦察无人机的长期存在有可能使其被迫取消原定的计划。[4] 因此这两种机制都可以有效缓解相邻国家间的紧张局势或冲突风险，从而稳定地区形势。

---

[1] Michael C. Horowitz, Sarah E. Kreps and Matthew Fuhrmann, "Separating Fact from Fiction in the Debate over Drone Proliferation," *International Security*, Vol. 14, No. 2, 2016, p.27.

[2] 澎湃新闻：《2020 军势 | 再看纳卡冲突：无人机决定战争走向？》，2020 年 12 月 30 日，https://www.thepaper.cn/newsDetail_forward_10581271，访问时间：2021 年 8 月 20 日。

[3] John A. Vasquez, "The Probability of War, 1816-1992," *International Studies Quarterly*, Vol. 48, No. 1, 2004, pp.1-27.

[4] 同①，pp.7-42.

相反，一些学者则坚持认为无人机会对区域秩序产生消极影响。例如迈克尔·博伊尔（Michael Boyle）就指出，在相关国家政治互信程度较低的地区部署无人机会带来更高的风险，特别在中国的东海和南海，因"无人机被击落"或其他事故所导致冲突螺旋式升级的可能尤为"真实且危险"。① 这些研究人员并不认同通过无人机收集更多的情报就能降低冲突爆发的可能性，因为从海量情报中分析出正确的信息需要依托国家组织和情报能力，所以信息接收方的不同实力决定了其对情报进行研判和相应决策的最终质量。同时，无人机提供生动和清晰的图像情报可能会扭曲决策者对他人意图的判断，特别是夸大决策者既有的认知、情感或心理偏见。因此由无人机提供充足的情报可能反而会导致区域关系更加不稳定。此外，国家还可以将无人机交给其代理人（如非政府武装组织）并在发生相关冲突后推诿责任，这本身亦会加剧地区动荡。② 还有学者认为无人机在防范冲突爆发方面的积极威慑可能只存在于常规军事作战领域。而在核领域，由于无人机获取情报的出色能力可能使得"拥核小国"（small nuclear powers）具备更强的第一次核打击实力，反倒会强化双方先发制人的决心，进而刺激和推动冲突的爆发。③

2. 对安全影响的考察集中于对无人机反恐的效能评估

无人机反恐可能存在的问题不单涉及伦理与合法性等方面，也与其可能产生的安全影响有关。④ 通常而言，无人机反恐一般是国家针对非国家行为体发起的无人机侦察和打击。支持无人机反恐的学者认为无人机在准确定位

---

① Michael J. Boyle, "The Race for Drones," *Orbis*, Vol. 59, No. 1, 2015, p.89.
② Michael J. Boyle et al., "Debating Drone Proliferation," *International Security*, Vol. 42, No. 3, 2017, pp.178-182.
③ Steven J. Childs, "Developing nations, drones and deterrence: Unmanned aerial vehicles and small nuclear powers," *Comparative Strategy*, Vol. 40, No. 1, 2021, pp.1-17.
④ Uwe Steinhof, "Killing them safely: Extreme asymmetry and its discontents," In B.J. Strawser Ed., *Killing by remote control: The ethics of an unmanned military*, London: Oxford University Press, 2013, pp.179-207; Asfandyar Mir, "What Explains Counterterrorism Effectiveness? Evidence from the U.S. Drone War in Pakistan," *International Security*, Vol. 43, No. 2, 2018, pp.45-83; Aqil Shah, "Do U.S. Drone Strikes Cause Blowback? Evidence from Pakistan and Beyond," *International Security*, Vol. 42, No. 4, 2018, pp.47-84.

敌人方面比使用其他武力方式性价比更高。① 从纯军事的角度而言，无人机反恐有效降低了恐怖组织进行后续袭击的能力。② 阿基尔·沙阿（Aqil Shah）亦指出，从巴基斯坦的实际数据来看无人机袭击并不会引发更多的武装组织招募。③ 但另一种观点认为无人机反恐是无效的，甚至会引发反作用。"以暴制暴"的定点清除战略可能导致恐怖主义的"回潮"。不过强调"回潮"作用的观点主要集中在媒体和一些国际人权组织平台，其具体效果尚未得到学术界系统性的研究和确认。④ 阿努克·瑞格特林克（Anouk S. Rigterink）也指出，尽管无人机反恐在打击高价值恐怖组织头目上取得了令人瞩目的效果，但可能导致更倾向于使用激进暴力手段的中低层成员掌权，或使恐怖组织分裂成多个小组织发动更多袭击，从而造成更多安全挑战。⑤

3. 对国际安全规范冲击的讨论关注无人机使用在广义上的长远影响

目前，此类研究尚未成为学术界关注的重点，学者主要从无人机被击落并不会导致冲突升级的实际案例出发，指出各国似乎有可能形成一种新的国际规范，即对有人机与无人机作出较为统一的价值区分。⑥ 王存刚和张蛟龙则指出，冷战结束以来新型国际冲突的一大特性为"非对称性"。尽管武装无人机强化了冲突的这一特点并在一定程度上延长和再造了新型跨国暴力冲突

---

① Daniel L. Byman, "Why Drones Work: The Case for Washington's Weapon of Choice," *Brookings*, June 17, 2013, https://www.brookings.edu/articles/why-drones-work-the-case-for-washingtons-weapon-of-choice/，访问时间：2021年10月20日。

② Asfandyar Mir, "What Explains Counterterrorism Effectiveness?" *International Security*, Vol. 43, No. 2, 2018, pp.45-83.

③ Aqil Shah, "Do U.S. Drone Strikes Cause Blowback? Evidence from Pakistan and Beyond," *International Security*, Vol. 42, No. 4, 2018, pp.47-84.

④ 有学者经过研究发现，针对基地组织的无人机袭击至少在最初阶段并没有显著削弱其能力。Megan Smith and James Ioge Walsh, "Do Drone Strikes Degrade Al Qaeda? Evidence From Propaganda Output," *Terrorism and Political Violence*, Vol. 25, No. 2, 2013, pp.311-327.

⑤ Anouk S. Rigterink, "Drone Dilemma: The Risks of Washington's Favorite Counterterrorism Tool Often Outweigh the Rewards," *Foreign Affairs*, June 4, 2021, https://www.foreignaffairs.com/articles/2021-06-04/drone-dilemma，访问时间：2021年10月20日。

⑥ Michael C. Horowitz, Sarah E. Kreps and Matthew Fuhrmann, "Separating Fact from Fiction in the Debate over Drone Proliferation," *International Security*, Vol. 14, No. 2, 2016, pp.7-42.

结构，但并不会直接引发既有国际战争规范的重大进化。①

综上所述，学者已对军用无人机的使用及其影响进行了一定的研究。他们从不同视角考察了各类行为体对无人机的使用偏好及其背后的原因，并从区域秩序、反恐效能、安全规范三方面梳理了无人机可能造成的安全影响。这其中既包括对一些案例的展示和分析，也有学者通过对无人机的技术特征进行演绎推理后呈现相关结论，有助于设想不同场景下军用无人机使用可能存在的差异，也为本章的后续研究奠定了相应的基础。

不过，既有文献存在以下几个方面的问题。首先，不少研究仍然停留在大而化之、笼统概括的层面。因为主要依赖纯粹的逻辑推导，许多观点缺乏相应的实证支持而略显宽泛，没有在无人机使用及影响上针对可能存在的不同维度进行进一步的考察和辨析，结果导致大多数的研究结论往往只呈现简单的正反两极分化。其次，已有文献中出现的案例研究过于零散，对不同无人机使用场景类型的划分比较随意或者琐碎，缺乏总体的研究框架，多依赖于经验性个案分析，从根本上讲无助于提供更具普遍性和一般性的解释。最后，大多数研究主要基于 2016 年以前的案例，有关无人机使用最新进展的讨论相对滞后。在 2016 年以前美国作为军用无人机的主要使用国，其主要使用场景都集中在打击恐怖主义。但近来军用无人机的使用国家数量及场景都已出现了极大的变化，这需要学者对此进行进一步的分析。② 因此，在回顾既有文献的基础上，本章接下来将更加系统性地呈现和讨论有关当前军用无人机使用偏好及安全影响的相关定义、关键概念以及分析框架。

三、相关定义、关键概念与分析框架

这一部分主要分为三方面：首先，简要介绍军用无人机的发展历程以及

---

① 王存刚、张蛟龙:《新型跨国暴力冲突结构、武装无人机与国际战争规范的进化》，载《世界经济与政治论坛》，2015 年第 1 期，第 91-106 页。
② 塞波·尼米（Seppo Niemi）列举并讨论了无人机使用中一系列相对较新的案例，但遗憾的是对这些案例的分析仍显松散而缺乏整体框架。Seppo Niemi, "Drones and air defense systems in modern warfare," February 5, 2021, https://greatpowerrelations.com/drones-and-air-defense-systems-in-the-modern-warfare/，访问时间：2021 年 10 月 21 日。

目前常见的几种分类方式,并对本章的研究对象及其范围给出清晰的界定;接着,讨论在研究当前军用无人机问题时必须注意的关键概念,包括划定敌对双方状态时所需考察的不同对抗阶段以及空中优势归属,并阐释作为作用机理核心问题的无人机行动有无造成重大人员伤亡,以及无人机系统所受威胁程度高低;最后,提出本章的分析框架,即军用无人机使用时的双方状态如何通过作用机理决定了不同类型中攻防双方的偏好选择及其相应的安全影响。

(一)军用无人机的发展、分类及定义

无人机的概念最早起源于第一次世界大战时期,当时英国试图研制一种无人驾驶的航空飞行器用于投掷炸弹,但这一尝试由于技术限制以失败收场。在第二次世界大战前后,英美等国开始将简单无人机作为防空训练用的靶机。[1] 到了20世纪60年代,随着多架U-2侦察机相继被中国和苏联击落,美国开始在越南及其周边地区利用无人机来侦察情报。[2] 此后,基于自身空军在1973年第四次中东战争早期遭到苏制防空导弹压制的惨痛教训,以色列也开始大力发展无人机技术。在1982年黎巴嫩战争中,以色列在低速低空小型无人机的协助下成功找出贝卡谷地内叙利亚防空导弹阵地的部署方式和弱点,使电子战和空袭部队得以顺利压制并彻底摧毁叙军防空能力。这次无人机行动不仅为以军最终取得战场绝对制空权立下大功,亦是其在正面战场上的首秀。[3] 20世纪90年代,无人机在海湾战争与巴尔干冲突中也发挥了一定作用。美国空军少将肯尼斯·伊斯雷尔(Kenneth R. Israel)在回忆波黑战争时指出,MQ-1"捕食者"无人机"为北约指挥官提供了关键情报,促使他们决定恢复轰炸行动……这反过来又推动了《代顿协议》(Dayton Accords)

---

[1] Hugh Gusterson, *Drone: Remote Control Warfare*, Cambridge, MA: MIT Press, 2016.

[2] Avery Plaw, Matthew S. Fricker and Carlos Colon, *The Drone Debate: A Primer on the U.S. Use of Unmanned Aircraft Outside Conventional Battlefields*, Lanham, MD: Rowman & Littlefield, 2016.

[3] Yaakov Katz, "Israel's eyes - How the drone went from a toy to the IDF's greatest tool," *The Jerusalem Pos*t, September 11, 2020, https://www.jpost.com/israel-news/israels-eyes-how-the-drone-went-from-a-toy-to-the-idfs-greatest-tool-641742,访问时间:2021年7月15日。

的签署"①。进入 21 世纪，无人机开始承担更多杀伤方面的军事任务。美军空军参谋长迈克尔·莫塞利（Michael Moseley）表示，在伊拉克战争前美军无人机主要还是负责收集情报和监视目标，其后则逐渐将针对恐怖分子的定点清除纳入其任务重点。②经过最近十几年的发展，到目前为止无人机在军事领域的应用已经涉及方方面面。

目前学界和业界存在多种有关军用无人机的分类标准。根据其在军事行动中的目标功能，无人机可以分为信息支援、火力打击、信息对抗与后勤运输这四个大类，在每个大类下又可以根据具体用途划分出更多的子类。③ 如果主要依照自身的技术指标，则可将军用无人机分为微小型无人机、近程无人机、中程无人机、中高空长航时无人机、高空长航时无人机与攻击无人机等。④

为全面和充分考察无人机在用于军事任务时所产生的安全影响，同时也为发展更加具有普遍意义的一般性理论，本章将"军用无人机"定义为一切被国家和非国家行为体用于军事目的的不载人飞行器。这样各国军队所使用的各类大中小型制式无人机，加上由非政府武装组织为军事用途所改装的原民用或商业无人机都能被统一囊括进军用无人机的范畴中。本章并不根据无人机的公开参数或性能猜想来预先进行切割和限制，而是基于其在现实世界

---

① Avery Plaw, Matthew S. Fricker and Carlos Colon, *The Drone Debate: A Primer on the U.S. Use of Unmanned Aircraft Outside Conventional Battlefields*, Lanham, MD: Rowman & Littlefield, 2016, p.19. 1995 年 11 月，克罗地亚、波黑和南联盟三国领导人在美国俄亥俄州代顿市附近的怀特－帕特森空军基地签署了《代顿协议》，宣告波黑战争结束。
② Avery Plaw, Matthew S. Fricker and Carlos Colon, *The Drone Debate: A Primer on the U.S. Use of Unmanned Aircraft Outside Conventional Battlefields*, Lanham, MD: Rowman & Littlefield, 2016, p.23.
③ 中航证券的行业咨询报告将军用无人机的军事运用分为信息对抗、信息支援与火力打击三类，但考察其他分类情况，可以看到后勤运输亦是军用无人机的重要功能。可参见：中航证券：《军用无人机行业深度报告：我国无人机加速追赶，未来市场规模超千亿》，2017 年 6 月 28 日，https://www.avicsec.com/upload/20170714/2017071415000193 77242.pdf，访问时间：2021 年 7 月 15 日；环球网：《兰德打造无人机训练战略 看看美军怎么玩无人机》，2015 年 7 月 29 日，https://uav.huanqiu.com/article/9CaKrnJNUMv，访问时间：2021 年 7 月 15 日。
④ 中航证券：《军用无人机行业深度报告：我国无人机加速追赶，未来市场规模超千亿》，2017 年 6 月 28 日，https://www.avicsec.com/upload/20170714/2017071415000193 77242.pdf，访问时间：2021 年 7 月 15 日。

中的最终用途来判定它是否应归入研究对象。当然，这并不是说本章认为所有军用无人机没有任何区别，下文还会详细探讨不同无人机在使用过程中所能执行的差异化任务对于攻防双方选择偏好的影响。

另一个需要说明的重要定义是"中东地区"。一直以来，中东这个名词都含有很强的历史、文化与政治成分，其所涵盖的地理范围也就自然具有一定的争议与灵活性。本章将中东基本等同于西亚北非地区，即指东起伊朗、北含土耳其与外高加索、南到也门、西至摩洛哥之间的广大区域。[1]需要指出的是，虽然对于美国而言中亚五国与阿富汗都属于美军中央司令部的职权范围，但本章认为按照通行的地理分类方式，阿富汗更有理由被归入中亚或南亚地区，所以将阿富汗排除在中东地区之外。[2]之所以选择中东地区作为无人机影响的考察范围，主要是因为它已经成为全球名副其实的"安全洼地"。根据斯德哥尔摩国际和平研究所（Stockholm International Peace Research Institute）的数据，中东是目前军用无人机进口国最集中的地区之一。除位列前十的阿联酋、沙特、埃及与阿塞拜疆，卡塔尔、约旦、叙利亚和伊拉克等中东国家也均位列制式军用无人机的前二十大进口国之列。[3]泽加特（Amy Zegart）就指出，由于中东地区地缘政治形势极为复杂且在历史上发生过各种类型的激烈冲突，被认为能够降低战争或冲突成本的无人机对当前中东各方来说都极具诱惑力。[4]事实上，和全球其他地区相比，军用无人机在中东不仅投入实际使用的次数最多，其种类和应用场景也十分丰富，这一点在后

---

[1] 对外高加索地区是否属于中东地区一直存有争议，本章将其放入的考量是现实世界中它与中东核心地区强国的互动在最近几年愈发频繁。原本完全属于苏联/俄罗斯势力范围之内的外高加索如今日益受到中东各国尤其是土耳其、伊朗和以色列三国的强大影响。
[2] 依据这种划分方式，在阿富汗境内的无人机军事行动并不被纳入本章的案例之中。不过，笔者发现美军在阿富汗的军用无人机使用也同样符合本章的分析框架及相关假设，具体内容参见后文。
[3] 相关数据参见斯德哥尔摩国际和平研究所，https://www.sipri.org/，访问时间：2021年9月10日。
[4] Amy Zegart, "Cheap Fights, Credible Threats: The Future of Armed Drones and Coercion," *Journal of Strategic Studies*, Vol. 43, No. 1, 2020, pp.6-46.

文案例中也将充分展现。①

（二）划分双方状态的"对抗阶段"与"空中优势归属"

国际与地区关系的复杂性使得各方对军用无人机使用的偏好可能受到不同因素的影响，并最终通过一定的机制路径发挥作用。那么，有没有可能为搭建一般性的分析框架提供一个较为清晰的双方初始状态呢？本章认为，无人机对抗参与者的基本意图和能力这两个主要维度在适度抽象和提炼后，可以相对直观地表征为对抗的不同阶段以及空中优势的归属情况。因此，本章引入这两个概念，作为无人机使用不同类型的划分基础。

讨论军用无人机使用时的双方状态，首先需要注意双方所处的对抗阶段。如果双方在安全问题上关系良好甚至相互合作，没有彼此对抗的意图，那么针对其中一方使用军用无人机的情况基本无从谈起。在有明确对抗意图的情况下，本章将对抗阶段分为"对峙较量"和"冲突交战"。两个阶段的分水岭一般都是具体的标志性事件，比如两个国家正式宣布进入战争状态、在未宣战的状态下一方给多个部队下达了联合作战指令、国家与包括非政府武装组织在内的非国家行为体之间的矛盾上升到了明显以杀伤有生力量为目的的物理攻击层面。对抗阶段的区别既可以被视为一种客观的事实，同时也蕴含着对抗参与者主观政策诉求和战略目标上的明显差异。具体落实到武装力量本身而言，这两个不同阶段中任务的宗旨截然不同。根据美军在2019年颁布的第1-19号"联合条令说明"（Joint Doctrine Note 1-19）文件，在冲突爆发前的"较量"（Competition）状态下，其军队的宗旨是在尽可能不升级危机的情况下"增强"（Enhance）己方实力，合理地"管控"（Manage）自己与对手之间的战略与军事对比，以及"迟滞"（Delay）对手所能获得的收益。而当真正进入武装"冲突"（Conflict）的状态之后，军队的核心要务就变成了所谓的"4D"，即全力创造条件去"战胜"（Defeat）对手，"挫败"（Deny）敌方的战略目标，尽可能"削弱"（Degrade）对方继续对抗的能力和意愿，以及用各种方式"打断"

---

① 多个国家最早对无人机的使用基本都指向中东地区，可参见 Peter Bergen, Melissa Salyk-Virk, David Sterman, *World of drones*, July 30, 2020, https://www.newamerica.org/international-security/reports/world-drones/，访问时间：2021年9月10日。

第六章　军用无人机的使用偏好及安全影响

(Disrupt) 敌方活动和进行组织的效力。① 因此,对峙较量和冲突交战两种对抗阶段的思路差异明显,前者的核心是"艺术性地"展示力量,在对军事行动加以限制的同时制造威慑效果;而后者的重点在于采用破坏性的强制手段,给对手造成严重甚至难以承受的损失以使之屈服。②

对抗的不同阶段会对无人机的使用产生重要影响。在对峙较量下,由于没有正式爆发冲突,无人机的使用会面临很大的局限性。不仅火力打击的杀伤任务不能进行,就连进行所谓"电子战"的强度也需要精细控制,难以全面展开。在这种情况下,军用无人机的使用基本以侦察任务为主。当然,在这一阶段无人机自身所面临的风险也相对可控。而在进入冲突交战的阶段以后,无人机在前一阶段所受到的任务限制将会得到极大的松绑,其所面临的不确定威胁亦很可能随之上升。

其次,选择无人机进行军事行动的行为和偏好仍然受到一系列主客观条件的限制,其中特别需要关注的是整体空中优势的归属。"空中优势"(air superiority)是自空军诞生以来出现的一个重要战争相关概念。根据北约的定义,所谓"空中优势"是基于对战场上空的控制,意味着某个行为体的空中和地面部队可以在"不受对方的飞机或防空系统的禁止性干扰"的情况下采取行动。③ 从定义上讲,空中优势并非要求使对手对己方的飞机毫无还手之力。当然如果实现了这一壮举,那就意味着一方的空中优势达到了极致,也就是通常所指的完全掌握了制空权(air supremacy)。④ 在某些情况下,冲突各方都没有获得明显的空中优势,那这种情况可被称为"空中均势"(air parity)。在现代冲突中,获得空中优势是一个极其重要的军事目标。当然仅仅依靠单

---

① Joint Chiefs of Staff, "Joint Doctrine Note 1-19: Competition Continuum," June 3, 2019, https://www.jcs.mil/Portals/36/Documents/Doctrine/jdn_jg/jdn1_19.pdf, 访问时间:2021年9月10日。
② Thomas C. Schelling, *Arms and Influence: With a New Preface and Afterword*, New Haven: Yale University Press, 2008, p. x-xi, 70-72.
③ North Atlantic Treaty Organization, *NATO, AAP-06: NATO glossary of terms and definitions*, Brussels: NATO, 2021, p.9.
④ Richard Saunders and Mark Souva, "Command of the skies: An airpower dataset," *Conflict Management and Peace Science*, Vol. 37, No. 6, 2019, pp.1-22.

纯的空中优势也并不是总能胁迫敌人作出重大让步。①

总体而言，空中优势的归属往往取决于空军力量和防空体系汇总之后的对比，从更广义上也是双方综合国力或总体物质实力的集中体现。在进攻上，拥有空中优势的一方可以在没有重大损失风险的情况下更加从容地使用侦察机、预警机、电子战飞机、各类攻击机以及轰炸机执行任务，同时也更有利于空地联合作战以更好地集中优势力量打击对方战线上的弱点；在防御上，拥有空中优势意味着不必时刻担心敌人会从空中攻击己方的陆海军及后勤部队，更易转移兵力和资源来阻止敌人突破己方阵线或继续前进。②虽然拥有空中优势并不一定能保证战斗或战争的胜利，但经常代表着在冲突中整体力量占据上风。如果没有取得空中优势，一支现代军队想要取得战争的胜利一般会非常艰难。③

从与无人机相关的角度讲，空中优势同样具有攻防两方面的意义。对于进攻层面而言，空中优势意味着可以更好地利用无人机开展行动。由于能够更有效地打击对方的反无人机系统，这就更大限度地给己方无人机提供了一展身手的舞台。特别是无人机在掌握空中优势的前提下可以较为从容地执行长期滞空和定点袭杀等任务。从防御上看，空中优势体现在能更为游刃有余地应对敌方无人机。目前主流的反无人机系统在拥有空中优势乃至制空权的情况下可以最大程度发挥其功效，从而能够更有效地遏制对方可能发起的各种无人机行动。

特别值得说明的是，由于在对峙较量阶段限制了空中优势的完全发挥，所以空中优势对无人机的意义更多是体现在冲突交战阶段，无人机在这时也有了更为广阔的发挥空间。具体来说，空中优势的归属可能出现三种不同的情况，即无人机使用方（攻方）占据空中优势、无人机目标方（守方）占据空中优势，以及双方处于空中均势。

---

① Daniel R. Lake, "The Limits of Coercive Airpower: NATO's 'Victory' in Kosovo Revisited," *International Security*, Vol. 34, No. 1, 2009, pp.83-112.

② Richard Saunders and Mark Souva, "Air superiority and battlefield victory," *Research and Politics*, Vol. 7, No. 4, 2020, p.2.

③ John Warden, *The Air Campaign: Planning for Combat*, Fort Lesley J. McNair: National Defense University Press, 1988.

（三）作用机理中的所受威胁程度与重大人员伤亡

在明确涉及无人机对抗双方基本状态的基础上，需要具体分析影响军用无人机使用偏好的作用机理。基于既有讨论以及当前军用无人机的特性，本章认为无人机系统所受威胁程度的高低与无人机行动有无重大人员伤亡是两个直接关乎无人机使用选择偏好的关键因素。

首先，无人机系统所受威胁程度的高低在很大程度上决定了无人机执行军事任务的完成度及其可重复使用率。与有人机相比，无人机具有自身优势，但与此同时其防护能力亦存在重大短板。所以各方均在有针对性地开发各种反无人机技术，以期能对军用无人机造成不同程度的威胁。

目前针对无人机的反制措施包括"软杀伤"和"硬杀伤"两个方面。其中软杀伤主要是指通过压制或欺骗手段对无人机进行干扰，包括干扰其导航信号、通信信号、通信链路、无线网络或飞行器特定部位。硬杀伤则主要包括弹药射击以及利用高功率微波武器或激光武器的定向能打击等方式对无人机进行物理毁伤。[1] 一般而言，在对峙较量阶段，无人机面对的威胁以软杀伤为主，但在双方进入冲突交战状态后，无人机面临的各式软硬杀伤兼而有之的风险大增。同时，除了飞行器本身，无人机作战系统还有多个关键节点，例如供无人机起降的机场或发射/回收设施、操作员营地和控制台、信号传输/中继仪器和设备等。如果没有足够的空中优势作为有力保障，这些位于地面的设施很可能与在空中的无人机一道在战时遭到敌方针对性的打击破坏，从而导致无人机作战体系的瓦解和军事任务的失败。

总体而言，在对峙较量阶段或者是冲突交战阶段无人机使用方占据空中优势时，无人机系统所受威胁程度低。在冲突交战阶段无人机目标方占据空中优势或双方形成空中均势时，无人机系统所受威胁程度高。

作用机理中的第二个关键问题是无人机行动是否造成重大人员伤亡。宏观上讲，是否带来伤亡以及伤亡的严重程度是决定战争，尤其是现代冲突爆发、升级乃至结束的关键因素。不少研究者发现当一国公民需要承担包括伤

---

[1] 李林莉、程旗、张荔:《反无人机技术研究现状综述》，载《飞航导弹》，2021年第11期，第23-32页。

亡在内的战争直接负担时，他们通常会通过政治参与向该国领导人施压，要求后者对战争行为作出更为审慎的决策。① 同时，因为人员伤亡与国内政治成本密切相关，对其相关预期也成为一个重要的信号。冷战期间，"绊线战略"（Tripwires）就被认为是美国核政策中的重要组成部分。美国在远离本土的欧洲盟国部署的军队数量可能不足以抵挡苏联对西欧发动的全面进攻，但哪怕是小规模的前沿部署也被视为美国同时向敌人和盟友传递的信号，即苏联只要发动入侵就必定需要消灭一定数量的美国士兵，而这就意味着极有可能引发美国使用其强大核力量进行大规模报复。② 与此同时，重大人员伤亡的产生或其相关预期亦有可能使一方对继续冲突知难而退，从而加快战争结束的进程。因此从中不难看出，各方均会把在冲突中是否会造成严重的人员伤亡视为决定冲突发展不同态势的标志性因素，并作出相应的战略战术决策。

从某种意义上说，军用无人机的使用极大地改变了传统冲突可能造成的伤亡情况。无人机的最大特征就是本身不会让使用方直接承担任何伤亡风险。而传统有人飞机无论从事何种军事目的，其机上驾驶人员的生命安全都是攻防双方必须认真考虑和谨慎面对的问题。有研究认为，在相似情境下无人驾驶机的损失比有人驾驶机的损失更容易为人们所接受。即使无人机被对手击落，决策者也并不一定需要作出过于激烈的反应。③ 因此为了使自身拥有更多的回旋空间，军政高层会更倾向于部署军用无人机。④ 从减少伤亡的角度出发，国内民众也可能较为支持政府使用无人机。⑤ 同时由于无人机本身的性能所限，其执行对峙侦察或简单的袭扰任务时也基本不会给目标方造成重

---

① Dan Reiter and Allan C. Stam, *Democracies at War*, Princeton, N.J.: Princeton University Press, 2002.

② Amy Zegart, "Cheap Fights, Credible Threats: The Future of Armed Drones and Coercion," *Journal of Strategic Studies*, Vol. 43, No. 1, 2020, pp.6-46.

③ John Schaus and Kaitlyn Johnson, "Unmanned Aerial Systems' Influences on Conflict Escalation Dynamics," CSIS Briefs, 2 August 2018, pp.6-7, https://www.csis.org/analysis/unmanned-aerial-systems-influences-conflict-escalation-dynamics, 访问时间：2021 年 8 月 10 日。

④ CNAS, "Game of Drones: Wargame Report," Center for the New American Security, June 29,2016, http://drones.cnas.org/reports/game-of-drones/，访问时间：2021 年 8 月 10 日。

⑤ Amy Zegart, "Cheap Fights, Credible Threats: The Future of Armed Drones and Coercion," *The Journal of Strategic Studies*, Vol. 43, No. 1, 2020, pp.6-46.

大杀伤。当然，随着技术的不断进步，目前也已经出现这样一批无人机，它们能够在掌握高精度情报信息并携带大威力杀伤性武器的情况下给对手造成重大人员伤亡。MQ-1"捕食者"（Predator）和MQ-9"收割者"（Reaper）无人机、"拜拉克塔尔"-TB2（Bayraktar-TB2）无人机以及"彩虹"与"翼龙"系列无人机，均是此类无人机在实战中的佼佼者。

需要说明的是，虽然"重大人员伤亡"（Mass Casualty或英文军事专业术语MASCAL）的说法很常见，但其具体含义相对模糊，不同政府、军方和学者在人数设定标准上从个位数到三位数之间一直持有不同意见。[①] 为了考察研究对象在使用过程中的具体作用，本章首先关注的是军用无人机在一次军事行动中所能造成的伤亡。考虑到现实世界的复杂性，本章认为少数高级军官或者许多普通士兵伤亡这两种情况都很可能造成极大的政治冲击以及医疗后勤压力。因此，本章将重大人员伤亡定义为一次性造成2人以上的武装力量中高级指挥官死亡或重伤，或者10人以上的普通士兵或平民死亡或重伤。

总体而言，在对峙较量阶段或者是冲突交战阶段无人机目标方占据空中优势时，无人机行动基本不会造成重大人员伤亡。在冲突交战阶段无人机使用方占据空中优势或双方形成空中均势时，无人机行动很有可能造成重大人员伤亡。

那么，在综合前述分析讨论的基础上，可以更加具体地列出军用无人机的对抗双方4种不同状态类型及其作用机理和选择偏好，见表6-1。

类型1：在敌对双方处于对峙较量的状态下，无人机系统所受威胁程度

---

① "Definitions of war and conflict typologies," Bonn International Center for Conversion, http://warpp.info/en/m1/articles/definitions-of-war-and-conflict-typologies，访问时间：2021年8月10日。美军在其官方界定中没有给出具体人数，只是将"重大伤亡"定义为"在一段时间内超出可用医疗支持能力的任意数量人员伤亡"。United States Department of Defense, *DOD Dictionary of Military and Associated Terms*, January 2021, https://www.jcs.mil/Portals/36/Documents/Doctrine/pubs/dictionary.pdf. 作为对照参考，中国将造成10人以上30人以下死亡，或者50人以上100人以下重伤的情形视为"重大安全事故"。中华人民共和国应急管理部：《国家突发公共事件总体应急预案》及《特别重大、重大突发公共事件分级标准（试行）》，2006年2月28日，https://www.mem.gov.cn/xw/jyll/200602/t20060220_230269.shtml，访问时间：2021年8月10日。

低，无人机行动不会造成重大人员伤亡。

类型2：在双方处于冲突交战阶段且无人机使用方具有空中优势的状态下，无人机系统所受威胁程度低，无人机行动会造成重大人员伤亡。

类型3：在双方处于冲突交战阶段且无人机目标方具有空中优势的状态下，无人机系统所受威胁程度高，无人机行动不会造成重大人员伤亡。

类型4：在双方处于冲突交战阶段且大体上形成空中均势的状态下，无人机系统所受威胁程度高，无人机行动会造成重大人员伤亡。

表6-1 军用无人机对抗双方的状态类型、双方状态、作用机理与选择偏好

状态类型	双方状态		作用机理		选择偏好
	对抗阶段	空中优势归属	无人机系统所受威胁程度高低	无人机行动有无重大人员伤亡	
类型1	对峙较量		低	无	使用方：倾向于使用无人机（进行侦察） 目标方：有条件地选择拦截或击落无人机
类型2	冲突交战	使用方有空中优势	低	有	使用方：倾向于使用无人机（执行各类军事任务） 目标方：无法充分拦截，亦无力或不愿进行大规模报复
类型3	冲突交战	目标方有空中优势	高	无	使用方：有条件地使用无人机（进行袭扰） 目标方：尽可能拦截或击落无人机
类型4	冲突交战	空中均势	高	有	无人机是双方武器库中的一种易消耗品，无特殊偏好

（四）不同类型的选择偏好及其安全影响

如表6-1所示，无人机使用的不同类型会带来相应选择偏好，其作用机理及安全影响具体分析如下。

（1）敌对双方处于对峙较量的状态（类型1）。在尚未正式宣战或爆发激烈冲突的对峙阶段，双方的行为均受到很大程度的约束，两国之间持续紧张但形势并未失控。在此情况下，无人机所面临的系统性威胁远低于战时。使

用方往往将持续的无人机侦察行动视为一种施压的手段，因为这很大程度上比使用有人机更加安全和高效。而对于目标方而言，虽然不会轻易尝试使用硬杀伤手段进行反制，但也有可能选择在某些对自己有利的时机通过击落对方的无人机来展露自身的决心与能力。双方的行为既是为了增加己方的武装力量优势（或削弱对方优势），很大程度上也有政治宣示的成分。这样的交锋对于双方而言都不会造成人员的伤亡，彼此都有较大的政策回旋与解释空间。即使受到攻击，无人机使用方也可以选择恢复或增加无人机行动或者其他施压手段来保持政治上的强硬形象，以此作为回应，并非一定需要通过杀伤对方人员或大规模攻击来进行报复。所以，双方对抗摩擦的次数可能会因无人机的使用而增多，但如果没有其他因素而导致更加强烈的对抗意愿，双方的整体态势并不会因为无人机的使用而显著升级为高烈度的冲突。

因此从选择偏好和安全影响上看，在这种类型下的使用方倾向于使用无人机进行侦察，利用无人机执行任务的意愿上升。而相较于击落有人机那种很可能导致局势失控的行为选项，目标方也更有可能择机拦截或击落无人机。这导致较量对抗的频率渐增而烈度没有明显升级。

（2）敌对双方处于冲突交战阶段，且无人机使用方具有巨大空中优势甚至掌握制空权（类型2）。这一状态既可以发生在军事实力有明显强弱差异的两个国家间，也可以发生在政府军针对非政府武装组织的军事行动上。如果使用方手握空中优势甚至完全掌控制空权，一般都坚信即使是己方那些航速较慢、航高较低的无人机，也不会轻易被对手击落。因此，相关方安全而高效地重复使用无人机执行包括侦察和攻击在内的各类军事任务的意愿上升，特别会优先考虑给敌方造成重大杀伤，以进一步削弱对手并增强己方优势。目标方虽然往往会遭受重大的人员伤亡，但因缺少空中优势，要么没有能力进行对等反击，要么因担心遭到更大伤亡而缺乏直接发起大规模升级报复的意愿和决心。同时，目标方还有一定可能在冲突中迅速丧失战斗力，导致冲突的实际时间进一步缩短。

所以从总体上看，使用方使用无人机执行军事任务的总体意愿上升，而目标方既无法对其进行充分拦截，亦无力或不愿大规模报复升级。在这种情况下，无人机很可能会在一方优势状态下被反复使用，军事行动的频度增加，但冲突的总体烈度并不因此升级。甚至一些常规冲突的时间还可能会由于无人机的出现而缩短。①

（3）敌对双方处于冲突交战阶段，且无人机目标方具有巨大空中优势甚至掌握制空权（类型3）。这种状态在非国家行为体尝试使用无人机与政府军相对抗时尤为常见。在已经进入冲突交战的状态之后，敌对双方的行动选择会得到很大程度的松绑。但是，该类型下的无人机使用方由于其在整体实力特别是空中力量上明显弱于目标方，其使用无人机所能执行的任务仍然比较有限。首先，非政府武装组织在一般情况下不可能生产或获得大型先进无人攻击机。即使有从外部输入大型军用无人机的机会，由于后勤技术保障的巨大压力以及缺乏完整的空防体系，也随时面临着基地和设备被敌方发现和摧毁的巨大风险。其次，非国家行为体很有可能面临着对手的封锁限制，输入、积累或改造一定规模足以进行复杂军事行动的无人机编队需要较长的时间，而且在每次行动中损耗率可能极高，所以不可能支撑长时间、大规模、高强度的无人机作战。最后，受限于技术因素，使用方的无人机缺乏长时间滞空和高精度摄像仪器，使用无人机进行侦察很可能效果不彰，甚至不如人员实地渗透等其他手段。因此，利用包括改造后的民用无人机在内的小型无人机进行试探和偷袭，就成为比较合理的选择。作为整体实力上弱势的一方，使用方进行这样的军事行动本身也具有非常强的政治宣示功能。

在使用方偏好有选择性地利用对方防御的疏漏进行小规模袭击骚扰的情况下，对于具有空中优势的目标方而言，首先会全力拦截和击落对方的无人机，同时也会在事后尽力进行补救短板和漏洞。虽然非政府武装组织可能会使用无人机袭击相关国家的设施与人员，但由于后者的空中力量和先进防空系统占据优势，此时无人机难以带来特别严重的实际伤害。因此，目标方在没有重大人员伤亡的情况下并无特别强大的内部压力或意愿去发动升级报复行动。同时，因为对手使用小型无人机，为转移方便，基本没有固定的大型工厂或基地，所以目标方本身也很难通过大规模、高烈度报复来达到根除小

---

① 这里的常规冲突主要指的是国家行为体之间或双方均主要由正规军参与的武装冲突，需要比较标准的医疗保障和后勤补给支持。左希迎：《非常规战争与战争形态的改变》，载《世界经济与政治》，2020年第3期，第79—84页。

型无人机威胁的目的。在这种情况下,加强无人机拦截能力是比升级冲突更优的选择。每一次对抗的过程,使用方进行无人机袭扰的难度都将上升,但其仍有动力在经过一定时间的力量积蓄后寻找对方新的薄弱环节进行袭扰。因此摩擦的次数仍会相应上升。

总的来说,在对抗交战且目标方占据空中优势的状态下,使用方利用无人机达成自身目的的意愿上升,但受制于现实因素,会有条件地使用无人机进行袭扰。目标方基于自身优势会尽可能拦截或击落无人机,但大规模报复的意愿不强且效果可能不彰。随着袭扰次数本身的增加,对抗交手频率上升,但冲突烈度因此严重升级的可能性不大。

(4)敌对双方处于冲突交战阶段,且在争夺制空权的过程中大体上势均力敌(类型4)。这一状态指的是在战场上双方均无法取得明显的空中优势,仍在互相反复拉锯以争夺制空权,基本发生在实力相当或相近的国家之间或其代理人之间。在这种情形下,双方均有机会利用无人机寻找对方薄弱环节并造成重大杀伤,但是包括无人机在内的双方整体技战术水平一般都不会存在特别悬殊的差异。特别是目前无人机自身存在缺点且并不具有复杂的空中对抗能力,所以当双方仍处于争夺制空权时,无人机容易被对方的空中力量或防空体系干扰或击落。在冲突中,即便利用无人机自身特征优势偶尔抓住了对方的弱点,也比较容易被对方找到弥补和克制之道。所以,此时双方的无人机虽然都有机会给对方造成重大人员伤亡,但其只是用作杀伤的众多武器选项之一,更有可能在僵持中被持续消耗,而无法从根本上影响冲突各方的军事战略决策。

所以在这种双方爆发激烈冲突且均无明显空中优势的情况下,无人机很大程度上是作为一种易消耗品出现,可能会在一定程度上增加战争中单次行动交战的数量,但总体上很难对冲突本身的烈度产生决定性的影响。

四、中东地区军用无人机使用的案例研究

(一)类型 1:美国和伊朗在波斯湾对峙

早在 2016 年竞选美国总统期间,特朗普就多次攻击奥巴马政府在前一

年达成的伊朗核协议是"有史以来最糟糕的交易"。入主白宫一年多后，特朗普政府于 2018 年 5 月决定单方面退出伊朗核协议，并宣布将重启对伊朗的经济制裁。随着伊朗与美国及其盟友沙特的矛盾不断激化，2019 年 4 月美国政府正式认定伊朗伊斯兰革命卫队（Islamic Revolutionary Guard Corps）为"外国恐怖组织"（Foreign Terrorist Organization）。同时，特朗普政府还以收到有关"德黑兰及其代理人的军事行动"情报为由开始向海湾大举增兵，包括各类无人机在内的先进装备被大量运往波斯湾及其周边地区，并投入针对伊朗的威慑行动中。

面对美国的"极限施压"，2019 年 6 月伊朗伊斯兰革命卫队在霍尔木兹海峡附近击落一架美国 RQ-4"全球鹰"无人侦察机。伊朗方面表示，美国无人机是在侵犯伊朗南部领空后被击落。伊斯兰革命卫队总司令侯赛因·萨拉米（Hossein Salami）强调，此次无人机的击落是给美国的一个明确信息，即"伊朗的边界就是我们的红线"①。时任伊朗常驻联合国大使马吉德·塔赫特－拉万希（Majid Takht-Ravanchi）也宣称美国公然违反国际法，因为其无人侦察机当时正进行"明确的间谍活动"。美国军方对此进行了针锋相对的回应，美军发言人指出美国无人机并未越境，所以伊朗的行为是对美国的无端攻击。②

时任美国总统特朗普的反应则更加耐人寻味。他一方面声称伊朗"犯了一个很大的错误"，并对伊朗发起了战争威胁，表示将考虑对多个与美国无人机被击落相关的伊朗设施进行军事打击。但另一方面，特朗普又暗示"全球鹰"无人机被击落可能又是一件"令人扫兴"的事（a new fly in the ointment）而已。③在确认美国社会并没有对这一问题表现出特别强烈的报复心理后，特朗普否决了立即开展大规模军事报复的计划。他给出的理由是军事打击会造成伊朗

---

①② BBC News 中文版：《美国无人机遭伊朗击落 中东紧张情势持续升温》，2019 年 6 月 21 日，https://www.bbc.com/zhongwen/simp/world-48716558，访问时间：2021 年 7 月 15 日。

③ W.J. Hennigan and John Walcott, "Trump Suggests Iran Mistakenly Shot Down a U.S. Drone. Iran Says It Was Very Much on Purpose," *TIME*, June 20, 2020, https://time.com/5611310/trump-iran-drone-shot-down/.

军民的大量伤亡，而这与一架无人机的损失比起来"并不相称"。① 尽管双方都使用了极具火药味的宣传策略，但并未升级为真正的大规模冲突。

虽然没有对伊朗境内开展军事打击报复，但美国仍然保持着政治、经济与军事上的高压态势。击落事件也并未使美军的无人机行动就此偃旗息鼓，美国方面展现出加大力度使用军用无人机的决心。2020年2月，时任美国中央司令部司令的肯尼斯·麦肯齐（Kenneth Mckenzie）致信美国国会，要求增加3.7亿美元的预算。其中大部分（近2.4亿）用于增购MQ系列军用无人机，其余则主要用于监控系统升级以及在霍尔木兹海峡伊朗对面的阿曼建立一个新的后勤保障基地。② 2021年9月9日，美国海军中央司令部宣布，美军第五舰队正在组建一支大量使用无人机和其他无人系统的"第59特遣部队"（Task Force 59），其主要目的就在于威慑伊朗。③ 这也意味着只要对峙的总体局面不变，双方围绕着无人机所发生摩擦展开较量的次数必然会持续上升。

尽管无人机导致了更多摩擦的出现，但在对峙较量的状态下，双方总体仍保持高度克制，全面开启战端并非双方首选的政策诉求。于美国而言，在特朗普政府对伊朗实施的所谓全方位"极限施压"中，无人机扮演着重要的角色。美国一直指责伊朗要为美国盟友船只在波斯湾遇袭负责，那么军用无人机的长时滞空能力成为取证和威慑的有效手段，同时军用无人机的侦察活动也不会给己方带来直接伤亡的风险。一方面美国希望搜索证据来获得进一步制裁伊朗的国际支持，另一方面也可借机窥探伊朗在波斯湾地区军事部署的破绽，所以加大无人机对伊朗的侦察力度成为一种高性价比的选择。而于伊朗而言，面对美方的围堵压迫，伊朗需要寻找合适的破解之道。考虑到击

---

① 滕建群：《特朗普为什么不报复伊朗》，2019年7月5日，https://www.ciis.org.cn/yjcg/sspl/202007/t20200710_870.html; "U.S.-Iran Conflict and Implications for U.S. Policy," Congressional Research Service, May 8, 2020, https://fas.org/sgp/crs/mideast/R45795.pdf，访问时间：2021年7月15日。

② Paul Mcleary, "CENTCOM Asks For More Drones, Money To Build Up Base In Oman," *Breaking Defense*, Feb 21, 2020, https://breakingdefense.com/2020/02/centcom-asks-for-more-drones-money-to-build-up-base-in-oman/，访问时间：2021年7月15日。

③ 顾正龙：《美国组建"海湾特遣部队"增强对伊朗威慑力》，2021年10月9日，http://infadm.shisu.edu.cn/_s63/3c/27/c3991a146471/page.psp，访问时间：2021年10月20日。

落无人机在国际法上的模糊性,攻击美国无人机的行为本身具有较大的回旋空间,特别是不用承担首先造成人员伤亡的责任。伊朗的这一行为既展示自身的"强硬态度",又避免在对峙较量阶段过度刺激美国而使得自身处于不利地位。

在此案例中,伊朗并未将美国无人机侵扰其领空视为真实的战争讯号,美国也并未因自身无人机被击落而对伊朗发动大规模的军事行动。双方领导人在该问题上都充分利用了难得的回旋空间,在实际决策中均表现出了高度的克制。但同时,事件中双方围绕无人机的行为选择都带有政治宣示的意味。在击落事件发生后美军非但没有停止反而增加了无人机的部署与活动,伊朗也表示将继续为捍卫国家利益而进行针对性行动,包括宣称可能再次选择击落美军的无人机,所有这些无疑将提高相关对抗的次数。

在伊朗击落美国"全球鹰"无人机之后,美方宣称依靠新型反无人机技术——海军陆战队防空综合系统(MADIS)也击落了一架伊朗的无人机,虽然伊朗方面不承认美方的说法,但双方同样并未因此采取升级冲突的举措。[①]事实上,伊朗和美国在无人机问题上的摩擦早在十年前就曾经发生。2011年12月伊朗宣布成功迫降了一架美方RQ-170"哨兵"无人机,并在联合国提出了关于美方侵犯其领空的控诉。美方最初否认了这一说法,但随后时任总统奥巴马承认美国无人机失踪并要求伊朗归还。[②]当时美国与伊朗时有摩擦,但两国关系并未因这起事件掀起过多的波澜,甚至还随着伊核谈判的进展出现逐步缓和的趋势。伊朗在2019年再次择机击落美国无人侦察机,可能受到上述应对无人机早期经验的影响。

---

① Kate O'Flaherty, "U.S. Warship Took Down Iranian Drone Using New 'Jamming' Technology," *Forbes*, July 22, 2019, https://www.forbes.com/sites/kateoflahertyuk/2019/07/ 22/u-s-warship-took-down-iranian-drone-using-new-jamming-technology/?sh=23af1b423363, 访问时间:2021年8月10日。

② "Obama says U.S. has asked Iran to return drone aircraft," *CNN*, October 22, 2013, https://edition.cnn.com/2011/12/12/world/meast/iran-us-drone/index.html, 访问时间:2021年8月10日。

（二）类型 2：第二次纳卡战争、"春天之盾"与中东反恐行动

多年以来，阿塞拜疆与亚美尼亚一直因为纳戈尔诺-卡拉巴赫（又称纳卡）地区的归属争议而龃龉不断，双方于 2020 年 9 月爆发的第二次纳卡战争是矛盾的又一次集中爆发。但与过往的冲突不同，阿塞拜疆此战完胜，成功夺取了纳卡地区的第二大城市舒沙（Shusha）。双方最后在俄罗斯等国的斡旋下达成了最终停火协议。亚美尼亚由于军事上的溃败不得不同意放弃其在 1992 年第一次纳卡战争中所占领的大部分领土。①

在 2020 年 9 月前，阿塞拜疆与亚美尼亚双方曾发生过多起小规模摩擦，虽然也造成了一定的伤亡，但僵局一直未被打破。在具有空中优势的情况下大规模使用无人机，是阿塞拜疆军队在全面冲突爆发后取得压倒性胜利的核心因素。阿塞拜疆的俄制米格系列与苏霍伊系列战斗机数目多于亚美尼亚空军，整体空军人数更是远多于后者，且土耳其装备的美制 F-16 战斗机亦多次在阿塞拜疆境内现身。②战前，阿塞拜疆利用石油和天然气所获得的收入从土耳其与以色列进口了大量各种类型的无人机。在冲突中阿塞拜疆将无人机与坦克和火炮有机结合，有效打击对方坦克装甲车辆和防空武器，夺取局部制空权，进而形成了有利的战场态势。亚美尼亚拥有和部署了 S-300 防空以及萨姆-2、萨姆-13 等短程地空导弹，但其防空系统在遭到强电磁压制之余自身还存在明显短板，即难以对雷达信号较小的无人机提供足够的预警。③同时，虽然亚美尼亚得到了俄罗斯提供的数套微波反无人机系统的支持，但阿塞拜疆所装备的以色列制"哈洛普"（Harop，又被称为哈比-2/Harpy-2 型）

---

① 在 1992 年的第一次纳卡战争中，在驻亚美尼亚俄军的支持下，亚美尼亚占据了纳卡地区及其周边原属阿塞拜疆的七个州，并在连接纳卡与亚美尼亚本土之间的交通咽喉——拉钦走廊周围地区建立了一道可靠的"安全屏障"，保证其战略优势。尹树广：《纳卡冲突：世代恩怨何时了》，2020 年 12 月 1 日，http://www.easdri.org.cn/newsinfo/924200.html，访问时间：2021 年 10 月 15 日。
② Mike Eckel, "Drone Wars: In Nagorno-Karabakh, The Future of Warfare Is Now," *Radio Free Europe*, October 9, 2020, https://www.rferl.org/a/drone-wars-in-nagorno-karabakh-the-future-of-warfare-is-now/30885007.html，访问时间：2022 年 8 月 4 日。
③ 澎湃新闻：《2020 军势 | 再看纳卡冲突：无人机决定战争走向？》，2020 年 12 月 30 日，https://www.thepaper.cn/newsDetail_forward_10581271，访问时间：2021 年 8 月 10 日。

反辐射无人机仍能有效清除亚美尼亚的防空雷达。① 在整体空中优势之下，阿塞拜疆的军用无人机取得了辉煌的战果，而且冲突时间大幅缩短，以前所未有的速度打破山地战场的僵局并摧毁了亚美尼亚军队的抵抗能力。

类似的案例同样出现在同年土耳其对叙利亚政府军所进行的军事打击中。2020年3月1日，土耳其国防部长胡卢西·阿卡尔（Hulusi Akar）宣布土军在叙利亚西北部的伊德利卜省发起代号"春天之盾"（Operation Spring Shield）的军事行动，以此回应2月27日由于叙政府军袭击所造成的土军伤亡。土耳其的空中力量拥有为数不少的北约体系先进装备，但面对叙利亚阿萨德政府军仍存在一些顾虑，因为后者的防空体系也装备有S-300、"道尔"-M1/2和"山毛榉"-M2等武器。不过，叙政府军在俄军配合下对反政府武装发动进攻时，急于收复失地，而在伊德利卜地区几乎完全忽略了可能的对空防御任务。进攻的叙军仅携带了少量"铠甲-S1"（Pantsyr S1）弹炮合一防空系统，这意味着除非俄罗斯紧急调兵直接与土军发生大规模交火，土耳其在该地区基本拥有着无法撼动的空中优势。土军抓住这一有利战机，以其国产的"安卡-S"（TAI Anka-S）和"拜拉克塔尔"-TB2两款察打一体无人机为作战主力，配合E-737预警机和F-16战斗机，在没有与驻叙俄军发生直接冲突的前提下，重创了叙利亚政府军有生力量，还摧毁了包括指挥中心、炮兵阵地、装甲集群和弹药库等在内的大量高价值军事目标，打乱了叙军的作战部署，从而扭转了伊德利卜地区的战局。② 虽然在行动中有一些无人机被击落，但总体上土军的无人机系统没有遭到严重的威胁。而且由于靠近本国边境，战损可以得到及时和充分的补充。最终土耳其实现了军事行动预定目标，成功夺下扎维亚山区（Jabal Zawiya）。

此外，类型2也常见于国家对非国家行为体的无人机打击上。因为相较于国家之间的冲突，国家对非国家行为体通常握有更加明显的空中优势。美

---

① 忻怿：《纳卡冲突中的土耳其无人机干预》，载《世界知识》，2020年第23期，第58-59页。
② 姚小锴、潘金桥、单敏：《扭转伊德利卜战局的"主角"：土军"春天之盾"行动中的无人机运用》，载《解放军报》，2020年11月5日，http://www.81.cn/w-j/2020-11/05/content_9931148.htm，访问时间：2021年9月5日。

第六章　军用无人机的使用偏好及安全影响

国及其盟友就长期使用无人机进行境外反恐或军事打击任务。① 同时，中东国家自身亦在反恐或镇压国内叛乱中选择使用军用无人机。比如埃及自阿卜杜勒－法塔赫·塞西（Abdel-Fattah al-Sisi）上台执政后加大了使用军用无人机的频率。一方面，埃军从比尔吉夫加法空军基地（Bir Gifgafa Air Base）等地起飞"翼龙"无人机（CAIG Wing Loong），在西奈半岛开展反恐行动。② 另一方面，有报道称从2016年以来，以色列也根据与塞西政府的协议，利用无标记的无人机对位于西奈的武装分子进行了多次空袭。③ 而在最近一次以色列与哈马斯的大规模冲突中，以色列直接使用无人机定点击杀多名哈马斯高官和武装人员，而哈马斯对此类空袭并无特别有效的反制手段。④

综合以上数起案例可以发现，无论是国家对国家还是国家对非国家行为体，掌握制空权或巨大空中优势的一方更有意愿使用无人机达成自身的军事目标。同时直观来看，由于目标方往往无力采取有效的反制措施，无人机军事行动本身的效率大幅提升。特别是对一些相对弱小的国家行为体或正规军而言，其抵抗能力或后续作战能力面临着被快速解除的风险，这将使得冲突时间缩短而不易出现拉锯。在此类冲突中重大伤亡难以避免，但目标方往往在遭到打击后基本失去大规模反击能力，因此即使有报复意愿，也较难承担高强度冲突延续带来的代价。

值得一提的是，美国用无人机袭杀苏莱曼尼的案例具有不小的特殊性，

---

① 英国皇家空军利用一架"收割者"无人机在2020年10月成功摧毁了伊拉克境内的一处"伊斯兰国"据点即是其中代表性的案例。环球网：《英军无人机摧毁一处"伊斯兰国"巢穴》，2020年10月15日，https://baijiahao.baidu.com/s?id=1680689570416091442&wfr=spider&for=pc，访问时间：2021年9月5日。
② D. Wainer, J. Ferziger & A. Feteha, "Old Mideast Foes Unite Over Gas Deals and Fighting Militants," *Bloomberg*, July 11, 2016, www.bloomberg.com/news/articles/2016-07-10/old-middle-east-foes-unite-over-gas-deals-and-fighting-militants，访问时间：2021年9月5日。
③ D. D. Kirkpatrick, "Secret Alliance: Israel Carries Out Airstrikes in Egypt, With Cairo's O.K.," *The New York Times*, February 3, 2018. https://www.nytimes.com/2018/02/03/world/middleeast/israel-airstrikes-sinai egypt.html，访问时间：2021年9月5日。
④ Yaron Steinbuch, "Israeli jet shoots down 'suicide drone' launched from Gaza Strip," *New York Post*, May 13, 2021, https://nypost.com/2021/05/13/israeli-jet-shoots-down-suicide-drone-launched-from-gaza/，访问时间：2021年9月5日。有分析认为以色列的无人机袭击本身也加速了哈马斯接受停火结束冲突的进程。

但从一定意义上亦可将其事态演变归入此类型中。2019年年末，美国指责伊朗支持的伊拉克"真主党旅"（Kataib Hezbollah）实施了针对美军的火箭弹袭击，于是空袭打死打伤数十名"真主党旅"成员。随后，美国驻巴格达大使馆遭到了亲伊朗的伊拉克什叶派民兵的包围和破坏，美伊关系再度趋于紧张。2020年1月3日，趁着伊朗伊斯兰革命卫队高级指挥官、"圣城旅"旅长卡西姆·苏莱曼尼到访巴格达的机会，美国动用MQ-9"收割者"无人机发射AGM-114"地狱火"导弹，在巴格达国际机场附近击杀了苏莱曼尼、伊拉克"人民动员"部队（Popular Mobilization Forces）副指挥官兼"真主党旅"创始人阿布·马赫迪·穆罕迪斯（Abu Mahdi al-Muhandis）、四名伊斯兰革命卫队中高级军官以及另外四名"人民动员"军官。事发后，美国国防部声称这是一起"防御行动"，因为苏莱曼尼对"数百名美军和盟军士兵的死亡负有责任"，而包括最高领袖哈梅内伊在内的伊朗领导人则均强硬声明要对苏莱曼尼被杀一事进行报复。① 2020年1月8日，伊朗发起"烈士苏莱曼尼行动"（Operation Martyr Soleimani），美军位于伊拉克西部的艾因·阿萨德（Ayn al-Asad）基地和北部库尔德斯坦埃尔比勒（Erbil）附近的空军基地遭到数十枚伊朗弹道导弹的打击。不过，由于伊朗故意向伊拉克方面进行了事先通报，美军提前进行疏散防备，避免了人员死亡。最终这场表演式的导弹攻击只造成数名到数十名左右美军士兵轻伤。②

在这个案例中，美国和伊朗及其支持的伊拉克什叶派民兵介乎"准交战"状态中。虽然苏莱曼尼在特殊时间节点出现在巴格达本身具有一定的偶然性，但事件显示出手握伊拉克境内制空权的美军有能力使用无人机对敌方造成重大人员伤亡。③ 伊朗方面虽然反应看似极为强烈，但其实保持了高度的克制，其核心原因就在于担心全面冲突会造成更大伤亡，因而缺乏发起大规模实质性升级报复的意愿和决心。

---

①② "U.S.-Iran Conflict and Implications for U.S. Policy," Congressional Research Service, May 8, 2020.
③ "Full Transcript: President Trump's Address on Iran," *The New York Times*, January 8, 2020, https://www.nytimes.com/2020/01/08/us/politics/trump-address.html，访问时间：2021年12月15日。

（三）类型3：也门胡塞武装与沙特冲突

也门胡塞武装与沙特阿拉伯之间的纠葛在"阿拉伯之春"的中东剧变之前就已存在，并于也门内战爆发之后的2015年开始激化。2015年1月，胡塞武装占领位于萨那的也门总统府并软禁总统阿卜杜-拉布·曼苏尔·哈迪（Abdu-Rabbuh Mansour Hadi），迫使总统与总理宣布辞职，单方面解散议会并成立新的"权力机构"。[①] 3月26日，沙特在美国的支持下率领所谓的"阿拉伯联军"开始对胡塞武装发动代号为"果敢风暴"（Operation Decisive Storm）的军事干预，其中包括对也门的空袭、海上封锁以及地面部队进攻。[②] 在此后的几年间，沙特与胡塞武装交战不断。特别是2018年6月沙特再次对胡塞武装发起猛烈攻击，并成功控制也门重镇荷台达的大部分地区，使得胡塞武装一度处于劣势。在联合国的斡旋下，双方于当年12月就停火和交换战俘等问题达成一致，但很快又高调指责对方破坏协议。

在这一背景下，胡塞武装开始尝试攻击沙特境内设施，以彰显自身具有直接打击沙特腹地的能力，以此来对沙特施加政治和军事的双重压力。其中无人机成为胡塞武装对沙特发动袭击的重要方式之一。2019年8月17日，沙特东部的谢巴油田（Shaybah Oil Field）一座天然气设施遭到多架无人机袭击后起火，胡塞武装宣布对此次袭击负责。火势很快得到控制且没有造成人员伤亡，石油生产也未受到影响。[③] 但是，胡塞武装并未就此罢休。数架无人机于9月14日袭击了沙特国家石油公司位于布盖格炼油厂与胡赖斯油田的重要设施并引发火灾，胡塞武装随后亦公开声称对此负责。这起短暂的袭击取得了一定的成功，沙特国家石油公司被迫临时减产一半，也就是相当于全

---

① Mark Mazzett and David D. Kirkpatrick, "Saudi Arabia Leads Air Assault in Yemen," March 25, 2015, *The New York Times*, https://www.nytimes.com/2015/03/26/world/middleeast/al-anad-air-base-houthis-yemen.html，访问时间：2021年11月8日。

② Emma Gatten, "Saudi blockade starves Yemen of vital supplies, as bombing raids continue," *The Independent*, September 19, 2016, https://www.independent.co.uk/news/world/middle-east/saudi-blockade-starves-yemen-vital-supplies-bombing-raids-continue-10509460.html，访问时间：2021年10月20日。

③ 新华网：《沙特两处石油设施遭无人机袭击》，2019年9月14日，http://www.xinhuanet.com/world/2019-09/14/c_1124996790.htm，访问时间：2021年10月20日。

球石油产量的 5%，促使油价骤然上涨。①

虽然胡塞武装在 2015 年从也门政府军空军手中夺取了几架老式苏制战斗机，不过很快在随后的战争中损失殆尽。相比之下，沙特皇家空军大量装备各类新式先进战机，其中光是专门投入也门战场的就多达百余架。② 从空中力量对比的角度看，沙特一方无疑占据明显的空中优势。所以在这种情况下遭到胡塞小型无人机出其不意的渗透，沙特政府和军方承受了诸多批评。沙特军方发言人强调"沙特平民和民用设施是一条红线"，并在之后全面加紧强化其反无人机能力建设。③ 在沉寂了一年多后，2021 年上半年胡塞武装如法炮制，试图利用重新积蓄起来的无人机力量对沙特境内能源设施发起袭击。3 月 7 日，胡塞武装向沙特石油行业的核心地带发动无人机袭击，目标包括沙特国家石油公司在拉斯塔努拉（Ras Tanura）一处重要的石油出口设施。不过沙特政府表示，这是对其能源安全的一次失败行动。④ 3 月 26 日，胡塞武装又宣称动用多达 18 架无人机袭击沙特的能源和军事设施，但沙特能源部的报告显示只有一枚炸弹击中了一个石油产品分销站并引发火灾。⑤ 4 月 15 日，胡塞武装声称他们使用无人机和导弹攻击了沙特南部城市吉赞（Jizan）的石油设施和军事目标，但只是含糊地提到袭击使沙特国家石油公司的一处

---

① "Saudi oil attacks: Drones and missiles launched from Iran," *BBC News*, Sept 17, 2019, https://www.bbc.com/news/world-middle-east-49733558，访问时间：2021 年 8 月 10 日。

② Steve Almasy and Jason Hanna, "Saudi Arabia launches airstrikes in Yemen," *CNN*, March 26, 2015, https://edition.cnn.com/2015/03/25/middleeast/yemen-unrest/，访问时间：2021 年 10 月 28 日。

③ 沙特阿拉伯军事公司（Saudi Arabian Military Industries）在 2020 年 1 月就曾透露其正在与国际合作伙伴一道测试一个全新的国家级反无人机系统，囊括"软杀伤"与"硬杀伤"等不同选项，旨在对抗各类无人机。Agnes Helou, "Saudi Arabia is developing a new counter-drone system," *Defense News*, January 8, 2020, https://www.defensenews.com/unmanned/2020/01/08/saudi-arabia-is-developing-a-new-counter-drone-system/，访问时间：2021 年 8 月 10 日。

④ "Yemen's Houthis attack Saudi oil heartland with drones, missiles," *Reuters*, March 8, 2021, https://www.reuters.com/article/yemen-security-saudi-int-idUSKBN2B00I2，访问时间：2021 年 8 月 10 日。

⑤ Raya Jalabi, Lisa Barrington, "Yemen's Houthis warn of stronger attacks after drone strikes on Saudi Arabia," *Reuters*, March 26, 2021, https://www.reuters.com/article/us-yemen-security-saudi-idUSKBN2BI184，访问时间：2021 年 8 月 10 日。

设施起火。① 不难看出，相比 2019 年 9 月 14 日对胡赖斯油田的袭击，胡塞武装在 2021 年的几次无人机行动均无太大成效，基本都是象征意义大于实际意义。②

考察胡塞的多次无人机行动可以发现其具有一定特征。首先，胡塞的无人机袭扰从实际效果来看大多难言成功，不仅基本上没有造成人员伤亡，而且大部分无人机在完成目标之前都已被沙特的防空系统干扰或拦截。这一点在沙特加强反无人机系统建设后更为明显。其次，虽然胡塞所对外宣称参与袭击的无人机数目远大于沙特所公布的拦截和击落的数目，但其战果并未超出沙特所承认的损失程度。最后，胡塞针对沙特的无人机行动在进入 2021 年后维持在较高的频度，这一象征性举动的加强似乎与美国对沙特支持力度下降同步。新任美国总统拜登在 2021 年 2 月将胡塞武装移出恐怖组织名单，显示美国新政府转向支持政治解决也门危机。胡塞武装在此时加大对沙特无人机袭击的频率，并屡屡在媒体上强调参与袭击的无人机数量，明显有展示军事能力、强调抵抗"外来侵略者"的决心并为自身在之后谈判中争取更大政治筹码的目的。相较于直接与沙特军队展开大规模正面对攻的选项，对胡塞而言这种对沙特腹地的无人机行动成本相对较低。对沙特来说，胡塞的无人机袭扰也被证明很难对其能源设施造成持续性的重大损毁，而完全堵死胡塞的小型无人机获取途径，或彻底摧毁其制造、改装或发射基地的难度亦极高。因此，沙特将更多注意力放在了升级自身的反无人机系统上，以求尽可能阻止胡塞的小型无人机袭扰。

总体而言，在冲突交战阶段，此类无人机袭扰本身很难推动冲突烈度显著上升。这很大程度上是因为目标方所具有的空中优势使得使用方的无人机系统在行动中面临较高威胁，袭击也很难造成重大人员伤亡。尽管由于使用方不断尝试有条件地使用无人机导致袭扰频度有所上升，但相较于所获寥寥

---

① "Houthis say they attacked Aramco, Patriot targets in Saudi Arabia," *Aljazeera*, April 15, 2021, https://www.aljazeera.com/news/2021/4/15/yemens-houthis-say-attacked-aramco-patriot-targets-in-jazan，访问时间：2021 年 8 月 10 日。
② 同时，也有部分观察家认为 2019 年的袭击可能并非来自胡塞武装，胡塞只是借机声明承认而已。

的实际军事效果,也门胡塞武装和沙特在这方面的无人机攻防更像是一场比拼政治决心的宣传战。事实上,随着无人机的扩散,在冲突交战中缺乏整体空中优势的一方有了进行非对称性对抗的新手段,无人机袭扰也因此成为一种标志和象征。除了胡塞武装针对沙特的无人机攻击,同属这一类型的真实案例还包括哈马斯对以色列、"伊斯兰国"(ISIS)对伊拉克政府军、伊拉克和叙利亚境内亲伊朗的什叶派民兵团体对美军基地发动的无人机袭击等。例如,在摩苏尔争夺战中,"伊斯兰国"就集中使用了其积蓄已久的小型无人机。仅一天之内,在摩苏尔及其周边部署的伊拉克政府军就遇到了70余次无人机炸弹袭击。不过,此波无人机袭扰虽然声势浩大但效果不佳,"伊斯兰国"也未能阻止伊拉克政府军夺回摩苏尔市区。①哈马斯对以色列、伊拉克和叙利亚境内的亲伊朗民兵团体对美军的无人机袭击同样在军事层面徒劳无功,只能说是起到了配合政治攻势的宣传效果。②

(四)类型4:利比亚内战

自2011年卡扎菲政权倒台后,利比亚国内局势一直处于动荡之中。各个派系无法达成共识而彼此拉锯斗争,不仅破坏了团结构建新国家的希望,也使得包括"伊斯兰国"在内的极端组织有机会尝试在这片混乱之地扩张影响。从2014年开始,该国又爆发了所谓"第二次内战",形成了东部的利比亚国民军(Libyan National Army)与西部的民族团结政府(Government of National Accord)两个阵营分庭抗礼的局面。国民军由卡扎菲的前参谋长、后来又在"倒卡"运动中发挥重要作用的哈利法·哈夫塔尔(Khalifa Haftar)

---

① 杨天沐:《无人机成"伊斯兰国"利器 各国加紧研制"克星"》,2017年2月28日,新华社,http://www.xinhuanet.com/world/2017-02/28/c_1120540830.htm,访问时间:2021年8月10日。

② Yaron Steinbuch, "Israeli jet shoots down 'suicide drone' launched from Gaza Strip," *New York Post*, May 13, 2021, https://nypost.com/2021/05/13/israeli-jet-shoots-down-suicide-drone-launched-from-gaza/; Seth J. Frantzman, "Iran's proxies in Iraq increase drone war against US forces," *the Jerusalem Post*, June 6, 2021, https://www.jpost.com/middle-east/irans-proxies-in-iraq-increase-drone-war-against-us-forces-670231#:~:text=US%20forces%20in%20Iraq%20face%20increasing%20drone%20threats,they%20have%20now%20been%20turned%20on%20the%20US,访问时间:2021年8月10日。

第六章　军用无人机的使用偏好及安全影响

将军领导，主要得到阿联酋、埃及、法国和俄罗斯等国的支持。民族团结政府则由法耶兹·萨拉杰（Fayez al-Sarraj）出任总理，支持者主要是土耳其、卡塔尔和意大利等国。①

随着内战的进行，国民军和民族团结政府分别得到了来自阿联酋和土耳其的军用无人机。② 在 2016 年就有统计称国民军能使用可能多达八架由阿联酋提供的"翼龙"-II 无人机。③ 2019 年，其中一架"翼龙"-II 无人机被摧毁，而另一架则在的黎波里附近被发现。④ 同年 5 月，民族团结政府也得到了土耳其提供的四架"拜拉克塔尔"-TB2 无人机，但其中三架在一个月之内被国民军摧毁。⑤ 由于这些无人机被击落，土耳其又提供了八架同类型无人机。此后国民军袭击机场，试图摧毁对方新到无人机及其配套设施，而土耳其则选择加大对民族团结政府的支持，继续交付了第三批无人机。⑥

自 2019 年开始，国民军与民族团结政府均加大了对无人机的使用力度，无人机屡屡出现在双方的空袭行动中。⑦ 据联合国统计显示，国民军及其附

---

① M. Ryan and S. Raghavan, "U.S. remains on the sidelines in Libya's conflict as Russia extends its reach," *The Washington Post*, July 20, 2020, https://www.washingtonpost.com/national-security/us-remains-on-the-sidelines-in-libyas-conflict-as-russia-extends-its-reach/2020/07/17/04be5100-bf90-11ea-864a-0dd31b9d6917_story.html，访问时间：2021 年 9 月 25 日。

② Richtsje Kurpershoek, Alejandra Muñoz Valdez and Wim Zwijnenburg, "Remote Horizons: Expanding use and proliferation of military drones in Africa," *PAX*, https://paxforpeace.nl/media/download/PAX_remote_horizons_FIN_lowres.pdf; S. Raghavan, "In Libya, cheap, powerful drones kill civilians and increasingly fuel the war," *The Washington Post*, December 22, 2019, https://www.washingtonpost.com/world/middle_east/libyas-conflict-increasingly-fought-by-cheap-powerful-drones/2019/12/21/a344b02c-14ea-11ea-bf81-ebe89f477d1e_story.html，访问时间：2021 年 10 月 18 日。

③ L. Majumdar Roy Choudhury et al, "Letter dated 29 November 2019 from the Panel of Experts on Libya established pursuant to resolution 1973 (2011) addressed to the President of the Security Council," United Nations Security Council, 2019, https://www.securitycouncil report.org/atf/cf/%7B65BFCF9B-6D27-4E9C-8CD3-CF6E4FF96FF9%7D/S_2019_914.pdf, p.288，访问时间：2021 年 9 月 10 日。

④ Majumdar Roy Choudhury et al., 2019, pp.34, 288.

⑤ 同 ④, pp.34-35.

⑥ 同 ④, p.38.

⑦ 同 ④, p.31.

属部队 2019 年发起了约 850 次无人机空袭。① 与此同时，民族团结政府也发起了 250 起空袭，虽然其中专门由无人机承担的具体次数不详。② 2020 年 1 月，俄罗斯和土耳其宣布推动停火进程，但利比亚内战双方战线往来拉锯，冲突并未停止。国民军与民族团结政府均宣称多次击落对方的无人机。直到同年 10 月，鉴于战场上的僵持局面同时迫于国际社会的压力，双方才签署所谓的"最终停火协议"。

纵观利比亚的"第二次内战"，双方整体空中力量对比大体呈现均势。国民军和民族团结政府空军的主力有人战斗机基本都是冷战时期由法国或苏联所生产，不仅性能落后且长期缺乏维护。③ 同时，双方都拥有较为先进的察打一体式无人机，但双方使用的无人机均数量有限且在性能上并不存在代差。比如，国民军使用的"翼龙"-II 无人机曾在局部对抗中几次压制民族团结政府使用的"拜拉克塔尔"-TB2，但在土耳其选择为民族团结政府提供更多军事支持，特别是加强了其防空系统后，"翼龙-II"在行动中面临的威胁明显升高，其之前短暂的战场主动权随即不复存在。因此，总体而言，并无一方获得真正的整体空中优势。

利比亚内战双方虽然均在某个时间段内利用无人机在战场上取得了一定的战果，成功给对方造成了有生力量的重大伤亡，但大多不过是抓住了敌方一时的弱点，在对手及时发现和弥补后很难继续取得压倒性的战绩。④ 所以，

---

① United Nations Security Council, 15 January 2020, "United Nations Support Mission in Libya Report of the Secretary-General," p.4-5, https://unsmil.unmissions.org/sites/default/files/sg_report_to_sc_15_january_2020_eng.pdf，访问时间：2021 年 9 月 10 日。
② W. Lacher, "Drones, deniability, and disinformation: Warfare in Libya and the new international disorder," *War on the Rocks*, March 3, 2020, https://warontherocks.com/2020/03/ drones-deniability-and-disinformation-warfare-in-libya-and-the-new-international-disorder/，访问时间：2021 年 10 月 30 日。
③ Alex Gatopoulos, "'Largest drone war in the world': How airpower saved Tripoli," *ALJAZEERA*, May 28, 2020, https://www.aljazeera.com/news/2020/5/28/largest-drone-war-in-the-world-how-airpower-saved-tripoli，访问时间：2021 年 10 月 17 日。
④ 民族团结政府声称，其在 2019 年下半年遭受的空袭损失中有三分之二源于无人机袭击，不过内战中双方的主要损失都还是来自地面战场。Franz-Stefan Gady, "Useful, but not decisive: UAVs in Libya's civil war," International Institute for strategic studies, November 22, 2019, https://www.iiss.org/blogs/analysis/2019/11/mide-uavs-in-libyas-civil-war/，访问时间：2021 年 9 月 10 日。

第六章 军用无人机的使用偏好及安全影响

无人机更多成为战局僵持中的易消耗品。可以想象,即使没有无人机,民族团结政府与国民军在获得其他先进武器后,一样会选择类似"添油战术"投入打击对方的行动中。无人机作为武器库选项中的一员,为双方提供了更多杀伤对手的战术选择和机会。但同时无人机系统也面临着较高的威胁,任务完成度和重复使用率都受到严重挑战,并不能从根本上影响冲突各方的军事战略决策。在这种类型的使用场景中,无人机可能会在一定程度上增加一场战争中单次行动交战的数量,如利比亚内战双方均主动尝试利用无人机发动攻击,但对冲突本身特别是其烈度很难产生决定性的影响。

五、结论

近年来,军用无人机的使用及影响吸引了越来越多学者的关注。在既有研究的基础上,本章基于"对抗阶段"及"空中优势归属"所形成的敌对双方状态,将军用无人机的使用分为四种主要类型,并通过考察无人机系统所受威胁程度高低以及无人机行动是否造成重大人员伤亡的作用机理,分析得出每种类型下攻防双方的选择偏好及其相应的安全影响(见图6-1)。

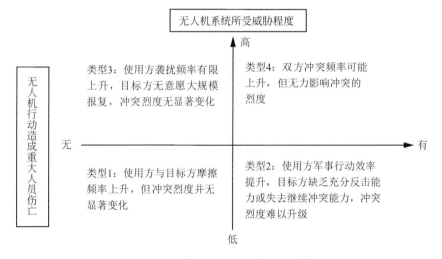

图6-1 军用无人机使用的安全影响

总体上看,当下军用无人机的使用所带来的安全影响表现为推动敌对双方较量冲突频次的增加,但单凭其自身难以造成冲突烈度的显著升级。在提出一般性的框架之外，本章还借助最近几年中东地区无人机使用的大量具体案例，使相关理论假设得到了验证。同时，传统上我国针对中东安全的研究大多数关注该地区冲突的原因、经过及其解决，对于冲突各方使用的具体技术手段及其影响着墨较少。对于全球"安全洼地"的中东地区而言，冲突以何种载体和方式进行，同样对区域秩序的整体发展演进有着不容忽视的影响，因此本章也在一定程度上填补了这一研究领域的缺失。

在理论层面之外，本研究也提供了相应的政策启示。对国家而言，在外部安全压力下，各国将更倾向于使用无人机进行侦察活动，也更有可能在对峙时选择有利时机，通过击落对方无人机进行威慑宣示。交战状态中，在技术条件允许的情况下，各国可能会选择密集使用无人机并及时补充战损。因此，若存在发生大规模直接交战的预期，各国将倾向大力引进、研发和生产军用无人机，故可能导致相应的军备竞赛。而如果是非对称性对抗的局面，有关国家一方面可能更加依赖无人机的侦察和打击效果，另一方面也将加大力度研发和部署反小型无人机技术和装备。特别值得注意的是，无人机的高效率吸引了许多政策制定者的关注，但如果因为军用无人机短期内的高效率而忽视长期的总体战略和政策规划，可能会导致更大的安全风险。而对于要与国家或政府对抗的非政府武装组织而言，在不断寻找目标对象新弱点的同时，无人机袭扰可能会演化为一种象征性的行动，以此彰显己方的军事力量和政治决心。同时，这些组织在面对无人机威胁时也将开发和实践更加隐蔽的活动方式，或者向其庇护方及其他国家寻求一定的反制无人机的技术支持。

当前学界不少有关无人机作用"非黑即白"的争论，本质上源于对其使用偏好及安全影响问题的泛化。和前人的研究相比，本章发现军用无人机的使用和影响具有不同类型或维度的特征，因此不能简单地判定军用无人机"有用"或"无用"或其使用会导致全球安全格局更加"稳定"或"不稳定"。同时，任何区域的安全趋势变化也不能单纯归因于某一技术兵器的使用。尽管无人机的使用愈发广泛，作用也十分明显，但中东地区冲突格局的变化并不仅仅来自无人机，所以应当避免"单一技术决定论"的神话。此外，还应特别关注中东的无人机的使用可能也受到本地区地缘政治关系转型在不同层面的影响。随着美国在中东的"收缩重组"（retrenchment）战略日益明确，其

第六章　军用无人机的使用偏好及安全影响

大规模介入地区事务的政治意愿大幅削弱，但仍然尝试以各种手段维持自身在中东地区的影响力，所以无人机可能成为美国维持某种形式存在感的重要手段。与此同时，中东的一些行为体及部分域外大国也注意到了无人机的独特优势，意图通过使用和出售无人机来填充美国战略收缩所带来的部分影响力真空。在这一背景下，无人机比较契合多方当前在中东的战略需求，不失为各方青睐甚至偏爱的重要武器。无人机逐渐进入"常态运用"时代，从而推动中东的冲突范式由"常规模式"向"无人机模式"转变。[①] 所以长期来看，无人机的广泛使用是否会导致各方对其形成路径依赖，也是一个值得关注的问题。

鉴于无人机的扩散具有不可逆转性，未来中东国家极有可能在拥有更多无人机的同时掌握更先进的技术。对于我国而言，考虑到军用无人机对中东地区安全的复杂影响，作为在中东地区有着重要战略和经济利益的新兴大国，中国应该及早注意到相应的无人机治理规范问题。同时，正如本章所述，在当前技术水平下无人机对中东安全产生了类似于"高频低烈"的影响。但如果其技术进一步发展，比如在集群协同作战或是重装化等关键技术领域取得突破，那么无人机可能会在更大范围内发挥更重要的作用。正如习近平总书记指出："要加强无人作战研究，加强无人机专业建设，加强实战化教育训练，加快培养无人机运用和指挥人才。"[②] 因此，我国需要全方位地重视世界各国军用无人机技术的实际使用特征和可能发展路线，以及相关市场的广阔前景。

最后，鉴于无人作战系统特别是军用无人机所具有的重要影响和巨大潜力，未来相关学术研究还有多个可供深入挖掘与拓展延伸的方向：第一，考察当前主要无人机产品技术路线，同时更加细致地对案例中的决策过程进行分析比对，从而判断技术发展图谱中共性和差异所可能造成的现实影响；第二，探讨下一阶段科技进步带来的技术融合前景，包括无人机与有人机配合、

---

① 孙德刚：《从"旧格局"到"新中东"》，载《危局与新局：复旦国际战略报告2020》，复旦大学国际问题研究院，2021年，第70-76页；凌玉龙、成次敏：《频繁亮相，无人机进入"常态运用"时代》，载《解放军报》，2020年11月5日，第11版。
② 《习近平八一前夕视察空军航空大学时强调 深化改革创新 不断提高办学育人水平》，载《人民日报》，2020年7月24日，第1版。

人工智能为军用无人机赋能、使用包括网络武器在内的新手段反制无人机的可能性，以及其中所牵涉的能力、意愿与伦理之间的复杂关系；第三，在军用无人机的实际使用之外，更加广泛地讨论包括制造、装备、交易和输送等环节在内的无人机（不）扩散问题，特别是在无人机军备竞赛中外部力量的干预、代理人与庇护人互动等因素所可能产生的安全影响。

第七章
论网络胁迫成功的条件[*]

刘子夜

1832年，卡尔·冯·克劳塞维茨（Carl von Clausewitz）在《战争论》（*On War*）中写道："战争是政治通过另一种手段的延续。"[①] 战争的根本目的并非杀戮，而是迫使敌人屈服。近两百年后的今天，网络空间已成为继海洋、陆地、天空、太空后的"第五战场"。[②] 令人不安的是，全世界只有9个国家公开宣称拥有核武器，却有超过140个国家已经掌握或正在研发网络武器，其中近30个国家正式组建网络部队。[③] 此外，跨国犯罪集团、恐怖组织、黑客等非国家行为体同样具备不可小觑的网络攻击能力。"权力寓于环境"[④]，网络空间已成为国际权力寓居的新环境。网络武器能否像核武器那样强迫他国改变行为——网络胁迫能否成功？这是近年来国际关系研究者和政策制定者

---

[*] 本章首发于《国际政治科学》2020年第2期。
[①] Carl von Clausewitz, *On War*, trans. by Michael Howard and Peter Paret, Princeton: Princeton University Press, 1986, p.87.
[②] David C. Gompert and Martin Libicki, "Cyber Warfare and Sino-American Crisis Instability," *Survival*, Vol. 56, No. 4, 2014, p.18.
[③] Emilio Iasiello, "Is Cyber Deterrence an Illusory Course of Action?" *Journal of Strategic Security*, Vol. 7, No. 1, 2014, p.54.
[④] Joseph S. Nye Jr., "Cyber Power," paper delivered to Belfer Center for Science and International Affairs, sponsored by the Harvard Kennedy School, Cambridge, Massachusetts, May, 2010, p.1.

关心并激烈争论的议题之一。

一、网络胁迫的争论

传统胁迫理论认为，胁迫成功需要满足可信性（credibility）、保证（assurance）和成本收益核算（costs and returns account）三个条件。关于网络胁迫①能否成功，学界目前存在两种争论性观点：一种观点认为，网络胁迫难以满足胁迫成功的必要条件，因此无法发挥胁迫作用；另一种观点认为，网络胁迫在特殊条件下能够满足上述条件，从而取得成功。

本节将对上述观点进行梳理和回顾。

（一）可信性

传统胁迫理论认为，胁迫成功的第一个必要条件是可信性，即胁迫者有能力并且有决心实施胁迫②，劳伦斯·弗里德曼（Lawrence Freedman）将其称为胁迫"魔术般的原材料"（magic ingredient）③。

胁迫的可信性离不开胁迫能力。爱德华·劳勒（Edward Lawler）将"胁迫能力"定义为"胁迫者可能对被胁迫者造成最大伤害的程度"④。如果能力不足，无论决心多么坚定，胁迫都将失败。同核能力相比，网络胁迫能力的评估要困难得多。约瑟夫·奈（Joseph S. Nye Jr.）指出，网络武器无法像核武器那样估算其数量和当量。⑤有时，网络实力同国家实力并不一致，大国在占据更多网络资源的同时也更容易遭受网络攻击。⑥基尔·利伯（Keir

---

① 本章中的网络胁迫包括网络威慑和网络驱使，详见本章"网络胁迫的界定"一节。
② Vesna Danilovic, "The Sources of Threat Credibility in Extended Deterrence," *Journal of Conflict Resolution*, Vol. 46, No. 3, 2001, pp.341-369.
③ Lawrence Freedman, *The Evolution of Nuclear Strategy*, London: Macmillan, 1989, p.96.
④ Edward J. Lawler et al., "Coercive Capability in Conflict: A Test of Bilateral Deterrence Versus Conflict Spiral Theory," *Social Psychology Quarterly*, Vol. 51, No. 2, 1988, p.93.
⑤ Joseph S. Nye Jr., "Deterrence and Dissuasion in Cyberspace," *International Security*, Vol. 41, No. 3, 2017, p.61.
⑥ Joseph S. Nye Jr., "From Bombs to Bytes: Can Our Nuclear History Inform Our Cyber Future?" *Bulletin of the Atomic Scientists*, Vol. 69, No. 5, 2013, p.9.

Lieber)据此认为,准确衡量一国的网络实力在现阶段根本无法实现。① 艾丽卡·克雷默 – 姆布拉(Erika Kraemer-Mbula)提出,经验丰富且富有创造力的技术人员完全可以使用简易的电子信息设备发动复杂的网络攻击②,但人力资源难以得到客观量化。

有能力实施胁迫不等于有决心实施胁迫。乔纳森·默瑟(Jonathan Mercer)将"决心"(resolve)定义为"一国为实现其目标而甘愿承担战争风险的程度"③,决心越坚定,对战争成本的耐受力也就越强。不同于军事实力、经济实力等有形属性,决心无法被直接观察,被胁迫者很难判断胁迫究竟是虚张声势,还是毅然决然。④ 为解决这一困境,可以诉诸"昂贵信号"(costly signals)。

"昂贵信号"指作出特定行为或姿态的代价足够高昂,只有决心坚定的行为体才甘愿付出这样的代价。⑤ 詹姆斯·费伦(James Fearon)将释放昂贵信号的具体策略概括为"沉没成本"(sink costs)和"自缚双手"(tie hands)两种:"沉没成本"指国家首先实施代价高昂但不影响对抗结果的行为,如军队调动、军事演习等,只有决心坚定的国家才不惜预支成本;"自缚双手"指领导人公开发出威胁,如果未来承诺无法兑现,领导人的威望将严重受损。尽管这两种策略的属性不同,"沉没成本"属于"事前"(ex-ante)成本,"自缚双手"属于"事后"(ex-post)成本,二者都是为了影响或操纵对于决心的心理感知。⑥

然而,"昂贵信号"在互联网领域缺乏有效性和可行性。首先,"自缚双手"

---

① Keir Lieber, "The Offense-Defense Balance and Cyber Warfare," in Emily Goldman and John Arquilla eds, *Cyber Analogies*, California: Naval Postgraduate School, 2014, p.103.
② Erika Kraemer-Mbula et al., "The Cybercrime Ecosystem: Online Innovation in the Shadows?" *Technological Forecasting and Social Change*, Vol. 80, No. 3, 2013, p.548.
③ Jonathan Mercer, *Reputation and International Politics*, New York: Cornell University Press, 1996, p.1.
④ Joshua D. Kertzer, *Resolve in International Politics*, Princeton: Princeton University Press, 2016, pp.148-149.
⑤ James D. Fearon, "Signaling Foreign Policy Interests: Tying Hands Versus Sinking Costs," *Journal of Conflict Resolution*, Vol. 41, No. 1, 1997, p.69.
⑥ Keren Yarhi-Milo et al., "Tying Hands, Sinking Costs, and Leader Attributes," *Journal of Conflict Resolution,* Vol. 62, No. 10, 2018, pp.21-53.

策略并不可行。埃里克·加兹克（Erik Gartzke）认为，网络武器"使用则能力减损"（use and lose capabilities）[①]，公开发出网络威胁会让对方有所防备，影响胁迫效果。何奇松也指出，网络武器一旦展示，对手就有了破解机会。[②]其次，"沉没成本"策略容易造成误判。艾丽卡·博尔加德（Erica Borghard）和肖恩·洛纳根（Shawn Lonergan）认为，运用不同技术发动网络攻击，其实施成本差异巨大。[③]胁迫者可以通过预先发动网络攻击向对方展示决心，攻击成本越高，决心越大。可问题在于，攻击者只能运用已经掌握的技术手段发动网络攻击，已掌握的技术手段不等于理想的技术手段。换言之，低成本的网络攻击并不一定意味着决心不坚定，这也可能是攻击者在特定时期内唯一的技术选择。

也有学者认为，网络胁迫在特殊条件下具备可信性。帕特里克·摩根（Patrick Morgan）根据以色列对哈马斯和黎巴嫩真主党的胁迫策略提出，在一段时间内对同一目标反复发动网络攻击可以提升"沉没成本"，从而增强网络胁迫的可信性。[④]但摩根忽视了一点，反复发动网络攻击容易引起目标警觉，一旦目标采取应对措施修补相关漏洞，将对后续胁迫有恃无恐。

（二）保证

胁迫成功的第二个必要条件是"保证"[⑤]，胁迫者必须承诺不再伤害屈服者。"保证"这一概念最早由托马斯·谢林（Thomas Schelling）提出，"'再向前走一步我就开枪了'，其隐含的保证是'如果现在停下脚步，我将不会开枪'"。[⑥]作为胁迫的补偿策略，"保证"对胁迫而言至关重要。理查德·勒博

[①] Erik Gartzke, "The Myth of Cyberwar: Bringing War in Cyberspace Back Down to Earth," *International Security*, Vol. 38, No. 2, 2013, p.60.
[②] 何奇松：《美国网络威慑理论之争》，载《国际政治研究》，2013年第2期，第60页。
[③] Erica D. Borghard and Shawn W. Lonergan, "The Logic of Coercion in Cyberspace," *Security Studies*, Vol. 26, No. 3, 2017, pp.452-481.
[④] Patrick M. Morgan, "Applicability of Traditional Deterrence Concepts and Theory to the Cyber Realm," National Research Council eds., *Proceedings of a Workshop on Deterring Cyberattacks: Informing Strategies and Developing Options for US Policy*, Washington, D.C.: National Academies Press, 2010, p.56.
[⑤] 有时也被称作"再保证"（reassurance）。
[⑥] Thomas C. Schelling, *Arms and Influence*, New Haven: Yale University Press, 1966, p.74.

（Richard Lebow）认为,"保证"并非来自公开威胁,而是胁迫者对威胁的一种自我克制,旨在降低被胁迫者的恐惧和误解,避免冲突升级为战争。[1]然而,"保证"在互联网领域难以奏效。

首先,网络武器的易传播性和不可控性不利于胁迫者自我克制。何奇松指出,防止核扩散的关键在于限制核材料扩散,但网络武器的构成材料是字节（byte）,不可能像核材料那样得到有效控制。[2]约书亚·莱德伯格（Joshua Lederberg）将网络武器类比为生物武器[3],二者同属于非传统武器,二者的杀伤力都不容轻视,二者都有可能违背使用者本意而发生大规模扩散。网络武器的易传播性和不可控性很难使被胁迫者相信,自己屈服后能免遭伤害。尤其当被胁迫者的网络实力弱于胁迫者时,盲目相信胁迫者的保证无异于自杀。

其次,网络攻击同传统军事行为相比更具隐蔽性,胁迫者的进攻优势使其不具备信守承诺的动机。约翰·罗林斯（John Rollins）和科雷·威尔逊（Clay Wilson）发现,网络攻击的受害者经常误认为自己没有遭受攻击,正如"月光迷宫"（Moonlight Maze）和"骤雨"（Titan Rain）行动在事后数月才被受害者察觉。[4]史蒂芬·毕德尔（Stephen Biddle）根据攻防理论推断,"网络空间中攻击占优"。[5]网络攻击的多样性、分散性和机动性得益于网络的"互联"属性,网络防御反而需要阻断"互联",这与信息技术的根本属性相违背。发动攻击要比停止或限制攻击容易得多,因此胁迫者根本没有信守承诺的动机。

最后,威尔·古德曼（Will Goodman）认为国际法和国际规范对网络行为尚不具备实质性的约束力。[6]正如郎平所言,"国际社会对于网络空间的治

---

[1] Richard Ned Lebow, "Deterrence and Reassurance: Lessons from the Cold War," *Global Dialogue*, Vol. 3, No. 4, 2001, p.119.
[2] 何奇松：《美国网络威慑理论之争》,载《国际政治研究》,2013年第2期,第61页。
[3] Joshua Lederberg, *Biological Weapons: Limiting the Threat*, Cambridge: MIT Press, 1999, p.351.
[4] John Rollins and Clay Wilson, *Terrorist Capabilities for Cyberattack: Overview and Policy Issue*, Washington, D.C.: Congressional Research Service, 2007, p.14.
[5] Stephen Biddle, "Rebuilding the Foundations of Offense-Defense Theory," *The Journal of Politics*, Vol. 63, No. 3, 2001, pp.741-774.
[6] Will Goodman, "Cyber Deterrence: Tougher in Theory than in Practice?" *Strategic Studies Quarterly*, Vol. 4, No. 3, 2010, p.120.

理正处于学习阶段"①，至今尚未建立起完善可行的网络规范和安全机制，这使网络胁迫者作出"保证"难上加难。

不过也有学者认为，网络胁迫者能够提供保证。其一，网络攻击的高门槛有助于胁迫者自我克制。沈逸和江天骄认为，实施能够危害国家安全的网络攻击，其难度远比预想得要高。②破坏数据甚至造成物理损害的网络攻击在实施难度上远高于侦查、干扰和窃取信息的网络攻击，这使胁迫者不会轻易发动大规模网络攻击。但两位学者忽视了一点，能够破坏数据甚至造成物理伤害的网络攻击离不开侦查、干扰和情报搜集，这两种网络攻击类型在实践中很难明确区分。

其二，网络攻击中进攻并不总是占优，当防御占优时，胁迫者更有可能信守承诺。埃里克·加兹克和乔恩·林赛（Jon Lindsay）的研究显示，网络领域的攻防具有"确保相互欺骗"（mutually assured deception）的特征，攻击者可以伪造身份，防止事后追责和报复；防御者也可以故意设置诱饵或散布虚假信息，引攻击者误入歧途。可见，当面对低风险、低收益的目标时，攻击占优；当面对高风险、高收益的目标时，防御占优。③有时，胁迫者并非不想伤害屈服者，而是不能继续施加伤害。加兹克和林赛误把"欺骗"当作网络攻防的固有属性，虽然网络空间具有虚拟性，但不是所有的信息和数据都可以伪造，况且攻击者和防御者同样具备识别真伪的能力。

（三）成本收益核算

胁迫成功的第三个必要条件是"成本收益核算"，只有当被胁迫者的抵抗成本高于屈服成本或抵抗收益低于屈服收益时，胁迫才有可能成功。④克里斯托弗·怀特（Christopher Whyte）将网络胁迫的实施策略分为"网络惩罚"

---

① 郎平：《网络空间国际秩序的形成机制》，载《国际政治科学》，2018年第1期，第28页。
② 沈逸、江天骄：《网络空间的攻防平衡与网络威慑的构建》，载《世界经济与政治》，2018年第2期，第55页。
③ Erik Gartzke and Jon R. Lindsay, "Weaving Tangled Webs: Offense, Defense, and Deception in Cyberspace," *Security Studies*, Vol. 24, No. 2, 2015, pp.343-345.
④ Robert Jervis, "The Political Effects of Nuclear Weapons: A Comment," *International Security*, Vol. 13, No. 2, 1988, pp.80-90.

(cyber punishment)和"网络拒止"(cyber denial)两类：前者旨在增加被胁迫者的抵抗成本，后者旨在降低被胁迫者的抵抗收益。① 这两种策略既可以针对民用目标，也可以针对军事目标，但本质上都是通过操纵对方对成本收益的心理感知来改变其行为。

但"网络惩罚"和"网络拒止"在实践中很难奏效。托马斯·里德(Thomas Rid)指出，"历史上没有一次网络攻击曾剥夺人类生命；没有一次网络攻击曾造成人身伤害；没有一次网络攻击曾摧毁过哪怕一座建筑物"②。网络攻击不能直接造成人员伤亡，这使"网络惩罚"无法让被胁迫者付出难以承受的抵抗成本。此外，网络攻击所造成的伤害通常是暂时的，"网络拒止"不能有效降低抵抗收益。罗杰·巴纳特(Roger Barnett)认为，数字信息可以无限复制，即使重要数据被恶意删除，也可以通过备份找回。③

也有学者对此持反对意见。艾丽卡·博尔加德(Erica Borghard)和肖恩·隆尔根(Shawn Lonergan)认为，胁迫者与被胁迫者都需要进行成本收益核算，胁迫者希望以最小代价获得最大收益。④ 相较于传统胁迫手段，网络胁迫廉价、迅速、便捷的特征使其成为决策者钟爱的选项，但他们未能改变网络胁迫"惩罚"和"拒止"能力不足的本质。

托马斯·杜本德弗(Thomas Dubendorfer)、阿诺·瓦格纳(Arno Wagner)等学者认为，网络攻击可以给目标带来巨额经济损失。特拉维斯·夏普(Travis Sharp)在此基础上构建出经济和领导力模型，认为网络胁迫带来经济损失的同时还会动摇目标的领导力，从而达到胁迫目的。⑤ 但夏普的观点不仅与事实不符，也未能揭示胁迫成功的内在机制。

---

① Christopher Whyte, "Ending Cyber Coercion: Computer Network Attack, Exploitation and the Case of North Korea," *Comparative Strategy*, Vol. 35, No. 2, 2016, p.96.
② Thomas Rid, "Cyber War Will Not Take Place," *Journal of strategic studies*, Vol. 35, No. 1, 2012, p.11.
③ Roger W. Barnett, "Information Operations, Deterrence, and the Use of Force," *Naval War College Review*, Vol. 51, No. 2, 1998, p.11.
④ Erica D. Borghard and Shawn W. Lonergan, "The Logic of Coercion in Cyberspace," *Security Studies*, Vol. 26, No. 3, 2017, pp.460-461.
⑤ Travis Sharp, "Theorizing Cyber Coercion: The 2014 North Korean Operation Against Sony," *Journal of Strategic Studies*, Vol. 40, No. 7, 2017, pp.898-926.

(四)待解决的问题

综上,支持上述传统胁迫理论的意见经不起推敲和事实检验;反对者的意见可以解释网络胁迫为何失败,但无法解释网络胁迫为何成功。具体而言,网络胁迫的相关研究存在以下四点不足。

第一,概念界定不一致。一部分学者严格区分"胁迫"(coercion)和"威慑"(deterrence),认为前者旨在改变现状,后者旨在维持现状。另一部分学者坚信,胁迫包含驱使(compellence)[1]和威慑,前者强迫对方去做某事,后者强迫对方不要做某事。作为胁迫的两种表现形式,驱使和威慑犹如硬币的正反两面,其共性远大于个性。概念模糊导致相关研究自说自话,研究结论相互矛盾。

第二,研究领域过于宽泛。核威慑研究只针对核武器,网络胁迫研究则反其道而行之。这里的"网络"泛指整个互联网领域,研究对象为该领域中的所有胁迫行为,这无疑削弱了研究的针对性和说服力。

第三,胁迫成功的判定标准不统一。一部分学者将胁迫结果两分为"成功"与"失败",此举完全排除了胁迫部分成功的可能性。另一些学者将胁迫结果视作一个渐变"光谱",胁迫"成功"或"失败"的程度取决于胁迫者要求被满足的程度。判定标准不统一造成一个研究中的成功案例在另一个研究中反而被当作失败案例。有的判定标准过于严格造成没有成功案例可用,致使研究假设无法进行实证检验。

第四,局限于"国家中心论"。受冷战思维影响,传统胁迫理论以国家为中心,网络胁迫研究继承了这一特色,将国家(尤其是美国)的网络胁迫行为作为主要研究对象,这一点在国内学者的研究中尤为突出。不同于冷战时期的国际环境,互联网领域呈现出新特征:一方面,国家无法垄断网络空间的控制权;另一方面,商业实体、IT创业者、非营利组织等非国家行为体的影响力日益凸显。"国家中心论"不免以偏概全,网络胁迫研究至今尚未建立起同时适用于国家和非国家行为体的理论框架。

---

[1] "compellence"应该翻译成"驱使",参见李彬:《中美对"核威慑"理解的差异》,载《世界经济与政治》,2014年第2期,第8页。

二、网络胁迫的界定

冷战的兴起、发展与消亡助推了胁迫理论的发展，20世纪40年代末的学者及政策制定者在随后40年间将目光聚焦在威慑上，苏联解体则使他们的关注点开始从威慑转向胁迫。[1] 早在1966年，谢林就对胁迫的两种表现形式——威慑和驱使进行了区分，前者"诱导对方不作为"，后者"强迫对方行动"。[2] 美、苏核力量势均力敌后，威慑研究迈入"黄金时代"，包括罗伯特·杰维斯（Robert Jervis）、巴里·布赞（Barry Buzan）、格伦·斯奈德（Glenn Snyder）和伯纳德·布罗迪（Bernard Brodie）在内的一批学者主张，威慑不应作为胁迫的子类，而是与胁迫并列的概念，或至少是胁迫的主要表现形式。[3] 直到20世纪90年代后期，亚历山大·乔治（Alexander George）、威廉·西蒙斯（William Simons）和劳伦斯·弗里德曼（Lawrence Freedman）才主张给予驱使应有的重视。[4]

苏联解体后，核武器在对外政策中的效用日益降低，学界开始逐渐意识到威慑同驱使之间存在共性。保罗·劳伦（Paul Lauren）指出，威慑和驱使都要利用威胁（threats），其目的并非在物理上伤害对方，而是谋求影响对方的意志。[5] 因此威慑者和驱使者必须要让对方相信自己"有决心和能力对对方关切的事物施以巨大伤害"。[6] 无论是威慑还是驱使，本质上都是操纵对方对于抵抗风险的感知，从而影响对方行为。这样一来，威慑和驱使便基于相

---

[1] Maria Sperandei, "Bridging Deterrence and Compellence: An Alternative Approach to the Study of Coercive Diplomacy," *International Studies Review*, Vol. 8, No. 2, 2006, p.253.

[2] Thomas C. Schelling, *Arms and Influence*, New Haven: Yale University Press, 1966, p.175.

[3] 参见 Robert Jervis, "Deterrence Theory Revisited," *World Politics*, Vol. 31, No. 2, 1979, pp.289-324. Barry Buzan, *An Introduction to Strategic Studies: Military Technology and International Relations*, UK: Macmillan Press, 1987; Glenn H. Snyder, "Deterrence and Power," *Journal of Conflict Resolution*, Vol. 4, No. 2, 1960, pp.163-178. Bernard Brodie, *The Absolute Weapon*, New York: Harcourt Brace, 1946.

[4] 参见 Alexander L. George and William E. Simons, *The Limits of Coercive Diplomacy: Laos, Cuba, Vietnam*, Boston: Little Brown, 1971; Lawrence Freedman, *Strategic Coercion: Concepts and Cases*, Oxford: Oxford University Press, 1998.

[5][6] Paul Lauren, *Diplomacy: New Approaches in History, Theory, and Policy*, New York: Free Press, 1979, p.193.

同假定展开。

既然威慑和驱使是具有相同特征的理论，二者并列但根本对立的观点便开始动摇，有关具体案例归属问题的争论更是加剧了这一趋势。有时，威慑和驱使之间的差异会在实践中得到弥合。弗里德曼注意到，古巴导弹危机期间美国一边要求苏联立刻停止部署导弹（驱使），一边又警告苏联不要试图突破美国的海上封锁（威慑）。① 丹尼尔·拜曼（Daniel Byman）和马修·韦克斯曼（Matthew Waxman）发现，伊拉克出兵科威特后，美国的警告是威慑和驱使的综合体，不仅包括"不要入侵科威特"，还包括"从科威特撤军"。② 此外，大卫·鲍德温（David Baldwin）认为："从语义出发，任何威慑都可以用驱使术语表述；同理，任何驱使也可以用威慑术语表述。"③ "不要再向前走了"既可以理解成"停止当前行为"（驱使），也可以理解成"避免在未来采取行动"（威慑）。罗伯特·奥特（Robert Art）和帕特里克·克罗宁（Patrick Cronin）进一步指出，"现状"（status quo）在施动方和被动方的眼中是不同的，威慑者认为自己是在维持现状，却可能将目标方的回应视作改变现状。④

受此影响，网络胁迫存在两种竞争性定义。一种定义认为网络胁迫与网络威慑截然不同、根本对立，比如昆汀·霍奇森（Quentin Hodgson）将网络胁迫定义为"利用网络能力（cyber capabilities）驱使对手作出通常不希望作出的行动"。⑤ 另一种定义则认为网络胁迫包括网络威慑和网络驱使两种表现形式，比如克林顿·伍兹（Clinton Woods）就将网络胁迫定义成"通过网络武器，使用或威胁使用网络力量（cyber force）迫使对手采取特定行动或阻止对手

---

① Lawrence Freedman, *Deterrence*, Cambridge: Polity Press, 2004, p.111.
② Daniel Byman and Matthew C. Waxman, *Confronting Iraq: US policy and the Use of Force Since the Gulf War*, California: Rand Corporation, 2000, pp.5-12.
③ David A. Baldwin, "Power Analysis and World Politics: New Trends Versus Old Tendencies," *World Politics*, Vol. 31, No. 2, 1979, p.192.
④ Robert J. Art and Patrick M. Cronin, *The United States and Coercive Diplomacy*, Washington: US Institute of Peace Press, 2003, p.4.
⑤ Quentin E. Hodgson, "Understanding and Countering Cyber Coercion," paper delivered to 10th International Conference on Cyber Conflict, Tallinn, May 29-June 1, 2018, p.73.

采取行动"。① 然而，这两种定义方式均存在缺陷：一方面，参与网络胁迫的行为体并不明确，行为体究竟是国家，还是非国家，抑或二者兼而有之，上述定义没有说明；另一方面，网络胁迫涉及的其他概念诸如"网络能力"和"网络力量"同样是模糊的。更为重要的是，上述定义没有给出胁迫成功的可操作性判断标准。

事实上，网络胁迫的目的既包括阻止对手作出某种行为，也包括强迫对手采取特定行动，所涉及的行为体不仅有国家，还有跨国公司、黑客组织、个人等非国家行为体。威慑和驱使正如硬币的正反两面，我们不能只关注其中一面，而忽视另一面。

为弥补上述缺陷和不足，本章对"网络胁迫"的定义如下：网络胁迫指胁迫者利用网络武器②强迫被胁迫者采取特定行为（网络驱使）或不要作出某种行为（网络威慑）。网络胁迫概念内涵的示意图见图7-1。这里的胁迫者和被胁迫者既可以是国家，也可以是非国家行为体。网络胁迫成功与否取决于胁迫者的要求被满足的程度：胁迫者的要求被满足的程度越高，胁迫结果就越倾向于"成功"；胁迫者的要求被满足的程度越低，胁迫结果则越倾向于"失败"。

值得注意的是，以下三种情况不属于网络胁迫。首先，网络胁迫不应与传统军事行动相结合，否则将难以追溯胁迫成功的具体原因。其次，网络胁迫本质上是利用威胁（threat）影响对方行为，因此网络间谍行为和盗窃行为不属于网络胁迫。最后，胁迫者的身份和意图必须明确，即被胁迫者必须知晓谁在胁迫以及为何胁迫。胁迫的根本目的是让被胁迫者按照胁迫者的要求行事。当胁迫者身份不明时，被胁迫者将失去反抗或屈服的对象，毕竟反抗或屈服无法作用于"无名氏"。另外，当胁迫者的意图不明时，被胁迫者难以按照胁迫者的要求改变自身行为，因为根本不知道哪种行为需要改变或改变到何种度。

---

① Clinton M. Woods, *Implementing Cyber Coercion*, Master's Thesis, Naval Postgraduate School, 2015, p.7.
② 网络武器指能够对目标信息系统、网络、计算机及电子信息设备软硬件进行操纵、禁止访问、扰乱、降级、破坏或窃取信息的恶意代码或程序。

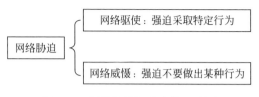

图 7-1 网络胁迫概念内涵示意图

三、网络胁迫的特殊性

网络胁迫具有特殊性。虽然胁迫是强迫对方违背自身意愿改变行为，但网络胁迫与核胁迫（包括核威慑和核驱使）在作用对象和适用范围上并不一致。核胁迫的作用对象通常是国家，主要目的是防止有核国家之间爆发直接战争或阻止有核国家间的冲突进一步升级。相较于核胁迫，网络胁迫的对象和适用范围要宽泛得多，从威胁娱乐公司不要上映侮辱领袖的电影到逼迫一国放弃核计划，网络胁迫作用的对象既可以是国家，也可以是跨国公司、新闻媒体、个人等非国家行为体。

造成上述差异的根本原因在于网络武器与核武器的属性存在本质区别。网络武器离不开传播方式（propagation method）、漏洞利用（vulnerability exploits）和有效负载（payload）三个构成要素。[1]传播方式指网络武器传递到特定目标的途径和方法；漏洞利用指网络武器的传播和生效需要借助目标系统或应用中的特定漏洞才能实现；有效负载指网络武器的设计目的，如删除数据、远程操控、破坏计算机硬件等。

网络武器拥有核武器所不具备的特殊属性。首先，网络武器的使用者可以选择是否主动揭露自己的身份，但核武器无法做到这一点。网络武器本质上是一段代码，理论上任何网络行为体都有可能获取并使用它。具备一定技术资质的使用者可以自行研发网络武器，技术实力较弱的使用者则可以修改已有代码从而创制出衍生性网络武器。网络武器获取和使用的低门槛能让使用者长期保持"匿名"，除非其威胁足够巨大，否则没有必要也无须耗费庞大

---

[1] Trey Herr, "PrEP: A Framework for Malware & Cyber Weapons," *Journal of Information Warfare*, Vol. 13, No. 1, 2014, pp.87-106.

资源对网络攻击溯源。但在特殊情况下，网络武器的使用者会主动放弃隐藏策略，通过暗示或明示的方式揭露身份，比如为了表达不满和抗议，攻击者往往选择明示身份。核武器则不同，其获取和使用的门槛很高。研发核武器不仅要有雄厚的工业基础和庞大的科研团队作为支撑，还要不断进行试验才有可能成功。即使破除万难拥有了核武器，"核禁忌"也使有核国家不敢轻易使用核武器。况且对弹道导弹进行追踪和定位可在短时间内确定攻击者的身份，核武器的使用者不可能"匿名"，自然不存在主动揭露身份一说。

其次，网络武器具有可订制性和隐蔽性，核武器则属于大规模杀伤性武器。可订制性指网络武器可以针对特定目标实施精确打击，比如"巫师行动"（Operation WizardOpium）所使用的恶意代码只对 78.0.3904.87 版本谷歌浏览器的 CVE-2019-13720 漏洞有效；[1] 隐蔽性一方面指网络武器的具体功能和效力隐蔽，另一方面指网络武器的使用隐蔽。单纯从代码本身很难判断网络武器的功能和作用，2012 年日本防卫省委托富士通公司（Fujitsu）研发一种可以发现受感染计算机并对其进行"清扫"的病毒[2]，即用来反病毒的"病毒"。该病毒满足一般计算机病毒的一切特征，但它的最终目的却是帮助日本政府抵御网络攻击。核武器的功能则毋庸赘言，核弹头当量和弹道导弹射程都可以进行较为准确的评估。另外，网络武器的使用可以避开公众视野，只有攻击者和被攻击者了解详情。核武器既无法用以实施精确打击，也无法对公众进行隐瞒，没有国家能够对特定目标秘密实施核打击。

再次，网络武器无法直接造成人员伤亡，核武器恰好相反。网络武器的作用对象是数字信息或电子设备，数字信息的可复制性使其即使遭受攻击，也可以在短时间内恢复正常，电子设备的损坏一般也不会对人身造成伤害。核武器对人员和基础设施的破坏则是永久且不可逆的，正如马丁·利比奇（Martin Libicki）所言："网络战最多让 GDP 跌落到 20 世纪 90 年代的水平，

---

[1] AMR and GReAT, "Chrome 0-Day Exploit CVE-2019-13720 Used in Operation Wizard Opium", *Kaspersky*, November 1, 2019, https://securelist.com/chrome-0-day-exploit-cve-2019-13720-used-in-operation-wizardopium/94866/, 访问时间：2019 年 11 月 9 日。

[2] Graham Cluley, "Why Japan's Search-and-Destroy Cyber Weapon Could Be a Very Bad Idea," *Naked Security*, January 3, 2012, https://nakedsecurity.sophos.com/2012/01/03/japan-cyber-weapon-bad/, 访问时间：2019 年 11 月 9 日。

核战争却可以让人类社会重返石器时代。"①

最后，网络武器可用于情报搜集，核武器则不具备这一功能。网络武器必须基于特定系统或软件漏洞才能生效，因此网络武器的研发离不开情报搜集，设计者需要充分了解目标计算机的硬件配置、软件版本、系统类型甚至特定用户的使用习惯。网络武器不仅可以对目标实施干扰和破坏，还可以窃取目标计算机或移动通信设备中的重要数据与信息。由以色列科技公司"NSO Group Technologies"开发的间谍软件"飞马座"（Pegasus）不仅可以窃取苹果或安卓手机中的短信、电子邮件、通讯录，实时监听通话，记录网页浏览历史和按键输入内容，还可以对手机录屏。②毫不夸张地说，一旦感染"飞马座"病毒，手机用户将没有隐私可言。

网络胁迫并未囊括互联网领域中的一切胁迫行为，而是专指利用网络武器实施的胁迫。由于武器构造及原理不同，网络武器与核武器在属性上存在巨大差异。网络武器的特殊性决定了网络胁迫的特殊性，网络胁迫成功所需要的具体条件应该也有别于核胁迫。

四、网络胁迫成功的条件

本章认为，能够损害决策者个人利益的网络胁迫最容易成功。此种情况下，胁迫成功的三个必要条件——可信性、保证和成本收益核算可以同时得到满足。首先，胁迫者可以暗示或明示自己的真实身份，从而树立声誉，此举有助于增强网络胁迫的可信性。其次，网络武器的可订制性和隐蔽性有利于胁迫者作出有效保证。最后，胁迫者利用网络武器搜集被胁迫方决策者的丑闻并以之相威胁，决策者为保全个人利益，不惜牺牲集体利益满足胁迫者的要求。

本节将对上述假设进行详述。

---

① Martin C. Libicki, "Cyberwar as a Confidence Game," *Strategic Studies Quarterly*, Vol. 5, No. 1, 2011, p.136.
② John Snow, "Pegasus: The Ultimate Spyware for IOS and Android", *Kaspersky*, April 11, 2017, https://www.kaspersky.com/blog/pegasus-spyware/14604/，访问时间：2019年11月9日。

（一）假设一：揭示身份有助于增强可信性

网络胁迫面临的首要难题是溯源（attribution）——"我们知道胁迫者是谁吗？"[1] 一方面，溯源有误可能导致被胁迫者向错误目标实施报复，树立新的敌人；另一方面，被胁迫者必须向第三方证明溯源的准确性和可靠性，以免牵连无辜。

溯源无效的根本原因在于网络攻击具有"匿名性"（anonymity），即单纯依靠技术手段很难确定攻击者的真实身份和确切位置。首先，IP地址（Internet Protocol Address，互联网协议地址）不足以证明攻击者的身份和地理位置，布尔伯特（W. Earl Boebert）指出："即使找到攻击所使用的计算机，我们又如何证明攻击发生时究竟是谁在敲击键盘呢？"[2] 况且，攻击者还可以采用一系列技术手段伪装或掩盖行踪，2008年2月28日，代码托管平台GitHub遭受持续8分钟的超大规模"分布式拒绝服务"（Distributed Denial of Service，DDoS）攻击，攻击峰值时数据流量高达每秒1.35TB。[3] 此次攻击通过缓存服务器（memcached servers）发动，全球这样的服务器超过10万台，调查人员很难从中找出攻击者的真身。其次，溯源找到的不一定是"主谋"，反倒有可能是"帮凶"。网络武器的获取门槛较低，国家和非国家行为体都可以研发和使用，约瑟夫·奈相信，这为利用代理人发动网络攻击创造了条件。[4] 董青岭和戴长征也认为，网络攻击"极易推卸责任或嫁祸第三方"。[5]

其实，"匿名性"并非网络武器的固有属性，而是一种可供选择的攻击策略。网络武器的使用者可以根据实际需要隐藏或揭示自己的身份。当网络

---

[1] Martin C. Libicki, *Cyberdeterrence and Cyberwar*, California: Rand Corporation, 2009, p.41.

[2] W. Earl Boebert, "A Survey of Challenges in Attribution," Proceedings of a Workshop on Deterring Cyberattacks: Informing Strategies and Developing Options for U.S. Policy, Washington, D.C.: National Academies Press, 2010, p.43.

[3] Lily Hay Newman, "GitHub Survived the Biggest DDoS Attack Ever Recorded", *WIRED*, March 1, 2018, https://www.wired.com/story/github-ddos-memcached/，访问时间：2019年9月20日。

[4] Joseph S. Nye Jr., "Deterrence and Dissuasion in Cyberspace," *International Security*, Vol. 41, No. 3, 2017, p.50.

[5] 董青岭、戴长征：《网络空间威慑：报复是否可行？》，载《世界经济与政治》，2012年第7期，第102页。

武器用于间谍活动或蓄意破坏时，攻击者通常隐藏身份。美国网络安全公司赛门铁克（Symantec）于2017年11月7日发布调查报告称，一个名叫"潮虫"（Sowbug）的黑客组织对巴西、秘鲁、阿根廷、厄瓜多尔的外交决策机构和外事部门发动网络攻击，专门搜集南美洲国家在东南亚地区的外交情报。①该组织最早从2015年5月起开始活跃，他们行事隐秘，经常在目标网络中潜伏，有时竟长达6个月之久。为避免引起注意，"潮虫"将恶意代码伪装成Windows或Adobe Reader的常用文件植入目标计算机，而不会对任何正常软件造成破坏。"潮虫"甚至从不在目标国家的正常工作时间窃取信息，尽可能降低暴露风险。根据攻击方式的技术难度，赛门铁克高度怀疑"潮虫"是一个准国家黑客组织，但其真实身份不得而知。该案例中，攻击者选择隐藏身份从事网络间谍活动。

当网络武器用于胁迫时，攻击者通常会主动暴露身份，具体手段有暗示和明示两种：暗示指胁迫者以第三方名义实施胁迫，但会在代码中故意留下诸如时区、组织机构名称、自然语言符号等线索暗示身份。有时，胁迫者还会重复使用目标已知的恶意代码揭示身份。②当然，攻击者绝不会公开承认自己与胁迫有关，这样做既可以表明身份，还可以逃避舆论谴责，摆脱道德束缚。

明示指胁迫者公开宣称对胁迫负责，此举可以赢得国内支持并积累声誉，威慑第三方。2017年9月22—30日，美军网络司令部（U.S. Army Cyber Command）对朝鲜人民军侦察总局（Reconnaissance General Bureau，RGB）发动分布式拒绝服务攻击，警告朝鲜终止针对美国政府、基础设施和私人公

---

① Symantec Security Response, "Sowbug: Cyber Espionage Group Targets South American and Southeast Asian Governments", *Symantec*, November 7, 2017, https://www.symantec.com/connect/blogs/sowbug-cyber-espionage-group-targets-south-american-and-southeast-asian-governments, 访问时间：2019年9月20日。
② "网络武器复用"指攻击者利用曾经使用过的网络武器发动攻击，从而达到暗示自己身份的目的。

司的网络活动。《华盛顿邮报》于 9 月 30 日专门就此事作出报道。① 有分析指出，特朗普政府出于国内政治考虑采取明示策略。在攻击发生五个星期前，特朗普签署总统令将网络司令部升级为联合作战司令部（Unified Combatant Command），此举有助于为当局居高不下的网络战预算增强合理性，并赢得国内民众支持②，同时向外界释放"美国无法忍受基础设施遭受网络攻击"的信号。

胁迫者可以暗示或明示自己的身份，为树立声誉创造条件。"树立声誉"指通过一国的历史行为判断其决心。③ 如果一国在历史上总是信守承诺，当该国发出威胁时，他国倾向于相信威胁；如果一国在过往危机中频繁退让，他国自然会怀疑其决心是否坚定。

互联网领域中，如果已知胁迫者曾发动过大规模网络攻击，其胁迫将更加可信。2010 年 9 月，印度软件公司艾普莱克斯（Aiplex Software）对民间反版权组织"海盗湾"（Pirate Bay）发动"分布式拒绝服务"（DDoS）攻击，此举引起黑客组织"匿名者"（Anonymous）的强烈不满。随后，"匿名者"采用相同方式回击艾普莱克斯公司，迫使公司网站关停 24 小时。④ 此举为"匿名者"树立了声誉，当威胁美国唱片工业协会和电影协会时，没人怀疑"匿名者"是在虚张声势。"匿名者"发出"你们伪装成艺术家，其实眼中只有金钱，我们已忍无可忍"⑤ 的宣言后，对上述机构发动网络攻击，这又为其日后的网

---

① Karen DeYoung, "Trump Signed Presidential Directive Ordering Actions to Pressure North Korea," *The Washington Post*, September 30, 2017, https://www.washingtonpost.com/world/national-security/trump-signed-presidential-directive-ordering-actions-to-pressure-north-korea/2017/09/30/97c6722a-a620-11e7-b14f-f41773cd5a14_story.html, 访问时间：2019 年 9 月 20 日。

② Kevin Townsendh, "U.S. Cyber Command Launched DDoS Attack Against North Korea: Report," *Security Week*, October 2, 2017, https://www.securityweek.com/us-cyber-command-launched-ddos-attack-against-north-korea-report, 访问时间：2019 年 9 月 20 日。

③ Alex Weisiger and Keren Yarhi-Milo, "Revisiting Reputation: How Past Actions Matter in International Politics," *International Organization*, Vol. 69, No. 2, 2015, p.474.

④ BBC News, "Activists Target Recording Industry Websites," *BBC*, September 20, 2010, https://www.bbc.com/news/technology-11371315, 访问时间：2019 年 9 月 20 日。

⑤ Alexia Tsotsis, "RIAA Goes Offline, Joins MPAA as Latest Victim of Successful DDoS Attacks," *TechCrunch*, September 19, 2010, https://techcrunch.com/2010/09/19/riaa-attack/, 访问时间：2019 年 9 月 20 日。

络活动树立了声誉。

如果在历史上曾利用网络武器窃取机密信息并"爆料",则胁迫者利用丑闻进行网络胁迫的能力和决心将更加可信。2013年6月,爱德华·斯诺登(Edward Snowden)披露"棱镜计划"(PRISM),指责美国国家安全局(NSA)从微软、雅虎、谷歌、脸谱等九家互联网公司的服务器上直接搜集用户隐私。[①]"棱镜计划"曝光后,没有国家和组织怀疑美国政府的网络情报搜集能力及其利用情报"狙击"特定目标的决心。

（二）假设二：可订制性和隐蔽性有利于有效保证

传统胁迫理论认为网络胁迫无法作出有效保证的主要原因在于网络武器的易传播性和不可控性。任何新式武器在问世之初,都会遭受质疑甚至引发恐慌,网络武器也不例外。早期的计算机病毒确实容易造成大规模"感染",这给公众留下一种刻板印象,即网络武器具有滥杀滥伤性。

实际上,网络武器同样可以用于实施精确打击。首先,网络武器能对目标发动有差别攻击。"震网"病毒曾在伊朗、印度、印度尼西亚和美国等国家被发现,但只对伊朗纳坦兹（Natanz）核设施中控制离心机运转的计算机有效,其余国家被感染设备中的病毒都处于"灭活"状态,这其实是设计者故意为之,以增强病毒靶向性。[②] 其次,设计者可以根据实际需要调整网络武器的破坏力和"杀伤"半径,避免造成过度伤害。"震网"病毒被设计成缓慢破坏离心机,而不是让所有离心机立刻瘫痪,以免引起伊朗警觉。

同普通网络攻击相比,网络胁迫的针对性更强。一方面,胁迫者、被胁迫者以及胁迫意图必须明确;另一方面,利用丑闻进行胁迫,只针对特定决策者或决策集团,这使网络胁迫的目标更加具体。因此,网络武器的"可订制性"使胁迫作出有效保证成为可能。

网络武器的另一个重要特征是隐蔽性,即网络武器的使用可以避开公众

[①] Timothy B. Lee, "Here's Everything We Know About PRISM to Date," *The Washington Post*, June 12, 2013, https://www.washingtonpost.com/news/wonk/wp/2013/06/12/heres-everything-we-know-about-prism-to-date/, 访问时间：2019年9月20日。

[②] Kim Zetter, *Countdown to Zero Day: Stuxnet and the Launch of the World's First Digital Weapon*, New York: Crown Publishers, 2014, pp.28-29.

视野。胁迫者可以让决策者知晓其丑闻已被掌握，但民众对此尚不知情。实际上，网络胁迫是一种"公开的秘密"（open secret）——其保密性是相对的，不同受众对网络胁迫的知晓程度不同。① 利用丑闻进行胁迫，丑闻对决策者而言是透明的，对胁迫方和被胁迫方的民众而言却是保密的。决策者不希望丑闻公开，胁迫者也不能让丑闻公开，因为公众介入会让胁迫双方为顾及"颜面"不得不采取强硬立场，致使胁迫失控，甚至升级为军事冲突。

观众成本理论认为，不仅胁迫者需要支付观众成本，被胁迫者同样也要付出观众成本。胁迫者公开发出威胁的同时也限制了被胁迫者，被胁迫者在国内民众的压力下不可能轻易屈服，否则将被视为"懦夫"。也就是说，公开化会让被胁迫者"无路可退"，只能抵抗到底，否则将付出高昂的国内观众成本。② 如果胁迫秘密进行，胁迫方和被胁迫方民众对此并不知情，这样做可以保全被胁迫者的颜面，即使被胁迫者屈服也可以借助其他理由为自己辩护，而不被视作"胆小鬼"，从而免除观众成本。

此外，被胁迫者基于自身利益考量，还会同胁迫者一起保守秘密，这被称作"心照不宣的合谋"（tacit collusion）③。1952—1953 年朝鲜战争期间，至少有 26 000 名苏联军人在中国东北和朝鲜北部执行作战任务。④ "为避免冲突升级为全面战争，莫斯科严令飞行员隐藏身份。"⑤ 美国早就知道苏军直接介入了朝鲜战争，令人惊奇的是，时任国务卿迪安·艾奇逊（Dean Acheson）的顾问竟然建议政府向公众隐瞒苏联参战的事实。时任美国司法部长兼总统顾问的赫伯特·布劳内尔（Herbert Brownell）告诉历史学家乔恩·哈利迪

---

① Rory Cormac and Richard J. Aldrich, "Grey Is the New Black: Covert Action and Implausible Deniability," *International Affairs*, Vol. 94, No. 3, 2018, p.478.
② Shuhei Kurizaki, "Efficient Secrecy: Public Versus Private Threats in Crisis Diplomacy," *American Political Science Review*, Vol. 101, No. 3, 2007, pp.543-558.
③ Austin Carson, "Facing Off and Saving Face: Covert Intervention and Escalation Management in the Korean War," *International Organization*, Vol. 70, No. 1, 2016, pp.105-106.
④ Kathryn Weathersby, "The Soviet Role in the Early Phase of the Korean War: New Documentary Evidence," *Journal of American-East Asiun Relations*, Vol. 2, No. 4, 1993, p.438.
⑤ Xiaoming Zhang, *Red Wings Over the Yalu: China, the Soviet Union, and the Air War in Korea*, Texas: A&M University Press, 2003, p.139.

（Jon Halliday）:"我们必须把它掩藏在地毯下，否则将面临对苏开战的巨大压力。"① 这一点同样适用于网络胁迫，为防止冲突升级，胁迫双方会达成默契，共同向公众隐瞒胁迫细节。

保证是否有效依赖于被胁迫者的心理感知，网络武器的可订制性和隐蔽性使被胁迫者相信胁迫者能够作出有效保证。在胁迫过程中，胁迫者可以避开公众视线，只让对方决策者知晓自己的丑闻已被掌握，并且保证在其屈服前不会预先曝光丑闻。由于公众对丑闻并不知情，被胁迫方的决策者可以向胁迫者私下妥协，并借助其他理由为自己开脱，这样做既满足了胁迫者的要求，还维护了被胁迫方决策者的个人利益，更保全了决策者的颜面，可谓"一石三鸟"。

（三）假设三：以丑闻相威胁可大幅提升抵抗成本

学界普遍认为，网络胁迫无法让被胁迫者付出高昂的抵抗成本，原因在于网络武器无法直接造成人员伤亡，对目标的破坏是暂时且可逆的。网络武器的直接作用对象是数字信息和电子设备，其目的是"破坏、拒绝访问、降级和干扰"。② 此外，数字信息的可复制性使其即使遭受攻击，也可以在短时间内恢复正常。

如此看来，网络攻击好比"拿刀去枪战"（like bringing a knife to a gun fight）③，很难让目标付出难以承受的抵抗成本。不过网络武器的一个重要功能是搜集情报，胁迫者可以运用网络武器窃取、挖掘有关被胁迫方决策者的丑闻并以之相威胁。如果决策者不屈服，丑闻将被公开，决策者的个人名誉和形象势必受损，严重者可能因此下台并失去决策权。此种情况下，决策者为维护自身利益，更倾向于屈服。

---

① William J. Williams, *A Revolutionary War: Korea and the Transformation of the Postwar World*, Pennsylvania: DIANE Publishing Co., 1993, p.154.
② *Military Cyber Operations: A Primer*, American Foreign Policy Council Defense Technology Program Brief, January 30, 2016.
③ Erik Gartzke, "Fear and War in Cyberspace," *Lawfare*, December 1, 2013, https://www.lawfareblog.com/foreign-policy-essay-erik-gartzke-fear-and-war-cyberspace, 访问时间：2019年9月20日。

第七章 论网络胁迫成功的条件

丑闻总是同"权力、名誉和信任"[1]有关，有时甚至会断送决策者的政治生命："水门事件"（Watergate）曝光两年后尼克松被迫下台[2]、里根因"伊朗门事件"（Iran-Contra affair）引发美国国内强烈不满[3]、克林顿因"拉链门"（Zippergate）性丑闻成为美国历史上第二位遭受众议院弹劾的总统[4]。现代政治注重政治人物的品格，丑闻不仅能让选民对深信不疑的"正直"人物产生怀疑，还会动摇民众对政治人物所属政治团体或政治制度的信心，这种负面印象一旦形成，会对民众的政治态度和政治行为产生深远影响，并且很难在短时间内改变。[5]

决策者巩固决策地位的关键在于获得并维持来自下级的信任，而丑闻则在很大程度上削弱甚至摧毁这种信任。反对者或政敌还可以利用丑闻攻击涉事者，为自己在政治斗争中增加筹码。丑闻一旦曝光，决策者一方面要承受自下而上的压力，另一方面还要遭受同僚的攻击和挤兑。双重压力下，决策者的执政地位很容易动摇，甚至彻底丧失决策权，这是任何决策者都不愿意看到的。

也就是说，网络武器搜集情报的特性使其可以直接威胁决策者的个人利益，从而放大决策者的抵抗成本，使决策者不惜牺牲集体利益来维护个人利益，向胁迫者作出妥协或让步，并按照胁迫者的要求重新作出决策。

值得注意的是，胁迫者必须提供录音、录像、照片、文件等证据，证明所获取丑闻的真实性。捏造信息或制造伪证不仅无助于胁迫成功，反而会授

---

[1] John B. Thompson, *Political Scandal: Power and Visibility in the Media Age*, New York: John Wiley & Sons, 2013, p.241.
[2] Michael Schudson, "Notes on Scandal and the Watergate Legacy," *American Behavioral Scientist*, Vol. 47, No. 9, 2004, p.1232.
[3] Richard A. Brody and Catherine R. Shapiro, "Policy Failure and Public Support: The Iran-Contra Affair and Public Assessment of President Reagan," *Political Behavior*, Vol. 11, No. 4, 1989, p.353.
[4] Arthur H. Miller, "Sex, Politics, and Public Opinion: What Political Scientists Really Learned from the Clinton-Lewinsky Scandal," *Political Science & Politics*, Vol. 32, No. 4, 1999, p.721.
[5] Norbert Schwarz and Herbert Bless, "Scandals and the Public's Trust in Politicians: Assimilation and Contrast Effects," *Personality and Social Psychology Bulletin*, Vol. 18, No. 5, 1992, p.577.

人以柄，为被胁迫者进行反击提供口实和帮助。

五、案例检验

本节选用五个案例验证上述假设，详见表7-1。案例一为"和平卫士"威慑索尼公司，属于非国家行为体对非国家行为体的网络胁迫行为，取得部分成功；案例二为美国威慑俄罗斯，属于国家间的网络胁迫行为，取得完全成功；案例三是"维基解密"驱使英国托克集团和英国最高法院，属于非国家行为体之间及非国家行为体对国家的网络胁迫行为，取得完全成功；案例四是美军网络司令部威慑朝鲜人民军侦察总局，属于国家间的网络胁迫行为，完全失败；案例五为俄罗斯驱使爱沙尼亚政府，属于国家间的网络胁迫行为，完全失败。

表7-1 案例分类

胁迫类型	胁迫成功要件			胁迫者	被胁迫者	胁迫者类型	被胁迫者类型	胁迫结果
	可信性	保证	成本收益核算					
网络威慑	满足	不满足	满足	"和平卫士"	索尼公司	非国家行为体	非国家行为体	部分成功
网络威慑	满足	满足	满足	美国	俄罗斯	国家	国家	完全成功
网络驱使	满足	满足	满足	"维基解密"	托克集团、英国最高法院	非国家行为体	非国家行为体、国家	完全成功
网络威慑	不满足	不满足	不满足	美国	朝鲜	国家	国家	完全失败
网络驱使	不满足	不满足	不满足	来自俄罗斯的黑客组织	爱沙尼亚	非国家行为体	国家	完全失败

资料来源：笔者自制。

（一）案例一："和平卫士"威慑索尼公司

2014年11—12月，美国索尼电影娱乐公司（以下简称"索尼公司"）

遭到网络攻击，被威胁其不得上映讽刺朝鲜政治的喜剧电影《采访》(The Interview)。最终，索尼公司被迫推迟上映时间。2014年6月11日，《采访》预告片在YouTube上播出。6月27日，时任朝鲜常驻联合国代表慈成男（Ja Song-nam）致信时任联合国秘书长潘基文表达强烈不满和抗议。① 然而，索尼公司不顾朝方反对，将电影定档于圣诞节公映。

11月24日，索尼公司员工的计算机屏幕上突然弹出一张恐怖图片，图片中一具血色骷髅威胁道：如果自己的要求得不到满足，公司内部数据将被公布于众，攻击者署名为"和平卫士"(Guardians of Peace，GOP)。② 照片并未透露攻击者的具体要求，此时距离"感恩节"假期还有三天。

12月10日起，索尼公司高管间的内部通信邮件陆续泄露，多名高管深陷丑闻风波。首先，总监艾米·帕斯卡尔（Amy Pascal）和制片人斯科特·鲁丁（Scott Rudin）在内部会议上发表涉及总统奥巴马的种族歧视言论。③ 其次，帕斯卡尔在接受《纽约时报》专栏作家茉润·道得（Maureen Dowd）采访时表示"白人中年男性在奥斯卡评委会和业界顶尖人物中占据主流"。④ 帕斯卡尔还抱怨自己遭受性别歧视，至今仍然依靠"微薄"薪水度日。但泄露的工资单据显示，帕斯卡尔的薪金同首席执行官迈克尔·林盾（Michael Lynton）持平，达到公司最高薪资水平。显然，帕斯卡尔在薪水一事上撒了谎。令人惊讶的是，道得利用职务之便向帕斯卡尔的丈夫提前展示了《纽约时报》样刊，并表示专访绝对有利于塑造帕斯卡尔的公众形象。最后，女员工实名举报经

---

① *Letter Dated 27 June 2014 from the Permanent Representative of the Democratic People's Republic of Korea to the United Nations Addressed to the Secretary-General*, UN General Assembly Security Council, June 27, 2014.
② Paul Ducklin, "Sony Pictures Breached – Or Was It?" *Naked Security*, November 24, 2014, https://imgur.com/qXNgFVz, 访问时间：2019年10月15日。
③ Matthew Zeitlin, "Scott Rudin on Obama's Favorite Movies: 'I Bet He Likes Kevin Hart'," *BuzzFeed News*, December 10, 2014, https://www.buzzfeednews.com/article/matthewzeitlin/scott-rudin-on-obama-i-bet-he-likes-kevin-hart, 访问时间：2019年10月15日。
④ Matthew Zeitlin, "Leaked Emails Suggest Maureen Dowd Promised to Show Sony Exec's Husband Column Before Publication," *BuzzFeed News*, December 12, 2014, https://www.buzzfeednews.com/article/matthewzeitlin/leaked-emails-reveal-maureen-dowd-promised-to-sony-execs-hus, 访问时间：2019年10月15日。

理基思·勒·戈伊（Keith Le Goy）长期对其性骚扰的信件也被曝光。① 上述丑闻使索尼公司精心营造的公共形象轰然倒塌，公司陷入空前的信任危机。

12月16日，"和平卫士"明确要求索尼公司下架电影《采访》。17日，索尼公司同意院线推迟放映该电影②。19日，美国联邦调查局正式认定，朝鲜实施了此次网络攻击，攻击所用的恶意代码和加密算法与2013年朝鲜所使用的攻击工具相同。③ 但朝鲜官方多次否认与此次网络攻击案有关。美国总统奥巴马发表公开讲话称"我们将在适当时间和地点采取适当方式进行对等回应"④。2015年1月2日，美国宣布对朝鲜境内的3家机构和10名个人实施制裁。⑤

该案例中，胁迫者为"和平卫士"，被胁迫者为索尼公司，胁迫意图为停止上映电影《采访》。首先，"和平卫士"采用恶意代码复用的方式暗示身份，借此逃避道德谴责和舆论压力。在该事件中，"和平卫士"分批公布内部文件，使索尼公司相信其有能力获取可能动摇公司领导层的丑闻并利用其进行胁迫的决心，胁迫具有可信性，假设一得到满足。其次，11月25日至12月1日，索尼公司3262台计算机和1555台服务器上的数据被恶意删除，4部未上映电影的原版拷贝被制作成P2P种子供全网免费下载，15 232名员工的社保号遭到泄露，尽管如此索尼公司仍未屈服。直到高层管理人员的丑闻被曝光后，索尼公司才决定推迟上映电影，丑闻是压倒索尼公司的"最后一根稻草"，假设三得到满足。最后，电影虽然推迟上映，但最终还是以付费在线点播的方式同观众见面。也就是说，索尼公司并未完全满足胁迫者的要求，《采访》只

---

① Sam Biddle, "Leaked Email Alleges Racism and Sexual Harassment Horror at Sony," *Gawker*, December 12, 2014, https://gawker.com/leaked-email-alleges-racism-and-sexual-harassment-horro-1670318085, 访问时间：2019年10月15日。

② Linda Ge, "Sony Hack: NATO Says Theaters 'May Delay' 'Interview' Release," *The Wrap*, December 17, 2014, https://www.thewrap.com/sony-hack-nato-says-theaters-may-delay-interview-release/, 访问时间：2019年10月15日。

③ "Update on Sony Investigation," FBI National Press Office, December 19, 2014.

④ "Remarks by the President in Year-End Press Conference," The White House, December 19, 2014.

⑤ BBC News, "Sony Cyber-Attack: North Korea Faces New US Sanctions," *BBC*, January 3, 2015, https://www.bbc.com/news/world-us-canada-30661973, 访问时间：2019年10月15日。

第七章　论网络胁迫成功的条件

是推迟上映，并未取消上映，此次胁迫只获得部分成功。究其原因在于假设二没有得到满足，即"和平卫士"未能提供有效保证。在索尼公司屈服前曝光了丑闻，这导致公司名誉和形象受损已成既定事实，屈服与否都无法挽回损失。可见，在利用丑闻进行网络胁迫的情况下，当胁迫者无法作出有效保证时，即使其他条件得到满足，网络胁迫也只能取得部分成功。

（二）案例二：美国威慑俄罗斯

2016年3月中旬起，俄罗斯联邦武装力量总参谋部情报总局（Главное управление Генерального штаба Вооружённых Сил Российской Федерации）向美国民主党国会竞选委员会、民主党全国委员会、希拉里竞选团队雇员和志愿者发动了一系列网络攻击，其中包括入侵竞选委员会主席约翰·波德斯塔（John Podesta）的电子邮箱。俄方共获取包括民主党内部竞选文件、筹款数据、民调结果及通信邮件在内的约70GB敏感信息。[1]经过精心筛选和编辑，俄方借助"DCLeaks"和"Guccifer 2.0"两个网站在特定时间散播上述信息，以达到抹黑希拉里个人形象的目的。

与此同时，俄罗斯互联网研究机构（Internet Research Agency，IRA）开始在社交网站上大肆进行"反希拉里"宣传。在脸谱网站上，俄罗斯互联网研究机构以保守团体、黑人维权组织和宗教团体的名义创建公共账号，传播有关希拉里的"黑料"。[2]在推特网站上，首先使用美国公民个人身份创建账号，再通过"机器人"账号伪造关注量，哄抬个人账户热度。如此一来，个人账号发布的"黑料"会被机器人账号迅速转载，产生"燎原"假象。穆勒调查报告最终认定，"俄罗斯政府全面、系统性地干预了美国2016年总统大选"[3]。然而，俄罗斯外长谢尔盖·拉夫罗夫否认此项指控。

---

[1] Special Counsel's Office, U.S. Department of Justice, *Report on the Investigation into Russian Interference in the 2016 Presidential Election*, California: 12th Media Services, 2019, p.40.

[2] 同①, pp.25-26.

[3] Special Counsel's Office, U.S. Department of Justice, *Report on the Investigation into Russian Interference in the 2016 Presidential Election*, California: 12th Media Services, 2019, p.1.

为防止 2018 年中期选举受到俄罗斯干预，美国对俄罗斯实施网络胁迫。2016 年 10 月 14 日，时任美国副总统拜登在接受美国全国广播公司（NBC）专访时表示："我们正在向俄罗斯总统普京发出信号。我们有能力做到这一点，信号将被发出。在影响力最大的情况下，我们会选择时机让他知道。"①当主持人询问公众是否知情时，拜登回答："我不希望公众知情。"②次日，NBC 后续报道指出，美国中情局已经做好网络行动准备，旨在"骚扰并羞辱克里姆林宫领导层"③。美国退役上将詹姆斯·斯塔夫里迪斯（James Stavridis）表示"大量资金被寡头转移到俄罗斯境外"，一旦这些信息曝光，肯定会让普京"臭不可闻"④。

时任克里姆林宫发言人德米特里·佩斯科夫（Dmitry Peskov）于 15 日作出回应称："针对莫斯科和我们国家领导人的威胁是史无前例的，因为这次威胁是由美国副总统发出的。"⑤佩斯科夫随后表示，面对美国日益增长的不可预测性和挑衅性，莫斯科将采取预防性措施维护自身利益。2018 年 3 月至 11 月，美国中期选举没有遭到来自俄罗斯的大规模网络干预。

该案例中，胁迫者为美国，被胁迫者为俄罗斯，胁迫意图为阻止俄罗斯继续干涉美国 2018 年中期选举。首先，时任副总统拜登通过媒体明示胁迫者身份，美国国家安全局从 2009 年起长期监听外国政要和领导人，俄罗斯没有理由怀疑美国搜集克里姆林宫丑闻并利用其进行网络胁迫的能力与决心，假设一得到满足。其次，拜登并未向公众透露丑闻的具体内容。也就是说，只有美俄领导层了解详情，两国民众对丑闻细节并不知情。这符合网络胁迫的隐秘特征，为美国向俄罗斯作出保证创造了条件——只要俄罗斯不再干预美国中期选举，相关丑闻将不会曝光，普京的个人形象和名誉也就不会受损，

---

①② NBC News, "Biden: 'We're Sending a Message' to Putin," *NBC*, October 14, 2016, https://www.nbcnews.com/meet-the-press/video/biden-we-re-sending-a-message-to-putin-786263107997, 访问时间：2019 年 10 月 15 日。

③④ William M. Arkin et al., "CIA Prepping for Possible Cyber Strike Against Russia," *NBC*, October 15, 2016, https://www.nbcnews.com/news/us-news/cia-prepping-possible-cyber-strike-against-russia-n666636, 访问时间：2019 年 10 月 15 日。

⑤ Yahoo News, "Russia Slams 'Unprecedented' US Threats over Cyber Attacks," *Yahoo*, October 15, 2016, https://news.yahoo.com/russia-slams-unprecedented-us-threats-over-cyber-attacks-114554306.html, 访问时间：2019 年 10 月 15 日。

假设二得到满足。事实证明，美国2018年中期选取期间没有遭受来自俄罗斯的大规模网络干预，此次网络胁迫取得成功，根本原因在于美国掌握了能够"骚扰并羞辱克里姆林宫领导层"的丑闻，大幅增加了俄罗斯的抵抗成本，为维护领导人的个人利益，决策者被迫作出妥协，假设三得到满足。当然，俄罗斯绝不会承认此事，美国也不会公布丑闻内容，双方达成"心照不宣的合谋"。可见，当三个假设全部满足时，网络胁迫可以取得完全成功。

（三）案例三："维基解密"驱使托克集团和英国最高法院

2006年8月19日晚，一艘名叫"长鼻考拉"（Probo Koala）的货船卸下400余吨化学废料，并将其倾倒在西非国家科特迪瓦阿比让市（Abidjan）的至少12处地点。① 几天后，当地居民开始出现咳嗽、呕吐、鼻出血、皮肤过敏等症状，中国驻科特迪瓦大使马志学表示"气味像大蒜或东西腐烂时散发出的怪味，人闻了以后特别不舒服，头晕、想吐"②。此次化学物品倾倒事件造成约10万名当地居民寻求医疗帮助，共3万人受伤，17人死亡，其中大部分为儿童。③

"长鼻考拉"货船在巴拿马注册，由托克集团（Trafigura）英国办事处租用。事发后，托克集团表示废料成分由水、碱性混合物及少量硫化氢构成，对人体的危害十分有限。加之阿比让当地居民长期生活在垃圾堆附近，一生都在接触有毒物质，他们的死亡与集团无关。④ 11月11日，英国利戴律师事务所（Leigh Day & Co.）向英国最高法院提起1亿英镑诉讼，指控"这是一场

---

① 世界卫生组织媒体中心：《科特迪瓦的化学废料》，2006年9月15日，http://apps.who.int/mediacentre/news/notes/2006/np26/zh/index.html，访问时间：2019年10月15日。
② 新浪新闻：《欧洲毒垃圾熏倒非洲人，科特迪瓦换了政府》，2006年9月20日，http://news.sina.com.cn/w/2006-09-20/081210062424s.shtml，访问时间：2019年10月15日。
③ David Leigh and Afua Hirsch, "Papers Prove Trafigura Ship Dumped Toxic Waste in Ivory Coast," *The Guardian*, May 13, 2009, https://www.theguardian.com/environment/2009/may/13/trafigura-ivory-coast-documents-toxic-waste，访问时间：2019年10月15日。
④ David Leigh, "Newsnight Sued over Toxic Waste Claims," *The Guardian*, May 13, 2009, https://www.theguardian.com/environment/2009/may/16/bbc-newsnight-trafigura-lawyers-libel，访问时间：2019年10月15日。

灾难，我们认为托克集团应对其倾倒废弃物的行为负全责"。① 托克集团虽然对当地居民深表同情，但否认上述全部指控。

事实上，托克集团早在 2006 年 9 月就曾撰写内部调查报告——《明顿报告》（Minton Report），确认在阿比让倾倒的废料中含有剧毒化学物质。为防止报告曝光，2009 年 9 月 11 日托克集团在卡特拉克律师事务所（Carter Ruck Lawyers）的帮助下获得"超级禁令"（super-injunction），严禁英国《卫报》刊登有关《明顿报告》的任何消息，更不能提及禁令本身。② 9 月 14 日，"维基解密"（WikiLeaks）公布了《明顿报告》全文。9 月 20 日，托克集团与利戴律师事务所达成庭外和解，愿意向阿比让市民支付约 4600 万美元的赔偿金，但坚称集团与倾倒事件没有直接联系。

2009 年 9 月 14 日，"维基解密"创始人朱利安·阿桑奇（Julian Assange）发表公开声明，要求托克集团认罪及英国最高法院撤销媒体禁令。阿桑奇指责"英国的审查制度犹如私有化的封建主义"，并威胁卡特拉克律师事务所"不要轻易作出许诺"。阿桑奇呼吁网民："磨快你们的刀，立刻投入工作。战斗远未结束，其实它才刚刚开始。"③ 10 月 16 日晚，英国最高法院撤销了媒体禁令。④ 11 月 4 日，法院判决托克集团向利戴律师事务所代表的倾倒事件受

---

① MAREX, "London Based Law Firm to Represent Ivory Coast Victims in Toxic Waste Case," *The Maritime Executive*, November 16, 2006, https://maritime-executive.com/article/2006-11-16london-based-law-firm-to-represent-ivo, 访问时间：2019 年 10 月 15 日。
② WikiLeaks, "Minton Report: Trafigura Toxic Dumping Along the Ivory Coast Broke EU Regulations," *WikiLeaks*, September 14, 2006, https://wikileaks.org/wiki/Minton_report:_Trafigura_toxic_dumping_along_the_Ivory_Coast_broke_EU_regulations_14_Sep_2006, 访问时间：2019 年 10 月 15 日。
③ Julian Assange, "Guardian Still Under Secret Toxic Waste Gag," *WikiLeaks*, October 14, 2009, https://wikileaks.org/wiki/Guardian_still_under_secret_toxic_waste_gag, 访问时间：2019 年 10 月 15 日。
④ Martin Beckford and Holly Watt, "Secret Trafigura Report Said 'Likely Cause' of Illness Was Release of Toxic Gas from Dumped Waste," *The Telegraph*, October 16, 2009, https://www.telegraph.co.uk/news/uknews/6350262/Secret-Trafigura-report-said-likely-cause-of-illness-was-release-of-toxic-gas-from-dumped-waste.html, 访问时间：2019 年 10 月 15 日。

害者支付总额为 3000 万英镑的赔偿金。①

该案例中，胁迫者为"维基解密"，被胁迫者为托克集团英国分公司和英国国最高法院，胁迫意图为托克集团承担化学废料倾倒事件的全部责任以及英国最高法院取消媒体禁令。"维基解密"首先明示身份，"爆料"声誉使托克集团对其进行网络胁迫的能力和决心深信不疑，比如 2006 年年底，"维基解密"曾公布索马里伊斯兰党领袖哈山·达伊尔·艾维斯（Hassan Dahir Aweys）暗杀政府要员的命令；2007 年 11 月，曝光美军关塔那摩监狱丑闻；2008 年 9 月美国大选期间，公开共和党总统候选人麦凯恩的竞选伙伴萨拉·佩林（Sarah Palin）雅虎信箱中的电子邮件。《明顿报告》公布后更让托克集团坚信"维基解密"已经掌握内情，加上其之前的"爆料"声誉，使网络胁迫具有可信性，假设一得到满足。其次，《明顿报告》属于化学分析报告，只能证明托克集团的"废料无害论"纯属无稽之谈，并不能证明托克集团与废料倾倒直接相关。"维基解密"虽然指出有"超级禁令"存在，但没有揭露禁令的具体内容。也就是说，在被胁迫者屈服前，胁迫者并未公布全部丑闻，"维基解密"作出了有效保证，假设二得到满足。最后，托克集团起初完全否认利戴律师事务所的指控，拒绝赔偿。在《明顿报告》曝光 6 天后，托克集团便与利戴律师事务所达成和解并同意支付巨额赔偿金，英国最高法院也随之撤销媒体禁令，可见威胁曝光丑闻是托克集团和英国最高法院屈服的根本原因，假设三得到满足。综上，在利用被胁迫方决策者丑闻进行胁迫的情况下，如果三个假设全部得到满足，网络胁迫将取得完全成功。

（四）案例四：美国威慑朝鲜人民军侦察总局

2017 年 6 月 13 日，美国国土安全部和联邦调查局发布报告指出，一个名为"隐秘眼镜蛇"（Hidden Cobra）的黑客组织自 2009 年起对美国及其他国家的新闻媒体、航空航天部门、金融和关键基础设施发动了一系列网络攻

---

① David Leigh, "How UK Oil Company Trafigura Tried to Cover up African Pollution Disaster," *The Guardian*, September 16, 2009, https://www.theguardian.com/world/2009/sep/16/trafigura-african-pollution-disaster, 访问时间：2019 年 10 月 15 日。

击，而该组织隶属于朝鲜人民军侦察总局（RGB）。[①]

2017年9月22—30日，美军网络司令部（U.S. Army Cyber Command）对朝鲜人民军侦察总局发动了DDoS攻击，旨在使目标计算机和服务器过载，中断其网络连接。9月30日，一位白宫高级官员公开表示："朝鲜应该为之前的一系列网络攻击负责，我们将采取适当措施保护网络与系统安全。"[②]此举被视为美国针对朝鲜实施的一次网络威慑，意在阻止朝鲜继续对美国本土的商业机构、政府机关、高校和基础设施进行网络攻击。

然而，此次胁迫未能取得成功。2017年12月，微软公司和脸谱网站遭到来自朝鲜的网络攻击；2018年1月，谷歌应用商店（Google Play）受到来自朝鲜的黑客攻击；2018年5月，朝鲜黑客组织通过互联网窃取了美国多所高校生物医学工程专业专家和学生的个人信息；2018年12月，朝鲜黑客组织对《华尔街日报》《纽约时报》《洛杉矶时报》《芝加哥论坛报》《巴尔的摩太阳报》等美国新闻媒体发动了一系列网络攻击。

此次胁迫失败的根本原因在于胁迫无法损害朝鲜领导人的个人利益，无法满足本章的三个假设。第一，美国高级官员的讲话明示胁迫者身份，朝鲜领导人相信美国完全有能力实施网络胁迫，但单纯依靠DDoS攻击无法损害朝鲜领导人的个人利益，因为DDoS攻击根本不具备情报搜集功能，从而导致可信性缺乏，假设一未得到满足。第二，媒体宣传使此次胁迫丧失了隐秘性，即使朝鲜不再对美国本土发动网络攻击，美军也不能承诺在未来停止一切针对朝鲜的网络行动。换言之，美国无法提供有效保证，假设二未得到满足。第三，胁迫无法完全阻断朝鲜的网络通信。一方面，朝鲜人民军侦察总局特工完全可以在海外策划并组织网络活动，美国没有能力阻断全球的网络连接；另一方面，俄罗斯电信公司TTC（TransTeleCom）在攻击结束后的第

[①] "HIDDEN COBRA—North Korea's DDoS Botnet Infrastructure," United States Department of Homeland Security, January 13, 2017.

[②] Karen DeYoung, "Trump Signed Presidential Directive Ordering Actions to Pressure North Korea," *The Washington Post*, September 30, 2017, https://www.washingtonpost.com/world/national-security/trump-signed-presidential-directive-ordering-actions-to-pressure-north-korea/2017/09/30/97c6722a-a620-11e7-b14f-f41773cd5a14_story.html，访问时间：2019年10月15日。

第七章 论网络胁迫成功的条件

二天（10月1日）便通过图们江为朝鲜开通了第二条通信光缆。这些致使美军无法长期阻断朝鲜人民军侦察总局的网络通信，更没有造成目标计算机硬件损坏和数据丢失。朝鲜完全可以承受此次胁迫造成的损失，即抵抗成本小于屈服成本，假设三未得到满足。所以朝鲜没有屈服，继续对美国本土开展网络攻击。该案例表明，如果网络胁迫无法直接损害决策者或决策集团的个人利益，胁迫很难满足三个必要条件，从而导致胁迫失败。

（五）案例五：来自俄罗斯的黑客组织驱使爱沙尼亚

2007年4月27日清晨，爱沙尼亚政府不顾本国俄裔移民及俄罗斯联邦第一副总理谢尔盖·伊万诺夫的强烈抗议，将青铜战士（Bronze Soldier）纪念碑及纪念碑下安葬的苏联红军战士遗骸从首都塔林迁往市郊的烈士公墓。苏联红军于1947年修建了这座6英尺[①]高的青铜纪念碑，在俄裔移民看来，这座纪念碑标志着"二战"期间苏联红军为解放塔林所作出的巨大牺牲贡献；但在绝大多数爱沙尼亚人眼中，该纪念碑却象征着苏联对爱沙尼亚民族独立的遏制。[②]

2007年4月27日上午10时，爱沙尼亚总理府、内政部、外交部、议会、经济事务与通信部的网站遭受DDoS攻击，这些网站无法正常访问。同时，执政党爱沙尼亚改革党的网站首页遭到攻击并以时任总理安德鲁斯·安西普（Andrus Ansip）的名义发布了一封伪造的公开信，声称对迁移纪念碑感到后悔。4月28—29日，攻击规模和力度持续增强，爱沙尼亚全境的路由器和交换机都受到了不同程度的影响。

5月9日，俄罗斯总统普京在卫国战争胜利日当天不点名批判了爱沙尼亚政府。与此同时，对爱沙尼亚政府和主流媒体的网络攻击也达到顶峰，峰值时的数据请求量高达每秒5.59GB[③]。一些政府和媒体网站的页面还被恶意篡

---

① 1英尺≈30.48厘米。
② Stephen Herzog, "Revisiting the Estonian Cyber Attacks: Digital Threats and Multinational Responses," *Journal of Strategic Security*, Vol. 4, No. 2, 2011, p.51.
③ Joshua Davis, "Hackers Take Down the Most Wired Country in Europe," WIRED, August 21, 2007, https://www.wired.com/2007/08/ff-estonia/，访问时间：2019年10月15日。

改，出现诸如"被俄罗斯黑客入侵""网络戒严是爱沙尼亚的耻辱，却是我们的荣耀！我们的自由！我们的胜利！"①等标语。5月10日，包括塔林商业银行（Tallinn Business Bank）在内的多家银行遭受网络攻击，导致在线支付和转账业务无法正常办理。

攻击发生后，爱沙尼亚总理安西普表示"来自俄罗斯服务器的连续网络攻击，我国驻莫斯科使领馆被围攻，以及俄杜马议员呼吁爱沙尼亚政权更迭，这一切都预示着我们的国家正在遭受重击"②，但俄罗斯政府否认上述指控。不过克里姆林宫下属的俄罗斯最大青年运动团体"Nashi"③的政治委员康斯坦丁·戈洛斯科夫（Konstantin Goloskokov）曾在2007年公开承认对此事负责："我们给爱沙尼亚政府上了一课，如果他们采取非法行动，我们也将以适当方式回应。"④此外，时任俄罗斯国家杜马议员谢尔盖·马尔科夫（Sergei Markov）也公开表示："别担心，袭击是我助手干的，但我不会告诉你们他的名字。"⑤

这场持续近20天的网络攻击其实是来自俄罗斯的黑客组织对爱沙尼亚发动的一次网络胁迫，意在驱使爱沙尼亚当局停止搬迁青铜战士纪念碑。但爱沙尼亚政府顶住压力，还是在2007年4月30日完成了全部搬迁工作。此次胁迫失败的根本原因在于未能损害爱沙尼亚领导人的个人利益，使本章的三个假设无法得到满足：首先，胁迫者采取暗示方式揭露身份，虽然爱沙尼亚相信俄罗斯黑客组织的网络胁迫能力，但怀疑DDoS攻击能否获取足以威胁爱沙尼亚领导层的丑闻。另外，俄第一副总理伊万诺夫抵制爱沙尼亚商品的

---

① Joshua Davis, "Hackers Take Down the Most Wired Country in Europe," *WIRED*, August 21, 2007, https://www.wired.com/2007/08/ff-estonia/, 访问时间：2019年10月15日。
② Nate Anderson, "Massive DDoS Attacks Target Estonia; Russia Accused," *arsTECHNICA*, May 14, 2007, https://arstechnica.com/information-technology/2007/05/massive-ddos-attacks-target-estonia-russia-accused/, 访问时间：2019年10月15日。
③ "Nashi"是俄语"наши"的拉丁字母转写，表示"我们"的意思。
④ Noah Shachtman, "Kremlin Kids: We Launched the Estonian Cyber War," *WIRED*, March 11, 2009, https://www.wired.com/2009/03/pro-kremlin-gro/, 访问时间：2019年10月15日。
⑤ Sergei Markov, "Behind the Estonia Cyberattacks," *Radio Free Europe*, March 6, 2009, http://www.rferl.org/Content/Behind_The_Estonia_Cyberattacks/1505613.html, 访问时间：2019年10月15日。

呼吁未被外交部采纳让爱沙尼亚怀疑俄罗斯胁迫的决心，从而导致胁迫可信性不足，假设一未得到满足。其次，攻击发生后不久在俄罗斯境内的俄语论坛上就出现了供网友免费下载的 DDoS 工具包，论坛还号召俄罗斯网民一起攻击爱沙尼亚政府。也就是说，即使爱沙尼亚搁置纪念碑搬迁计划，胁迫者也不敢保证能够立刻停止网络攻击，即胁迫者无法提供有效保证，假设二未得到满足。最后，爱沙尼亚计算机紧急事件响应小组（Computer Emergency Response Team，CERT）与来自美国和北约的网络安全专家合作，保证了国家关键网络正常运转，并及时对遭到攻击的政府、银行及媒体网站进行修复。网络攻击未能使政府陷入瘫痪，爱沙尼亚完全有能力承受攻击带来的损失，加之东欧多国都在竭力消除苏联的历史印记，因此抵抗成本远未超过屈服成本，假设三未得到满足。所以此次对爱沙尼亚的网络胁迫以失败告终。可见，无法损害决策者个人利益的网络胁迫很难同时满足胁迫成功的三个必要条件，导致胁迫失败。

六、结论

网络胁迫指胁迫者利用网络武器强迫被胁迫者采取特定行为或不要作出某种行为，包括网络驱使和网络威慑两种形式。胁迫结果取决于胁迫者的要求被满足的程度：胁迫者的要求被满足的程度越高，胁迫结果就越倾向于"成功"；胁迫者的要求被满足的程度越低，胁迫结果则越倾向于"失败"。

网络武器的特殊性决定了网络胁迫成功的条件不同于核胁迫。首先，网络武器的使用者可以选择是否主动揭露自己的身份；其次，网络武器具有可订制性和隐蔽性；再次，网络武器无法直接造成人员伤亡；最后，网络武器可用于情报搜集。根据网络武器的特殊属性，本章认为，能损害被胁迫方决策者个人利益的网络胁迫最容易成功，即运用网络武器搜集有关决策者或领导层的丑闻并以之相威胁，决策者为保全个人利益不惜牺牲集体利益，被迫作出妥协。

利用丑闻进行网络胁迫，可以同时满足胁迫成功的三个必要条件——可信性、保证和成本收益核算。第一，胁迫者暗示或明示身份，为树立声誉创造条件，从而增强胁迫可信性；第二，胁迫行为避开公众视野有利于胁迫者作出有效保证；第三，当网络胁迫能够损害被胁迫方决策者个人名誉和形象时，决策者的抵抗成本将大于屈服成本，从而选择妥协。上述假设既适用于国家，也适用于非国家行为体。

值得注意的是，在被胁迫方决策者屈服前丑闻不应向公众提前曝光，否则网络胁迫只能取得部分成功，例如"和平卫士"威慑索尼公司。只有上述三个假设同时得到满足时，网络胁迫才能取得完全成功，例如美国威慑俄罗斯、"维基解密"驱使托克集团及英国最高法院。当胁迫无法损害决策者个人利益时，则很难同时满足胁迫成功的三个必要条件，最终导致胁迫失败，比如美国威慑朝鲜人民军侦察总局。

当然，严格检验本章假设需要充分了解网络胁迫中国家和非国家行为体的内部决策过程，这在现阶段很难做到。本章尽量选用已经解密的一手资料，有选择地使用不同来源的二手材料，两者相互印证，尽可能保证研究的客观性与可靠性。此外，胁迫成功的三个条件加上胁迫类型（网络威慑和网络驱使）至少需要16个检验案例，但网络胁迫的隐秘性使可用案例十分有限，完全检验本章假设还有待相关材料的进一步解密和开放。最后，本章的案例检验基于观察而非试验，因此很难控制所有变量，也无法构造出真正的"反事实"，这可能是案例研究的通病。

目前，国内学界对网络威慑的关注远多于网络胁迫，网络胁迫没有得到应有的重视。其实，胁迫只是网络攻击众多目的中的一种，网络勒索是否算作胁迫？在何种情况下网络攻击等同于战争？网络军备竞赛是否会发生？网络战与信息战之间究竟存在什么关系？网络攻击会对国际关系产生何种影响？传统攻防理论是否适用于互联网领域？这些应该是信息时代下国际关系研究的新问题和新方向。现实中，网络攻击经常与军事、经济、外交等手段混用，如何将网络攻击的作用和机制剥离出来，这是相关研究所面临的共同挑战。

第八章
美国盟国华为 5G 政策的政治逻辑*

孙学峰　张希坤

一、导言

2008 年金融危机以来，中国经济总量和综合实力持续上升，与美国的差距加速缩小，中美之间的结构性矛盾日益突出。2017 年 12 月，美国《国家安全战略报告》将中国确定为战略竞争者并陆续采取多项举措向中国全方位施压，中美战略竞争呈现加剧之势[①]，其中的核心领域之一就是围绕人工智能和 5G 技术展开的数字技术竞争[②]。为此，美国对华为等中国企业发起了一系列调查和制裁行动，试图全面削弱和阻遏这些企业的技术优势和未来发展。[③]

为遏制华为 5G 技术的全球拓展，美国还积极动员接受其安全保护的盟国和伙伴共同抵制华为，并公开向多个与华为展开 5G 技术合作的国家施加

---

* 本章首发于《世界经济与政治》2021 年第 6 期。
[①] 安刚、王一鸣、胡欣：《探索中美关系新范式及全球安全治理》，载《国际安全研究》，2020 年第 3 期，第 29-34 页。
[②] 阎学通：《美国遏制华为反映的国际竞争趋势》，载《国际政治科学》，2019 年第 2 期；Xuetong Yan, "Bipolar Rivalry in the Early Digital Age," *The Chinese Journal of International Politics*, Vol. 13, Issue 3, 2020, p.314.
[③] 孙海泳：《美国对华科技施压战略：发展态势、战略逻辑与影响因素》，载《现代国际关系》，2019 年第 1 期，第 40-41 页。

压力。① 不过，面对美国的动员和压力，美国盟国的政策选择呈现出较为明显的差异②：有的坚定追随美国，明确禁止华为 5G 技术进入，最为典型的就是澳大利亚；有的选择了委婉禁止，即政府公开表示不会排除任何国家的 5G 技术，但这些国家的电信运营商在实际操作中完全排除华为的参与，如日本等；有的选择接受华为 5G 技术，即不但政府公开表示欢迎华为或表态不会排除任何国家的 5G 技术，而且其电信运营商也部分采用了华为的 5G 技术设备，如菲律宾、泰国、西班牙和匈牙利等国。③ 此外，部分美国盟国对华为 5G 的立场还发生过变化。例如，2018 年 12 月，日本曾表示要禁止华为 5G，但到 2019 年 3 月底却转向了委婉禁止。④ 2020 年 7 月，英国对华为 5G 的态度从此前的接受转为禁止，要求英国电信公司 2027 年之前拆除所有已使用的华为 5G 设备。⑤ 2020 年 7—9 月，德国由接受逐渐转为委婉禁止。2020 年 8—9 月，法国也由接受转向委婉禁止。⑥

美国盟国政策选择的明显差异和前后变化反映出传统的联盟政治及意识形态因素难以合理解释美国盟国在中美 5G 竞争中的行为模式。为此，本章关注的核心研究问题是：在中美 5G 竞争过程中，影响美国盟国政策选择的核心因素是什么？通过融合国内和国际政治因素，提出了解释美国盟国针对华为 5G 的政策选择（简称华为 5G 政策）的分析框架和逻辑机制。研究发现，是否形成中美威胁其政权安全的认知是决定美国盟国行为模式的首要因素；而对没有形成中美威胁其政权安全认知的国家来说，其华为 5G 政策主要取

---

① Madison Cartwright, "Internationalising State Power Through the Internet: Google, Huawei and Geopolitical Struggle," *Internet Policy Review*, Vol. 9, No. 3, 2020, pp.11-12.
② 编者注：本章关注的美国盟国的华为 5G 政策时间范围截至文章发表之时（2021 年 6 月），对此后部分国家的政策变动未作讨论。
③ Rush Doshi and Kevin McGuiness, "Huawei Meets History: Great Powers and Telecommunications Risk, 1840-2021," Foreign Policy at Brookings, Brookings Institution, March 2021.
④ Sam Nussey and Yoshiyasu Shida, "Japan Telcos' 5G Go-ahead Cements Curbs on Chinese Vendors," *Reuters*, April 10, 2019.
⑤ Paul Sandle and Guy Faulconbridge, "UK to Ban Huawei from 5G Network," *Reuters*, July 14, 2020.
⑥ Richard Lough, "Macron Says France's 5G Strategy Founded on European Sovereignty," *Reuters*, August 28, 2020.

决于相关国家对中美国际秩序取向的态度。这些发现丰富了美国盟国应对中美战略竞争的理论认识，一定程度上拓展了数字时代大国崛起与国际秩序转型的理论积累。

二、既有解释

关于美国盟国应对华为5G的政策选择，既有研究主要从经济利益、技术安全和平衡中美三个视角加以阐释。这些解释一定程度上深化了对美国盟国华为5G政策差异的理解，但仍然存在着较大的改进空间。

第一，经济利益视角。这类解释认为，经济利益是美国盟国考虑是否接受华为5G设备的重要因素，这一因素在发展中国家体现得更为明显。[1]具体而言，华为5G设备在技术上领先其他供应商数月至一年，而价格却比竞争对手低20%～30%。[2]部分已使用华为设备的美国盟国如果选择禁用华为5G，将面临更换供应商及其设备所带来的额外成本。[3]例如，有国家经测算发现，如果以其他公司的设备替换全部华为5G设备，则电信运营商的成本将增加15%。"禁止华为"很可能会延缓相关国家的5G建设。对于前期与华为合作密切或者希望通过5G建设推动经济发展的美国盟国而言，替换设备的经济代价更加难以接受[4]，即使美国承诺提供一定补贴也难以弥补巨大的经济成本缺口[5]。

经济利益可以部分解释不同发展水平的美国盟国对华为5G的立场差异，即经济发展水平较低的发展中国家（如菲律宾）将更倾向于接受华为5G。不过，经济因素无法解释英国、德国、法国等国家对华为5G态度的变化，因

---

[1] Huong Le Thu, "A Collision of Cybersecurity and Geopolitics: Why Southeast Asia Is Wary of a Huawei Ban," *Global Asia*, Vol. 14, No. 3, 2019, pp.40-46.

[2] Manoj Kewalramani and Anirudh Kanisetti, "5G, Huawei & Geopolitics: An Indian Roadmap," Takshashila Discussion Document, June 2019.

[3] 孙海泳：《美国对华科技施压与中外数字基础设施合作》，载《现代国际关系》，2020年第1期，第46页。

[4] 马骦：《中美竞争背景下华为5G国际拓展的政治风险分析》，载《当代亚太》，2020年第1期，第27页。

[5] Henry Farrell and Abraham Newman, "Weaponized Globalization: Huawei and the Emerging Battle over 5G Networks," *Global Asia*, Vol. 14, No. 3, 2019, pp.8-12.

为在变化前后的几个月内这些国家的经济发展水平和华为 5G 在经济领域的性价比并没有发生显著变化。

第二，技术安全视角。这类解释认为，5G 设备是未来智能时代的重要基础设施，而基础设施建设往往与国家安全密切相关。在此背景下，美国多次就华为产品影响国家安全向其盟国发出警告，引起了部分盟国的重视。[①]因此，对技术安全的疑虑将超越经济利益考虑成为美国盟国禁止或委婉禁止华为的主要因素。例如，2019 年 2 月挪威有官员声称，鉴于华为与中国政府存在"紧密联系"，为保证本国通信系统的安全，挪威必须管制国内电信运营商使用华为设备的行为。[②]

这一解释面临的主要问题是华为产品已在多个国家接受第三方技术检测，没有确凿证据证明华为 5G 设备存在技术安全问题。[③]更为重要的是，在没有相关证据表明华为 5G 存在技术安全问题的前提下[④]，美国盟国对潜在技术风险的反应却呈现出较大差异。例如，澳大利亚对华为 5G 设备的技术风险尤为担忧，并以此为由禁止国内使用华为 5G。而很长一段时期内英国则强调对技术安全问题进行独立检测，并根据检测结果确定政策立场。[⑤]换言之，在华为 5G 技术安全问题上，尽管美国盟国面临着大致相同的风险，但这些盟国对华为 5G 的立场存在明显差异，因此技术安全背后还有更为重要的因素塑造着美国盟国的华为 5G 政策。

第三，平衡中美视角。这类解释认为，美国盟国希望在中美之间维持战

---

① Ian Anthony, et al., "China-EU Connectivity in An Era of Geopolitical Competition," SIPRI Policy Paper, No. 59, Stockholm International Peace Research Institute, March 2021.

② Nerijus Adomaitis, "China Says It Is Not a Threat to Norway, Denies Cyber Espionage," *Reuters*, February 5, 2019.

③ Kadri Kaska, Henrik Beckvard and Tomas Minarik, "Huawei, 5G and China as A Security Threat," *NATO Cooperative Cyber Defence Center for Excellence (CCDCOE)*, Vol. 28, 2019, pp.19-21.

④ 就 5G 网络的安全问题，目前尚有争议并无明确结论。参见 Mikko Huotari et al., "Decoupling: Severed Ties and Patchwork Globalization," European Union Chamber of Commerce in China, January 14, 2021.

⑤ Meaghan Tobin, "Huawei Ban: Australia Becomes Increasingly Isolated Among Five Eyes Partners if UK Includes Chinese Firm in 5G Network," *The Sydney Morning Herald*, April 26, 2019.

第八章 美国盟国华为 5G 政策的政治逻辑

略平衡是影响其华为 5G 政策的主要因素。例如,在 2019 年香格里拉对话会上,新加坡总理李显龙呼吁美国不要迫使东南亚国家在中美之间选边站队,新加坡对华为 5G 不持反对立场。[1] 在中美之间寻求平衡的视角还有助于解释部分国家政策选择的变化。2018 年 11 月,新西兰曾一度禁止华为。但随着中美关系愈发紧张,新西兰总理杰辛达·阿德恩(Jacinda Ardern)转而宣称还未对华为 5G 作出最后决定。从目前的情况看,新西兰很可能效仿日本模式选择委婉禁止华为。有学者认为这一变化主要源于新西兰希望在中美间维持平衡,即维系与美国紧密战略合作的同时,兼顾中新合作关系。[2]

不过,这一逻辑难以解释美国盟国的极端立场。例如,澳大利亚不仅本国严格禁止华为 5G,更主动劝说美国其他盟国和伙伴一同禁止华为 5G 设备。[3] 这一逻辑也无法解释不同国家在寻求平衡中美过程中的不同政策选择,比如:新西兰选择了委婉禁止;而在很长一段时间里,英国选择接受但限制华为参与基础设施建设的范围。换言之,同样在中美之间寻求平衡,美国盟国仍会采取性质完全不同的政策。

对此,有学者提出美国施加的压力与华为的嵌入水平可以解释美国盟国对华为 5G 态度的差异。例如,美国施加的压力大但华为嵌入水平低的国家会禁用华为 5G,如澳大利亚、新西兰和日本;而美国施加的压力大但华为嵌入水平高的国家不会禁用华为 5G,如英国。[4] 不过,这一逻辑无法解释 2020 年 7 月英国转向禁止华为。即便澳大利亚、新西兰和日本都因美国施加的压力大且华为嵌入水平低而禁止华为,但该框架仍无法解释为什么澳大利亚一直坚持禁用,而日本和新西兰却由禁用转为委婉禁用。也就是说,该框架和平衡中美的解释均存在进一步改进的空间。

---

[1] Rahul Pathak, "Shangri-La Dialogue: China, US Must Avert Conflict or Fallout Will Be Damaging, Says Lee Hsien Loong," *The Straits Times*, June 1, 2019.
[2] Jonathon Marek and Ashley Dutta, "A Concise Guide to Huawei's Cybersecurity Risks and the Global Responses," The National Bureau of Asian Research, October 3, 2019.
[3] Danielle Cave, "Huawei's 'Trust Deficit' Kept It Out of Australia's 5G Network," *Global Asia*, Vol. 14, No. 3, 2019, pp.18-23.
[4] 马骦:《中美竞争背景下华为 5G 国际拓展的政治风险分析》,载《当代亚太》,2020 年第 1 期,第 28 页。

总体而言，既有研究关注的因素确能影响美国盟国对华为 5G 的态度，但这些解释面临的共同挑战是无法提供完整解释美国盟国对华为态度差异的理论框架和逻辑机制。在认可经济利益（华为性价比最高）、技术安全（没有确凿证据认定华为具有安全问题）和美国施加压力（美国希望所有盟国都禁止华为）可产生影响的前提下，解释美国盟国对华为 5G 态度的差异以及试图寻求平衡中美过程中的不同政策选择是本章的核心目标。

三、政权安全、秩序转型与美国盟国的政策选择

随着华为 5G 成为中美战略竞争的重要组成部分，美国盟国的华为 5G 政策已不再是一般意义上的对外经济政策。一方面，华为 5G 政策直接涉及这些国家在中美战略竞争中的政策取向及其与中美两国的战略关系；另一方面，5G 的技术特点使得国家更加关注 5G 合作对其数字主权和国内稳定的影响。因此，美国盟国的华为 5G 决策将涉及国际秩序和政权安全两个层面，其中政权安全发挥更为根本的作用（因果机制如图 8-1 所示）。

（一）政权安全与美国盟国对华为 5G 的政策选择

随着人类社会逐步进入数字经济时代，网络通信成为经济活动的重要物质基础。无线网络通过一个个中央节点构建而成，任一机构只要控制了中央网络节点，就可以监测基于其上的信息交流和信号传输，未经加密的网络通信也会遭到拦截和读取。[1] 网络安全逐渐成为数字经济时代国家关注的重要问题。[2]

---

[1] Henry Farrell and Abraham Newman, "Weaponized Interdependence: How Global Economic Networks Shape State Coercion," *International Security*, Vol. 44, No. 1, 2019, pp.45-53.

[2] Xuetong Yan, "Bipolar Rivalry in the Early Digital Age," *The Chinese Journal of International Politics*, Vol. 13, Issue 3, 2020, pp.13-15.

第八章 美国盟国华为 5G 政策的政治逻辑

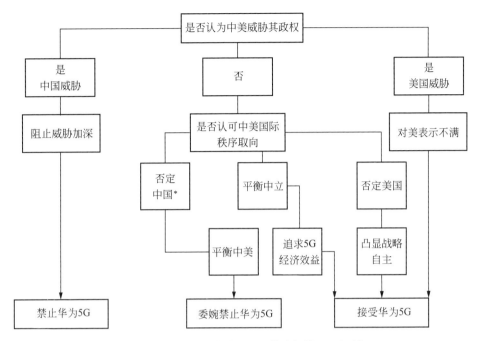

图 8-1 美国盟国华为 5G 政策选择的因果机制

注：*表示如果一国同时否定中美两国的国际秩序取向，因其是美国盟国，将转向委婉禁止华为 5G。

与前几代通信设备相比，传感器、天线和基站等 5G 网络组件的距离更短，从而提高通信量和降低延时，实现数据的大规模即时传输[1]，但其网络结构也因此具有一定的脆弱性。在此前的通信网络结构中，敏感功能主要通过核心部分处理，确保核心部分安全就基本能维持整个网络的安全。而 5G 网络相对分散，某些核心功能可能会在外围设备上执行，一旦外围设备（如天线）遭到攻击就可能危害整个网络。[2] 此外，5G 网络由软件管理，相应软件需要不断更新升级，这意味着 5G 设备供应商将拥有访问和操作网络敏感功

---

[1] Xiaohu You et al., "The 5G Mobile Communication: The Development Trends and Its Emerging Key Techniques," *Scientia Sinica Informationis*, Vol. 44, No. 5, 2014, pp.551-553.
[2] Dongfeng Fang, Yi Qian and Rose Qingyang Hu, "Security for 5G Mobile Wireless Networks," *IEEE Access*, Vol. 6, 2018, pp.4853-4855; Sun-sook Park, "The View from Seoul: How the US Huawei Ban Highlights the Risks of 5G," *Global Asia*, Vol. 14, No. 3, 2019, pp.24-29.

能的长期权限。①

在5G网络建设过程中，国家更加关注合作方对其网络安全以及经济社会稳定运行的潜在影响。一方面，自动驾驶和远程医疗等5G网络的主要行业应用关乎生命安全，一旦出现问题将造成严重的公共安全事件，如连环车祸、医疗事故等②；另一方面，5G网络的稳定运行直接关乎数字主权和国家安全，5G网络受控于政治和战略竞争对手将给本国的社会稳定和国家安全带来较高风险。既有研究也指出，网络威胁主要挑战的是国家的对内主权，即政府有效维持域内稳定的权威。③在这种背景下，国家和决策者将特别关注5G合作方对其政权安全的影响。

在本章中，政权安全主要包括两个方面，即现任领导人（集团）执政地位的延续和国家现行核心政治制度的稳定。④值得注意的是，"安全"本身就

---

① Ijaz Ahmad, et al., "Overview of 5G Security Challenges and Solutions," *IEEE Communications Standards Magazine*, Vol. 2, No. 1, 2018, pp.37-39; Andrew Grotto, "The Huawei Problem: A Risk Assessment," *Global Asia*, Vol. 14, No. 3, 2019, pp.13-15.

② Shancang Li, Lida Xu and Shanshan Zhao, "5G Internet of Things: A Survey," *Journal of Industrial Information Integration*, Vol. 10, 2018, pp.1-9.

③ Johan Eriksson and Giampiero Giacomello, "The Information Revolution, Security, and International Relations: (IR) relevant Theory?" *International Political Science Review*, Vol. 27, No. 3, 2006, p.227.

④ 在比较政治学文献中，学者们使用"政权安全"时往往会与发展中国家执政精英的统治联系起来。参见 Andreas Krieg, "Regime Security," in Allan Collins, ed., *Contemporary Security Studies*, Oxford: Oxford University Press, 2018, Chapter 14。笔者认为，所有国家统治精英的执政地位和制度安排都可能面临内外挑战。2016年之后美国政治讨论中出现了"选举安全"的概念就是典型例证，参见 "Election Infrastructure Security," https://www.cisa.gov/election-security，访问时间：2021年3月15日。也就是说，本章的政权安全拓展了既有研究的适用范围，并在此基础上关注现任领导人执政地位和现行核心政治制度因外部影响或变化面临的挑战。在对外政策研究中，拓展政权安全概念含义的实践可参见 Taylor Fravel, "Regime Insecurity and International Cooperation: Explaining China's Compromises in Territorial Disputes," *International Security*, Vol. 30, No. 2, 2005, pp.52-55; Ruonan Liu and Xuefeng Sun, "Regime Security First: Explaining Vietnam's Security Policies Towards the United States and China (1992-2012)," *Pacific Review*, Vol. 28, No. 5, 2015, pp.760-763; Scott Wolford and Emily Hencken Ritter, "National Leaders, Political Security, and the Formation of Military Coalitions," *International Studies Quarterly*, Vol. 60, No. 3, 2016, p.540。

第八章　美国盟国华为5G政策的政治逻辑

带有主观色彩①，对政权安全状态（特别是来自外部的威胁）的判断往往与执政者高度相关，出现"政随人走"的现象。例如，2016年大选前后，菲律宾两任总统对来自美国的政权安全威胁判断出现明显差异。而认知感受的形成往往依赖于政治理念的表达与互动，并会受到关键事件较为显著的影响。例如，近年来澳大利亚政府频频指责中国政府的"渗透"，抨击工党议员山姆·达斯特阿里（Sam Dastyari）接受"中国政治捐款"的行为。②澳大利亚时任总理马尔科姆·特恩布尔（Malcolm Turnbull）甚至认为这是对本国"国家主权"的不尊重，"警告中国不要干预澳大利亚的国内政治"。③

尽管对于政权安全威胁的认知可能存在偏差④，但是认知一旦形成将直接影响美国盟国对华为5G的政策选择。具体而言，如果美国盟国认为中国威胁其政权安全，这些国家将禁止采购华为5G设备和技术，即使已经安装的华为5G设备也将被拆除。这些国家之所以采取严厉举措禁止华为5G，主要源于担心中国利用华为5G挑战其领导人的执政地位或现行核心政治制度安排。在这一过程中，即使处于执政地位的领导人有意平衡政治需求和经济利益，也会因接受华为5G难以维持执政地位而禁止华为5G。此时执政领导人的压力主要来自两个方面：一是国内反对力量，随着相关国家的精英认定中国挑战其政治制度安排，反对力量可以就与华为5G的合作给执政领导人施加更大压力；二是来自美国的压力也可以通过相关国家的国内反对力量发挥更大效果。也就是说，国内反对力量和美国施加的压力两者将形成合力推动美国盟国禁止华为5G，否则决策者将难以维持其执政地位。例如，2020年5

---

① Shiping Tang, "The Security Dilemma: A Conceptual Analysis," *Security Studies*, Vol. 18, No. 3, 2009, pp.587-623.
② Katharine Murphy, "Sam Dastyari Should Be 'Out of the Senate Now', Turnbull Says," *The Guardian*, December 13, 2017.
③ Jamie Smyth, "Australia Warns China to Keep Out of Its Affairs," *The Financial Times*, June 6, 2017.
④ 决策者对安全威胁的认知往往会夸大竞争对手的威胁，而且认知一旦形成将难以改变。只有大量出现与威胁认知不一致的事实时，决策者的核心认知才会发生变化。参见 Janice Gross Stein, "Threat Perception in International Relations," in Leonie Huddy, David O. Sears and Jack S. Levy, eds., *The Oxford Handbook of Political Psychology*, Oxford: Oxford University Press, 2013, pp.374-376.

月之后，为了回应来自其所在的保守党党内反对派和美国的压力，延续并巩固自身的执政地位，时任英国首相鲍里斯·约翰逊（Boris Johnson）对华为5G的政策趋于消极，并于当年7月中旬正式禁止华为5G。

如果美国盟国的决策者认为美国是其政权安全的主要威胁，这些国家将接受华为5G并展开积极合作，包括允许华为参与其5G核心网络建设。一方面，这些国家的领导人希望通过推进与中国的合作巩固其执政基础，最大限度地弱化美国对其政权安全的威胁。另一方面，接受华为5G并加强与中国的合作也可以向美国传递信号，提醒美国尽早放弃挑战其政权安全的政策与行动。事实上，这些盟国长期接受美国的安全保护，并不希望与美国的双边关系过于紧张，特别是某些与中国存在较大政治安全分歧的国家更希望美国尽早调整政策。这方面较为典型的例证是菲律宾和泰国的政策选择。[①]

概括而言，5G网络的技术特点促使美国盟国更加关注相关合作对其政权安全的影响，因此美国盟国对政权安全威胁的认知将会对其华为5G政策产生决定性影响。[②] 如果美国盟国认为中国的政策和行动挑战了其政治制度和现任领导人的执政地位，相关国家将禁止华为5G，包括逆转此前接受华为5G的政策，以弱化合作可能带来的国内政治风险。如果美国盟国的领导人认为美国的政策和行动对其执政地位构成了威胁，相关国家将接受华为5G并展开积极合作，以利用中美战略竞争推动美国调整政策，或在美国调整政策之前借助中国的支持来维护其执政地位。

（二）秩序转型与美国盟国的华为5G政策

2017年以来中美战略竞争逐步加剧，而围绕人工智能、5G网络的数字技术竞争则是其核心所在。因此，对于没有形成美国或中国威胁其政权安全认知的美国盟国，其对中美战略竞争的态度将是影响这些国家华为5G政策

---

① Pongphisoot Busbarat, "Thai-US Relations in the Post-Cold War Era: Untying the Special Relationship," *Asian Security*, Vol. 13, No. 3, 2017, pp.267-269.
② 需要说明的是，影响美国盟国相关决策的核心并不是认为华为5G技术挑战其政权安全，而是这些国家的决策精英认为其政权安全面临来自美国或中国的挑战，并在此基础上采取了特定的华为5G政策。

的核心因素,即这些国家是否认可中/美国际秩序取向①将决定其接受还是委婉禁止华为5G。

无法接受中国国际秩序取向②的美国盟国将委婉禁止华为。在美国盟国中,无法接受中国国际秩序取向的国家主要包括两种情形:一是与中国存在结构性矛盾,包括争夺地区主导权、存在领土领海争端等,日本属于此类国家;二是强调其与中国的政治制度和理念的差异并采取具体行动凸显相关差异,丹麦等北欧国家就属于这一类型。尽管并不完全认可美国的国际秩序取向,但在中美战略竞争的背景下,上述国家总体上倾向美国的国际秩序取向。由于5G竞争是中美战略竞争的核心,因此这些国家更愿意与美国保持一致而选择不接受华为5G,以表明对美国的支持和认可以及对中国的担忧和否定。不过,考虑到中国并未影响其政权安全,这些国家更倾向于选择委婉禁止华为5G,即政府公开表示不排除任何5G设备供应商,但其国内电信企业不采用任何华为5G技术和设备。委婉禁止既可以防止与中国的战略关系过于恶化,又与美国的立场略有差异,可以表明自身决策的自主性较强。换言之,委婉禁止在传递这些国家的真实利益诉求(禁止华为5G)的同时,又能在中美之间维持最低限度的平衡,一定程度上反映了中美竞争过程中其他国家奉行战略对冲的决策逻辑。特别是在美国战略信誉下降的过程中,相关国家的对冲动力更为强劲。③

---

① 在本章中,国际秩序取向主要是指对冷战后自由主义国际秩序核心原则的政策取向,主要包括是否践行国家主权原则、自由主义政治权利和国际多边外交。有关自由主义国际秩序的核心特点,参见 G. John Ikenberry, "Why the Liberal World Order Will Survive," *Ethics & International Affairs*, Vol. 32, No. 1, 2018, pp.22-25; Charles L. Glaser, "A Flawed Framework: Why the Liberal International Order Concept Is Misguided," *International Security*, Vol. 43, No. 4, 2019, pp.54-63. 有关中国国际秩序取向的内容参见 Alastair Iain Johnston, "China in A World of Orders: Rethinking Compliance and Challenge in Beijing's International Relations," *International Security*, Vol. 44, No. 2, 2019, pp.9-60.
② 具体判断标准是过去5年内官方文件中公开批评中国违反自由主义国际秩序核心原则或推动国际组织采取制裁行动,如日本政府白皮书公开批评中国的海洋政策,丹麦因人权问题带头反对欧盟解除对华武器禁运等。
③ 孙学峰、张希坤:《中美战略选择与中国周边环境变化》,载《现代国际关系》,2019年第5期,第12页。

对中/美国际秩序取向持平衡中立态度①的盟国更可能出于经济利益考虑接受华为5G。对中美两国国际秩序取向持平衡中立态度的多为美国的中小盟国。作为美国盟国，这些国家对中国的国际秩序取向认可程度可能不高，但还没有到公开批评或发起制裁的程度；同时这些国家对美国的国际秩序取向也不完全满意，但还不至于与美国出现战略分歧。也就是说，这类盟国面对中美战略竞争相对平和超脱，选边站队的外部压力和内部动力都在可控范围之内。因此，面对中美华为5G竞争，这些国家可以超越政权安全和战略竞争的逻辑，更多地从适应数字时代发展和经济利益性价比的角度出发确定本国政策。由于华为5G在经济利益性价比方面有着较为明显的优势，因此这些国家往往会接受华为5G，较为典型的例子是西班牙等南欧国家。

不认可美国国际秩序取向②的美国盟国也会倾向于接受华为5G，不过这主要出于战略考虑而非经济逻辑。不认可美国国际秩序取向且能够采取相应行动的美国盟国一般是大国，比如20世纪60年代的法国。2017年特朗普就任美国总统后，美国连续退出多个关键国际组织和国际协定，导致全球治理进程停滞不前③，使得历来重视多边外交的德国无所适从，与美国的分歧逐渐积累扩大；特朗普还坚持要求德国等欧洲国家提高军费开支，尽早达到北约设定的成员国军费开支目标，并为此公开批评德国，还多次威胁德国军费不达标将导致美国削减驻德美军。面对特朗普的"美国优先"政策，德国总理和外交部部长均公开表示要重新评估和反思与美国的关系，认为即使特朗普不再担任美国总统，德美关系也无法再回到此前的状态。④法国总统马克龙

---

① 具体判断标准是过去5年内官方文件中或国家领导人没有公开批评中美两国违反自由主义国际秩序核心原则的。

② 具体判断标准是过去5年内官方文件中或国家领导人曾公开批评美国违反自由主义国际秩序核心原则的政策和行动，如法国政府公开批评美国破坏国际多边外交，包括退出气候变化《巴黎协定》和弱化北约合作机制等。

③ 陈琪、柳惊耀：《国际规则视角下的修正主义：特朗普政府对国际秩序的态度分析》，载《当代亚太》，2020年第3期，第81-94页。

④ Philip Oltermann, "Do Not Assume US Still Aspires to Be a World Leader, Merkel Warns," *The Guardian*, June 26, 2020; Davis VanOpdorp, "Trump Ouster Will Not Heal US Ties, Says Germany's Maas," *Deutsche Welle News*, June 28, 2020.

第八章 美国盟国华为 5G 政策的政治逻辑

则公开表示北约已经进入"脑死亡"。①

随着自身与美国战略分歧不断加深，这类盟国会寻找机会深化与中国的战略合作，而接受华为 5G 恰好符合这一利益诉求。一方面，接受华为 5G 可以向美国传递信号，表达这些国家对美国国际秩序取向的不满，促使美国尽早调整战略取向和具体政策；另一方面，接受华为 5G 有助于深化与中国的全方位合作，弱化美国政策实践对这些国家造成的负面影响。此外，采取与美国不同的华为 5G 政策也可以凸显这些国家的自主性，有助于其在地区和国际事务中发挥大国作用，进而更好地动员地区和国际资源以应对与美国的战略分歧。

这类盟国接受华为 5G 并不意味着认可中国的国际秩序取向，而是通过深化与中国的合作促使美国调整政策或者弱化美国政策的负面影响，从而尽可能改善自身的战略环境。需要注意的是，这类盟国对中国国际秩序取向的接受程度会因其认为中国战略信誉下降而降低，并因此更加接近于不认可中国国际秩序取向国家的立场。一旦出现此类转变，这些国家的华为 5G 政策也将随之转向委婉禁止，以表明其对中国政策的不同意见，展现其大国地位及对自由主义国际秩序的坚定支持。2020 年 8 月，法国的华为 5G 政策转向委婉禁止就是典型例证。②

概括而言，对于没有形成中美威胁其政权安全认知的国家，其华为 5G 政策主要受这些国家对中美国际秩序取向态度的影响。无法接受中国主导国际秩序的美国盟国将选择委婉禁止华为 5G，以表明对美国的支持和/或对中国的疑虑，同时防止与中国关系过分恶化，在中美战略竞争中维持最低限度的平衡；对中美国际秩序取向持中立态度或不认可美国的国际秩序取向的国家更可能接受华为 5G，但具体机制有所不同，前者接受华为 5G 主要遵循经济逻辑，而后者的决策则主要出于战略考虑。

不难发现，在美国压力和经济考虑既定的前提下，对中美两国是否威胁

---

① Steven Erlanger, "Macron Says NATO Is Experiencing 'Brain Death' Because of Trump," *The New York Times*, November 7, 2019.
② Richard Lough, "Macron Says France's 5G Strategy Founded on European Sovereignty," *Reuters*, August 28, 2020.

其政权安全的认知是美国盟国华为 5G 政策选择的核心影响因素。对于没有形成政权安全威胁认知的美国盟国,其对中/美国际秩序取向的态度则是其华为 5G 政策选择的重要影响因素。换言之,在人类社会加速进入数字时代和中美战略竞争逐步加剧的过程中,政权安全关切和国际秩序取向已成为中国与美国盟国之间能否有效推动数字技术合作的先决条件。

四、案例分析

本节将通过比较案例分析和过程追踪来检验本章提出的研究假设和逻辑机制。笔者选取了五个国家作为重点考察对象,即菲律宾、澳大利亚、日本、德国和英国。2016 年以来,菲律宾和澳大利亚分别对来自美国和中国的政权安全威胁认知较为突出,二者也是接受和禁止华为 5G 政策的典型代表,因而可以较好地检验政权安全威胁认知的影响。日本与中国存在结构性矛盾,无法认可中国的国际秩序取向,因此是检验委婉禁止的典型案例;在国际秩序取向问题上,德国曾是与美国分歧最为明显的盟国,因此德国案例可以有效检验前期接受华为 5G 的战略逻辑,以及对中国国际秩序取向认可变化导致的后续政策变化。2020 年 7 月前后,英国的华为 5G 政策经历了明显变化,因此可以运用前后比较方法检验英国接受华为 5G 的经济逻辑以及政权安全威胁认知变化的影响(见表 8-1)。

表 8-1 研究假设与案例选择

政策类型	研究假设	经验现象	案例
接受华为 5G	假设 1:认为美国威胁其政权安全的美国盟国将接受华为 5G,以向美国表达不满,并深化与中国的全面合作	1. 领导人公开表述美国对其执政地位或国内政治稳定形成威胁; 2. 接受华为 5G,同时反驳美国有关华为 5G 构成安全威胁的判断	菲律宾
禁止华为 5G	假设 2:认为中国威胁其政权安全的美国盟国将禁止华为 5G,以阻止威胁加深,并深化与美国的全面合作	1. 领导人公开表述中国对其执政地位或国内政治稳定形成威胁; 2. 禁止华为 5G,认可美国有关华为 5G 构成安全威胁的判断,甚至动员其他国家禁止华为 5G	澳大利亚;英国(2020 年 7 月之后)

第八章　美国盟国华为 5G 政策的政治逻辑

续表

政策类型	研究假设	经验现象	案例
委婉禁止华为 5G	假设 3：未形成美国或中国对其构成政权威胁认知但无法接受中国国际秩序取向的美国盟国将委婉禁止华为 5G，以向中国表明分歧，呼应美国施加的压力，同时防止与中国关系过于恶化	1. 单独公开批评中国不遵守国际规范或带头推动国际组织维持对中国的制裁； 2. 官方表示不排除任何国家的 5G 技术，但电信公司并未使用任何华为 5G 技术； 3. 主动采取措施改善与中国关系，防止与中国关系受到过度影响	日本； 德国（2020年7月之后）
接受华为 5G	假设 4：未形成美国或中国对其构成政权威胁认知且对中美国际秩序取向持中立态度的美国盟国将接受华为 5G，其主要考虑是华为 5G 经济性价比更高	1. 未单独公开批评中美不遵守国际规范； 2. 官方表示华为可以参与其 5G 网络建设； 3. 努力回应化解美国的关切和压力	英国（2020年7月之前）
接受华为 5G	假设 5：未形成美国或中国对其构成政权威胁认知且总体上不接受美国国际秩序取向的美国盟国将接受华为 5G，以表达与美国的分歧及其战略自主地位	1. 单独公开批评美国不遵守国际规范； 2. 官方表示将对华为 5G 设备进行独立检测与判断； 3. 努力回应化解美国的关切和压力	德国（2020年7月之前）

（一）菲律宾

菲律宾是美国在东南亚地区的重要盟国。不过，2016 年罗德里戈·杜特尔特（Rodrigo Duterte）就任菲律宾总统以后，美菲关系出现了明显的分歧与矛盾。杜特尔特把清剿毒品作为其执政的重要目标，以强力手段短期内处决国内数千名毒贩，引发美国对菲律宾人权问题的极度担忧，奥巴马政府还因此猛烈抨击菲律宾政府并要求其立即停止暴力禁毒。[①] 对此，杜特尔特则给予了激烈反击，甚至公开表示要断绝美菲同盟关系。[②]

特朗普上台执政后，因其与杜特尔特风格相近使得此前一度紧张的美菲

---

① Richard Paddock, "Rodrigo Duterte, Philippines' Leader, Says Obama 'Can Go to Hell'," *The New York Times*, October 4, 2016.
② AP in Manila, "Rodrigo Duterte Says Obama 'Can Go to Hell' and Considers Breaking Up with US," *The Guardian*, October 4, 2016.

关系有所好转。① 然而，美国并没有停止指责杜特尔特的禁毒行动和批评菲律宾的人权问题，甚至质疑杜特尔特政权的合法性。2018 年 4 月，美国国务院发布的人权报告再度聚焦菲律宾禁毒行动中的法外处决现象，并强调这是 2017 年重点关注的人权议题。② 对此，时任菲律宾外交部部长艾伦·卡耶塔诺（Alan Cayetano）专门发表声明，反对外国势力对菲律宾内政横加指点。卡耶塔诺表示，菲律宾是主权国家，自有本国法律和程序保护本国公民，无须其他国家指导。③ 杜特尔特则认为，美国不仅不支持盟友的重大决策，反而在国际社会率先抨击菲律宾人权问题，严重干涉了菲律宾内政。④

更为关键的是，杜特尔特政府认为美国不仅对菲律宾禁毒频加干涉，而且挑战了杜特尔特的执政地位。为此，杜特尔特多次表示，美国意图颠覆其执政地位甚至危及其人身安全，严重破坏了菲律宾的政治稳定。⑤ 例如，2018 年 8 月，杜特尔特曾公开表示不惧美国中情局的"人身威胁"。⑥ 此外，杜特尔特上任后多次以"行程太远"等理由拒绝访美，其中不乏对美国颠覆其领导地位的担忧。⑦

在此背景下，尽管美国不断敦促其盟国封杀华为 5G，但菲律宾政府并未呼应美国，而且还积极支持华为 5G 落地菲律宾。2018 年 11 月，时任菲律宾信息和通信技术部部长埃利塞奥·里奥（Eliseo Rio）表示，迄今为止，菲律宾的国家安全没有面临 5G 技术的重大威胁，因此他并不担忧华为 5G 设

---

① Oliver Holmes, "Trump Hails 'Great Relationship' with Philippines' Duterte," *The Guardian*, November 13, 2017.
② Marc Susser, et al., "2017 Country Reports on Human Rights Practices," U.S. Department of State, April 20, 2018.
③ "Philippines Slams U.S. Human Rights Report, Defending Anti-Drug War," http://www.xinhuanet.com/english/2018-04/21/c_137127239.htm，访问时间：2020 年 12 月 17 日。
④ 任远喆：《杜特尔特时期美菲防务合作的调整及其局限》，载《国际问题研究》，2020 年第 1 期，第 123 页。
⑤ 宋清润：《杜特尔特执政后美菲同盟关系演变》，载《和平与发展》，2019 年第 4 期，第 62 页。
⑥ Asian Journal Press, "US Has No Comment on Duterte's CIA Accusations," *Asian Journal*, August 25, 2018.
⑦ Felipe Villamor, "Rodrigo Duterte Says He May Be Too Busy for White House Visit," *The New York Times*, May 1, 2017.

备的安全问题。① 为此，美国国务卿亲赴菲律宾进行规劝。2019年3月，时任美国务卿迈克·蓬佩奥在菲律宾宣称，华为不够透明，将给菲律宾带来风险，菲方不应与华为签署合作协议。对此，菲律宾国防部长德尔芬·洛伦扎纳（Delfin Lorenzana）当天便予以驳斥，称没必要提防华为，菲律宾对华为完全开放，华为的设备可遍及菲律宾国内各地。洛伦扎纳还借机嘲讽美国，表示菲方也没什么秘密，没有什么能瞒得住美国人②，借此表达对美国此前屡屡干预菲律宾内政的不满。

菲律宾5G网络正式开通前，菲律宾政府再度公开表态支持华为。2019年4月，时任菲律宾国防部副部长卡多佐·卢纳（Cardozo Luna）表示，很多国家都在使用华为5G设备，菲方也不认为华为5G技术存在安全威胁，并且菲律宾可以自我保护，根本无须担心。卢纳还对仅仅担心华为提出质疑。在他看来，若以类似方式思考，很多其他东西均可威胁菲律宾的安全。③ 在菲律宾政府对华为再度表示支持后，菲律宾电信运营商环球电信正式推出了本国首个5G商用网络服务，而华为5G产品是其核心设备来源。依托于华为5G技术，菲律宾成为东南亚首个开通5G商用网络的国家。④

（二）澳大利亚

在中美战略竞争加剧的背景下，澳大利亚对中国影响其国内政治的认知变化促成其禁止华为5G。在澳大利亚政府看来，中国对澳大利亚国内影响力与日俱增，已显著影响其国内政治稳定。⑤ 为此，澳大利亚不但明确禁止国

---

① Richard Heydarian, "Ignoring the US, Philippines Goes with Huawei," *Asia Times*, July 18, 2019.
② 《菲防长：没必要提防华为》，载《菲律宾世界日报》，2019年3月2日。
③ "Philippines Sees No Threat in Chinese 5G Technologies-Defense Undersecretary," https://www.urdupoint.com/en/technology/philippines-sees-no-threat-in-chinese-5g-tech-604787.html，访问时间：2020年12月7日。
④ Prashanth Parameswaran, "Southeast Asia's Huawei Response in the Spotlight with First 5G Rollout," *The Diplomat*, June 25, 2019.
⑤ 张国玺、谢韬：《澳大利亚近期反华风波及影响探析》，载《现代国际关系》，2018年第3期，第26页；许少民：《国家利益、威胁认知与澳大利亚对华政策重置》，载《外交评论》，2020年第5期，第77-78页。

内使用华为 5G 设备，甚至劝导美国的其他盟国采取禁止政策，以表达对中国的不满，同时借此深化与美国的战略合作。

2017 年 6 月，澳大利亚主要媒体推出联合报道，渲染中国对澳大利亚主要政党进行渗透。① 时任澳大利亚总理特恩布尔在联邦议会宣布，要认真对待媒体有关中国对澳大利亚进行渗透的报道，并宣布推动反外国干预和反间谍立法，此后又发表"澳大利亚人民站起来"的宣言。② 与此同时，澳方多次指责中国通过"间谍行动"与"政治献金"等方式，影响和干预澳大利亚国内政治。此外，澳大利亚部分媒体还指责，澳大利亚国内大学的中国留学生集体抗议是由澳大利亚中国学生学者联谊会等组织精心策划，而这些组织由中国驻澳大利亚使领馆资助并与之联系密切。③

澳大利亚联邦政府对中国在其各州影响力不断上升也感到忧虑，并直接导致其与州政府之间的政治分歧。例如，维多利亚州绕开联邦政府与中国签署"一带一路"备忘录，联邦政府对此极为不满，认为州政府"自行其是"。此外，近年来中国移民已超越新西兰移民，成为澳大利亚第二大移民群体，普通话也由此成为澳大利亚仅次于英语的普遍流行语言。在经济发达的维多利亚州与新南威尔士州等地区，华人占人口的比例已高于 30%。中国移民人数上升及其维护自身利益的需求导致华人参政议政诉求上升。④

近年来，澳大利亚政府开始加强对可能影响其国家安全的外国投资的审查。2018 年 7 月，澳大利亚《2018 年关键基础设施安全法案》正式实施，这是澳联邦政府经由立法制度化限制和打压中国高科技投资的重要步骤。8 月 23 日，澳大利亚政府发布《致澳大利亚运营商的 5G 安全指南》，正式禁用华为 5G，强调若让与澳大利亚法律相冲突的设备供应商参与 5G 网络建设，将

---

① 秦升：《中澳关系新变局与澳大利亚对华观的分歧》，载《澳大利亚研究》，2019 年第 1 期，第 114-115 页。
② 丁工：《澳大利亚对华态度转变的原因及中国的应对之策》，载《国际论坛》，2018 年第 5 期，第 62 页。
③ Jonathan Benney, "How Should Australia Respond to China's Influence in Our Universities?," http://theconversation.com/how-should-australia-respond-to-chinas-influence-in-our-universities-86064，访问时间：2020 年 12 月 13 日。
④ 秦升：《政策摇摆与认知分裂：转变中的澳大利亚对华外交》，载《战略决策研究》，2019 年第 5 期，第 18-34 页。

致使澳大利亚运营商难以充分保护5G网络免于未授权接入和干涉的影响。[1]

应当承认，这一举动呼应了美国此前正式禁止华为5G产品的决定。[2] 但从整体决策过程看，澳大利亚政府有关中国对其国内影响认知变化的作用更为关键。2019年3月，特恩布尔对其华为5G禁令"辩护"称，当时他最大的顾虑是，相比过去几代无线技术，5G网络更容易面临威胁。之所以作出这样的决定，是基于安全原因，而不是另一国家要求如此。[3] 并且即使美国对华为的立场软化，澳大利亚也不会改变对华为的"强硬立场"，坚持禁止华为参与澳大利亚5G网络建设。对此，中国外交部表示严重关切。[4]

针对澳大利亚的无端指控，2019年4月，中国政府正式向世界贸易组织（WTO）提起诉讼，控告澳大利亚政府在5G技术领域采取了明显针对中国电信供应商的歧视性政策，澳大利亚所谓的"安全威胁"实际上是基于政治目的的借口。[5] 不过，如果澳大利亚难以客观理性看待中国影响力的变化，坚持认为中国影响其"政治稳定"，则澳大利亚难以降低其对中国的疑虑与猜忌，其禁止华为5G的政策也难以改变，所有来自中国的高技术投资都可能被视为数字时代的安全威胁。

（三）日本

日本是美国东亚同盟体系的核心成员。更为关键的是，因地区领导地位竞争和领海争端，日本难以接受中国在国际秩序转型过程中发挥主导作用。在经济领域，日本追随美国拒绝加入中国倡议成立的亚洲基础设施投资银行，

---

[1] Jonathan Barrett, "Australia Bans China's Huawei from Participating in Mobile Network Infrastructure Build," *Reuters*, August 23, 2019.

[2] Jeff Mason, "Trump Signs Defense Policy Bill with Watered-Down China Measures," *Reuters*, August 14, 2018.

[3] Meaghan Tobin, "Huawei Ban: Australia Becomes Increasingly Isolated among Five Eyes Partners if UK Includes Chinese Firm in 5G Network," *The Sydney Morning Herald*, April 26, 2019.

[4] 中国外交部：《2019年3月1日外交部发言人陆慷主持例行记者会》，https://www.fmprc.gov.cn/web/fyrbt_673021/jzhsl_673025/t1642240.shtml，访问时间：2020年12月13日。

[5] 秦升：《政策摇摆与认知分裂：转变中的澳大利亚对华外交》，载《战略决策研究》，2019年第5期，第21页。

公开批评"一带一路"倡议导致相关国家遭遇"债务陷阱";在政治领域,积极倡导针对中国的价值观联盟,持续深化与美国、印度和澳大利亚在美日印澳四国联盟框架下的合作;在安全领域,其官方白皮书点名批评中国南海政策挑战国际规范、"一带一路"建设推动中国扩展海外军事基地网络。2021年3月,美日"2+2"会谈发布的联合声明再次公开批评中国的行动与现行国际秩序不一致。①

在这一背景下,日本对华为5G一直持消极态度。2018年8月26日,日媒《产经新闻》报道放出风声:日本政府计划追随美国,一同"封杀"华为与中兴。日方拟以安全威胁为由,在5G网络建设的招标活动中排除华为与中兴通讯两家中国公司,以防网络渗透与信息泄露。然而,上述说法仅是媒体报道,日本官方当时并未作出相关表态。《产经新闻》的报道也指出,安倍晋三定于2018年10月访华,此时禁止华为5G设备可能对逐渐缓和的中日关系造成负面冲击。

此后几个月内,日本政府并未就华为5G进行公开表态。与此同时,中日政治关系逐步改善、不断破冰。2018年10月25日,时任日本首相安倍晋三访问中国,此访也是时隔七年后日本领导人首度访华。安倍晋三访问中国期间,中日两国领导人达成共识,表示双方应遵循中日四个政治文件确立的各项原则,坚持和平友好大方向,推动中日关系重回正轨并取得新发展。安倍晋三也积极表示,希望通过此访能使两国关系开启化竞争为协调的新时代。②而既有研究表明,安倍晋三调整对华政策的主要动力之一是特朗普"美国优先"政策对日美关系的冲击。③也就是说,尽管无法接受中国主导国际秩序,但是面对特朗普的政策对日本重要利益的冲击,日本不得不尝试改善对华关系,以适当对冲日美关系变化带来的不确定性和挑战。

在此背景下,日本选择了委婉禁止华为5G。2018年12月7日,日本共

---

① "Joint Statement of the U.S.-Japan Security Consultative Committee(2+2)," https://www.mod.go.jp/e/d_act/us/docs/20210316b_e-usa.html,访问时间:2020年12月25日。
② 《习近平会见日本首相安倍晋三》,载《人民日报》,2018年10月27日。
③ 吴怀中:《"特朗普冲击"下的日本战略因应与中日关系》,载《日本学刊》,2017年第2期,第3-4页。

同社报道称，日本政府将于12月10日召开政府内部会议，确认禁止政府采购华为与中兴的通信设备。但在12月7日记者会上，时任日本内阁官房长官菅义伟对华为与中兴的相关议题表示，政府部门的网络安全愈发重要，将进行全面考虑并采取切实措施。12月10日，日本政府以"安全风险"为由，针对5G通信设备出台了新的政府采购规定，并通过了降低政府电信采购安全风险的指导方针。尽管日方出台新采购规定被普遍解读为将华为事实上排除在日本政府的采购名单之外[1]，但中国外交部发言人当天表示，中方此前已与日方进行了外交沟通，日本政府出台相关规定不以排除特定企业和设备为目的。[2]

尽管如此，华为在日本的电信业务已受到冲击，对此中国外交部与商务部多次表示严重关切。2019年3月28日，中国商务部表示，虽然日方反复声明，相关规定并不排除特定厂商和设备。但中方注意到，华为、中兴在日本正常开展的通信业务已然受损。如果日本政府采取明显有失公允的举措，势必破坏中日两国关系改善的趋势。[3]日本官方随后作出相关回应。3月29日，菅义伟在记者会上表示，日本5G建设的指导方针仅要求考虑设备供应商的风险，不要求专门排除特定国家和企业的有关设备。在被问及日本政府是否会禁用华为5G设备时，他表示，具体的设备采购由日本各运营商自行判断，政府期待各方采取更加积极的应对措施保障网络安全。在当日记者会上，中国外交部发言人表示，自日本政府推出采购新规以来，中方已多次向日方表明关切，"反对对正常的企业经营活动进行政治干预"，并表示"将密切关注日本政府5G网络频谱的分配结果"。[4]

---

[1] Sam Nussey and Yoshiyasu Shida, "Japan Telcos' 5G Go-ahead Cements Curbs on Chinese Vendors," *Reuters*, April 10, 2019.
[2] 中国外交部：《2018年12月10日外交部发言人陆慷主持例行记者会》，https://www.fmprc.gov.cn/web/fyrbt_673021/jzhsl_673025/t1620564.shtml，访问时间：2020年12月5日。
[3] 中国商务部：《商务部召开例行新闻发布会（2019年3月28日）》，http://www.mofcom.gov.cn/xwfbh/20190328.shtml，访问时间：2020年12月17日。
[4] 中国外交部：《2019年3月29日外交部发言人耿爽主持例行记者会》，https://www.fmprc.gov.cn/web/fyrbt_673021/jzhsl_673025/t1649706.shtml，访问时间：2020年12月11日。

2019年4月10日,日本总务省将5G网络频谱分配给了四家电信运营商:都科摩(NTT Docomo)、凯迪迪爱(KDDI)、软银(SoftBank)以及乐天移动(Rakuten Mobile)。① 在向通信部申请5G网络频谱时,四大运营商均表示已列出其5G设备的采购来源,将不会购买中国制造的5G网络设备。这些运营商排除华为5G的决定也并非完全基于自主选择。时任软银副社长宫川润一(Junichi Miyakawa)曾公开表示对华为5G设备难以割舍,认为华为设备价格实惠、技术领先,软银有意与华为继续合作,但不得不遵从日本政府的指导方针。②

总体而言,日本的华为5G政策较好地支持了本章的解释框架:一方面,日本政府并没有认为其政权安全受到中方或美方的威胁,因此并没有选择完全禁止或接受的政策;另一方面,日本难以认可中国的国际秩序取向,因此选择了委婉禁止。在这一过程中,尽管特朗普的"美国优先"政策给日本带来了冲击,导致安倍政府寻求适度改善中日关系,但日美围绕国际秩序的分歧还是要远远弱于美德之间的矛盾,因此日本还是选择了委婉禁止,即一方面照顾同中国关系的回暖,公开表态"不排除"华为5G设备,与此同时呼吁电信运营商加强安全保障、防范供应链风险,致使日本电信运营商纷纷放弃华为5G设备。

(四)德国

德国是欧盟的核心领导国,也是美国最为重要的盟国之一。不过,特朗普执政期间德美围绕北约合作等问题产生了较为严重的战略分歧。在北约国家军费开支问题上,特朗普放弃了奥巴马外交协商的处理思路,直接威胁欧洲盟国要达到北约规定的国防开支标准,否则将终止"无偿保护",甚至认为德国已成为俄罗斯的俘虏。③ 特朗普的施压举措导致德国对美国的主导作

---

① Sam Nussey and Yoshiyasu Shida, "Japan's Telcos Get 5G Nod from Regulators," *Reuters*, April 10, 2019.
② Isao Horikoshi, "Huawei Excluded from SoftBank's 5G Network," Nikkei Asia, May 30, 2019.
③ 赵纪周、赵晨:《美欧安全关系的"成本收益"分析:新联盟困境的理论视角》,载《当代美国评论》,2019年第3期,第116页。

第八章 美国盟国华为 5G 政策的政治逻辑

用和政策方向产生较大质疑。例如,时任德国外交部部长海科·马斯(Heiko Maas)公开表示,自特朗普上台以来,大西洋两岸的政治隔阂日益加深,不能再毫无限制地信赖白宫。① 时任德国总理安格拉·默克尔(Angela Merkel)更是直言,要把命运掌握在自己手中,依赖美国安全保护的时代已经结束。②

在此背景下,尽管 2018 年以来美国频频向德国施压,但德国领导人一直坚持"不排除特定 5G 设备供应商"的立场,以彰显其独立决策的决心。2018 年 10 月,时任德国内政部副部长格恩特·克林(Günter Kring)致信德国联邦议院,表示将某一特定设备供应商排除在德国 5G 建设之外没有具体的法律依据。随后华为宣布将在波恩建立信息安全实验室,以协助德国监管机构审查其设备。③ 同年 12 月,时任德国联邦信息安全办公室(BSI)主任阿尔内·波姆(Arne Schönbohm)表示,其部门专家审查了华为产品和零部件,但并未发现华为 5G 设备存在安全威胁的相关证据。④

鉴于难以证实华为 5G 技术存在安全威胁,2019 年 3 月时任德国经济部部长彼得·阿尔特迈尔(Peter Altmaier)公开表示,德国无意将华为排除在本国 5G 网络建设之外。⑤ 对此,时任美国驻德国大使理查德·格雷内尔(Richard Grenell)表示,华为等公司会危及通信系统安全性,对高度机密的国防和情报合作造成巨大威胁。如果德国允许华为或其他中国供应商参与 5G 网络建设,双方的情报及其他信息共享将难以维持现有水平。⑥ 面对美国大使的公然施压,默克尔随即公开表示,德国政府非常重视本国 5G 网络的安全,但德国

---

① Michelle Martin, "Germany: We Can No Longer Fully Rely on U.S. White House," *Reuters*, July 16, 2018.
② Michael Nienaber, "After Summits with Trump, Merkel Says Europe Must Take Fate into Own Hands," *Reuters*, May 28, 2017.
③ Noah Barkin, "German Officials Sound China Alarm as 5G Auctions Loom," *Reuters*, November 13, 2018.
④ "German Cybersecurity Chief: Anyone Have Any Evidence of Huawei Naughtiness?," https://www.theregister.co.uk/2018/12/18/german_cybersecurity_chief_show_me_the_huawei_evidence/,访问时间:2020 年 12 月 6 日。
⑤ Michael Nienaber, "Germany Does Not Want to Ban Huawei from 5G Networks: Minister," *Reuters*, March 8, 2019.
⑥ Bojan Pancevski and Sara Germano, "Drop Huawei or See Intelligence Sharing Pared Back, U.S. Tells Germany," *The Wall Street Journal*, March 11, 2019.

将自行定义本国的 5G 网络安全标准，以坚决维持德国政策制定的独立性。①

美国直接施压不成，随即又在多边同盟中进行威逼。2019 年 3 月 13 日，时任美军欧洲司令、北约欧洲盟军最高司令柯蒂斯·斯卡帕罗蒂（Curtis Scaparrotti）警告称，若德国国防通信网络使用中国的 5G 设备，北约军队将中断与德军的通信。② 对此德国官方依然不为所动，坚持本国政策的独立性。3 月 19 日，德国 5G 频谱竞标正式启动。对于华为参与德国 5G 建设的议题，默克尔表示，德国联邦政府决定，不会简单地排除某一企业或行为主体，而是对参与 5G 竞标的企业设定严格标准，并将相关标准写入电信法规。③

在默克尔接连表示不排除华为 5G 之后，时任德国联邦网络管理局局长约亨·霍曼（Jochen Homann）表示，华为拥有大量 5G 专利，排除华为将延误德国 5G 网络建设。如果华为满足所有安全标准，就有资格参与德国 5G 建设，德国不会将华为专门排除在 5G 网络建设之外。④ 此后霍曼又公开重申，德国联邦网络管理局已更新了网络安全最新标准，相关要求适用于全部供应商，只要满足要求就都能参与。网络管理局迄今尚未发现华为在德国从事任何违规行为。⑤ 此后美国时任国务卿蓬佩奥又以网络安全为由，再次向德国施压，但默克尔依然重申，德国会提高 5G 网络安全标准，所有设备供应商都必须遵守相同标准，德国不会为某一特定供应商单独设定要求。⑥

与此同时，德国三大电信运营商（德国电信、沃达丰、西班牙电信德国子公司）均已明确表态，将在 5G 建设中继续与华为合作。这些电信运营商

---

① Andrea Shalal, "Germany Asserts Independence After U.S. Warning on Huawei," *Reuters*, March 12, 2019.

② "If Berlin Picks Chinese Firm for 5G, NATO Will Not Communicate: US General," https://www.france24.com/en/20190313-berlin-picks-chinese-firm-5g-nato-will-not-communicate-us-general，访问时间：2020 年 12 月 12 日。

③ Douglas Busvine, "Explainer: Germany, At Last, Launches 5G Spectrum Auction," *Reuters*, March 19, 2019.

④ Tobias Buck, "German Regulator Says Huawei Can Stay in 5G Race," *The Financial Times*, April 15, 2019.

⑤ 新华社：《德国官员重申 5G 建设不会排除华为》，http://www.xinhuanet.com/world/2019-05/17/c_1124507539.htm，访问时间：2020 年 12 月 17 日。

⑥ Paul Carrel, "We Shouldn't Rule Any Firm Out of 5G Contracts from Outset: Merkel," *Reuters*, November 22, 2019.

第八章 美国盟国华为 5G 政策的政治逻辑

还警告称，禁止其与华为合作可能导致严重后果，并将为之付出高昂成本。例如，德国电信的调查显示，若欧洲国家禁止华为参与 5G 网络建设，欧洲将在 5G 移动网络部署中落后中美两国至少两年。其内部评估文件则表明，如政府完全禁止华为设备，德国电信运营商将不得不拆除现有华为设施，损失将高达数十亿欧元。[①]

不过，德国内部在华为 5G 政策上并非"铁板一块"。2019 年 11 月，默克尔领导的德国主要执政党——基督教民主联盟就华为 5G 议题展开内部讨论并通过了重大提案：是否允许华为参与德国 5G 建设须经议会辩论决定，政府部门不能单独制订政策。尽管遭到总理办公室的强烈反对，但上述提案还是以明显优势获得通过。[②]尽管如此，默克尔仍坚称不应专门排除某一特定供应商。12 月 18 日，默克尔在德国联邦议院重申，原则上反对从一开始就将某一公司单独排除在德国 5G 建设之外。与此同时，她强调有关华为 5G 的表态，中国未向自己施加任何压力。[③]

2020 年上半年，尽管德国内部围绕华为 5G 的辩论仍在继续，但其官方立场正朝着接受华为 5G 逐步迈进。2020 年 2 月 11 日，德国主要执政党基督教民主联盟及基督教社会联盟的文件显示，德国 5G 超高速网络建设不应排除华为设备。[④]本届德国政府的执政党由联盟党和社会民主党构成，联盟党又由基督教民主联盟和基督教社会联盟组成。上述文件意味着联盟党内部已就华为 5G 议题达成了共识，即接受华为参与本国 5G 网络建设。德国议会下一步辩论的方向是协调德国执政联盟另一成员——社会民主党的华为 5G 立

[①] Joseph Nasr, "Merkel to Seek End to Huawei Dispute in Her Conservative Camp: Sources," *U.S. News*, January 15, 2020.

[②] Bojan Pancevski, "Merkel's Coalition Government Faces Test over Huawei Dispute," *The Wall Street Journal*, November 23, 2019.

[③] Michelle Martin, "Merkel Unaware of Any Pressure Exerted by China over Huawei," *Reuters*, December 18, 2019.

[④] "Merkel's Conservatives Won't Rule Out Huawei Involvement in German 5G," https://nnn.com.ng/merkels-conservatives-wont-rule-out-huawei-involvement-in-german-5g/，访问时间：2020 年 12 月 17 日。

场，进而形成统一政策。[1]

不过，2020年7月，英国的华为5G政策由接受转向禁止后，德国政府虽强调不会预先排除华为参与德国的5G网络建设[2]，但逐渐趋于走向委婉禁止，主要推动力量还是围绕涉港问题与中国产生了较大分歧。同月底，德国外交部部长马斯以中国香港推迟立法会选举为由，宣布中止德国与中国香港的引渡协议。[3]此后，马斯表示德国希望塑造基于规则和合作而不是力量的全球秩序，因此德国与共享"民主自由价值观"的国家加强了合作。[4]9月30日，默克尔在德国议会的演讲中对涉港问题表示了极度关切。[5]就在同一天，德国执政联盟及政府消息人士表示，德国政府将调整对电信设备供应商的审查程序，增设政治信任审查。这一调整在事实上把华为设备排除在德国5G网络之外。[6]

（五）英国

过去十年英国总体接受中国崛起，两国关系也较为密切。2015年3月，

---

[1] Guy Chazan, "Germany's CDU Stops Short of Huawei Ban in 5G Rollout," *The Financial Times*, February 11, 2020.

[2] 中国新闻网：《德国政府重申5G问题立场：不会排除特定企业》，http://www.chinanews.com/gj/2020/07-15/9238529.shtml，访问时间：2020年12月14日。

[3] Stuart Lau, "Germany Suspends Hong Kong Extradition Agreement After Election Delay and Amid National Security Law Furore," *South China Morning Post*, August 1, 2020；孙恪勤、侯冠华：《德国对华政策中的美国因素》，载《国际展望》，2020年第5期，第33页。

[4] Jun Ishikawa, "Germany Ends China Honeymoon with New Indo-Pacific Strategy," *Nikkei Asia*, September 9, 2020.

[5] Stuart Lau, "Merkel Targets China on Human Rights and Trade but Tempers with Praise on Climate," *South China Morning Post*, September 30, 2020.

[6] 2020年12月，德国政府批准通过《信息技术安全法》，要求制造商承诺排除破坏、间谍或恐怖主义目的的技术性能，同时任何数据都不会流向外国政府。德国将把不可信的制造商排除在5G网络之外，参见Guy Chazan, "Germany Sets High Hurdle for Huawei," *The Financial Times*, December 17, 2020。根据笔者访谈，中国的德国问题专家认为，尽管华为还有努力获得认可的空间，但这一政策取向仍属于委婉禁止。2020年12月30日，中欧领导人宣布如期完成中欧双边投资协定谈判。德国作为欧盟领导国，尽管与中国的经济合作逐步深化，但在政治和人权等领域仍与中国存在明显分歧。未来若德国对中国的国际秩序取向接受程度仍然较低，则其委婉禁止华为5G的立场将得以延续。参见Erika Solomon and Guy Chazan, "'We Need a Real Policy for China': Germany Ponders Post-Merkel Shift," *The Financial Times*, January 5, 2021。

第八章　美国盟国华为 5G 政策的政治逻辑

英国顶住美国施加的压力申请加入中国筹建的亚洲基础设施投资银行（简称亚投行）并成为创始成员国，英国财政部前首席秘书丹尼·亚历山大（Danny Alexander）还出任了亚投行副行长兼秘书长。同年 10 月，两国发表联合宣言，决定开启持久、开放、共赢的中英关系"黄金时代"。2016 年 9 月，习近平主席与时任英国首相特雷莎·梅（Theresa May）再次确认中英关系"黄金时代"的大方向。2017 年和 2019 年英国首相特别代表、时任财政大臣菲利浦·哈蒙德（Philip Hammond）连续来华出席"一带一路"国际合作高峰论坛。与此同时，华为也是英国重要的电信合作伙伴，与英国主要电信公司有着长达 10 多年的合作历史。在此背景下，英国很长一段时间内均对华为 5G 持接受政策。

不过，英国是美国最为重要的盟国之一，也是"五眼联盟"（Five Eyes Alliance）成员。为此，美国极其重视英国官方对华为 5G 的表态，多次以网络安全威胁为由，敦促甚至威逼英国将华为排除在其 5G 网络建设之外。尽管面对美国的持续施压，很长一段时间内英国政府并未禁止华为 5G。2018 年 12 月，时任英国情报机构最高负责人、军情六处处长亚历克斯·扬格（Alex Younger）表示，是否使用华为 5G 技术对英国而言是艰难的抉择，英国尚未决定采取何种立场与行动。[①] 大约一个月之后，时任英国文化大臣杰里米·怀特（Jeremy Wright）在回应下议院询问时，宣称英国 5G 领域的商业合同竞标尚未把华为排除在外，这意味着华为仍可以参与英国 5G 建设的部分敏感合同竞标。[②] 与此同时，时任英国国家网络安全中心（NCSC）主任夏兰·马尔丁（Ciaran Martin）强调，即使英国政府决定使用华为 5G 设备，也不会将其部署在政府网络等敏感网络之中，网络安全中心还将对华为 5G 设备实行"全世界最严格"的监管。[③]

[①] Stephen Fidler, "U.K.'s Intelligence Chief: Britain Faces Tough Decision on Huawei's 5G Technology," *The Wall Street Journal*, December 3, 2018.
[②] Shubham Kalia, "Huawei Can Still Bid for Sensitive Contracts in UK: Daily Telegraph," *Reuters*, January 24, 2019.
[③] "NCSC: UK Has 'Toughest and Most Rigorous Oversight Regime in the World for Huawei'," https://news.sky.com/story/ncsc-uk-has-toughest-and-most-rigorous-oversight-regime-in-the-world-for-huawei-11642839，访问时间：2021 年 1 月 8 日。

在此背景下，2019年4月23日，英国国家安全委员会（NSC）召开会议，允许华为"有限参与"英国5G网络建设。① 但在官方宣布之前，英国《每日电讯报》就报道了这一高度机密信息。美国随即以"情报合作"相要挟向英国施压。当时，负责美国网络空间与国际通信及信息政策的副助理国务卿罗伯特·斯特雷耶（Robert J. Strayer）表示，英国不排除华为5G技术的决定可能影响美英之间的情报合作。若英国使用华为5G设备，美国将不得不重新评估两国之间的情报信息共享。②

面对美方的公开施压，英国并未直接妥协。2019年5月14日，时任英国外交大臣杰里米·亨特（Jeremy Hunt）代表英国政府表明立场，强调英国有关华为5G的决定不会危及英美情报共享，与此同时英国也不愿与中国发生"新冷战"。英国政府尚未作出决定，同时正在评估在多大程度上可以使用华为5G设备。③ 尽管政府因信息泄露暂时推迟了正式决定，但英国电信运营商并未受此影响，与华为的5G合作持续推进。5月30日，英国最大的电信运营商EE在英国部分城市推出商用5G服务，华为5G设备则应用于英国首个5G新闻直播。英国因此成为"五眼联盟"中首个使用华为5G的成员国。④ 此后，英国其他主要电信运营商也与华为展开5G合作，重点领域则是5G无线通信。⑤

由于英国政府迟迟未能公布其华为5G政策，美国决定进一步升级施压力度。2019年7月14日，特朗普政府表示，下任英国首相能否在英国退欧

---

① Andy Bruce, "UK to Allow Huawei Limited Access to 5G Networks: Telegraph," *Reuters*, April 24, 2019.

② Dan Sabbagh, "Huawei Tech Would Put UK-US Intelligence Ties at Risk, Official Says," *The Guardian*, April 29, 2019.

③ Guy Faulconbridge, "Britain Downplays Huawei Threat to U.S. Intelligence Sharing," *Reuters*, May 14, 2019.

④ Samuel Gibbs, "5G Finally Launches in the UK—But Is It Really Worth It?" *The Guardian*, June 21, 2019.

⑤ Jamie Doward, "UK Mobile Operators Ignore Security Fears over Huawei 5G," *The Guardian*, July 6, 2019.

第八章　美国盟国华为5G政策的政治逻辑

后与美国达成贸易协定，取决于英国能否在华为5G立场上与美国保持一致。① 除了以贸易协议相要挟，美国还试图推翻英国情报机构的分析判断，认为华为参与英国任何通信网络建设均将危及"五眼联盟"。英国官员对此进行了有力回应，声称已耗费数百万英镑改造通信系统，可确保与"五眼联盟"成员信息分享的安全性。英国方面坚信，只要在部署华为5G设备时严加控制，就可以保护本国网络系统免受中国渗透。② 时任英国议会科学技术专责委员会主席诺曼·兰博（Norman Lamb）也表示，没有任何技术理由将华为排除在英国的5G或其他网络建设之外，5G的好处显而易见。若将华为从英国网络中移除，可能会造成英国网络建设的重大延误。③

2019年7月24日，约翰逊出任英国首相。出于对美国制裁的担忧，约翰逊宣布将推迟作出华为5G决定。11月1日，时任英国数字化、文化、媒体与体育大臣妮基·摩根（Nicola Morgan）表示，英国将于11月5日解散议院，并于12月12日举行议会大选。议会在解散期间将无法作出决策，因此英国华为5G的官方立场将由大选后的新政府定夺。④ 在此期间，特朗普进一步敦促甚至警告英国尽早禁用华为5G。为此，北约峰会期间，约翰逊作为东道主不得不就华为5G再次发表声明。约翰逊表示，英国不希望对海外投资抱有不必要的敌意，同时也强调华为5G政策不能危及国家安全，不能损害"五眼联盟"成员之间的相互合作。⑤

美国并不满意英国模糊不清的表态，因而继续进行施压。2019年12月，时任美国总统国家安全事务助理罗伯特·奥布莱恩（Robert O'Brien）表示，

---

① Anna Isaac, "US Tells Britain: Fall into Line over China and Huawei, or No Trade Deal," *The Telegraph*, July 13, 2019.
② Richard Kerbaj, et al., "US Seeks to Discredit UK Spies in War Against Huawei," *The Times*, July 14, 2019.
③ "No Technological Grounds for Banning Huawei from UK 5G Infrastructure, MPs Tell Government," https://www.forbes.com/sites/soorajshah/2019/07/15/no-technological-grounds-for-banning-huawei-from-uk-5g-infrastructure-mps-tell-government/#6dc9b5707432，访问时间：2021年1月17日。
④ Patrick Wintour, "UK Government Postpones Huawei 5G Decision," *The Guardian*, November 1, 2019.
⑤ Benjamin Kentish, "Boris Johnson Hints at Blocking Huawei Role in New 5G Telecoms in UK," *The Independent*, December 4, 2019.

5G 政策涉及国家安全，英方仅将此议题视为商业决策令美方十分震惊。英国政府若允许华为参与本国 5G 建设，可能让中国得以盗取英国公民的隐私信息和国家机密。① 此后时任美国国家安全副顾问马修·波廷杰（Matthew Pottinger）访问英国，宣称有新证据表明华为 5G 设备将带来安全威胁，并警告英国政府使用华为 5G 技术将是"疯狂之举"。②

事实上，英国也曾担忧过华为产品的"后门"隐患。自 2011 年起英国政府就成立了名为华为网络安全评估中心监督委员会（HCSEC）的监管部门并从 2014 年起每年发布《华为网络安全报告》。为证明其 5G 设备不存在后门，华为将设备源代码传至 HCSEC，交由英国相关人员审查。在 2019 年的《华为网络安全报告》中，英国国家网络安全中心明确指出，从未找到任何证据证明中国政府借由华为设备开展任何恶意网络行动。③

尽管如此，综合考虑多方因素后，2020 年 1 月约翰逊政府宣布，华为可以有限参与英国 5G 网络建设④，但无法参与英国核心网络的敏感功能建设，非敏感领域的参与程度不能超过上限（35%）。对此，英国国家网络安全中心的解释是 35% 的上限既可以防止英国依赖唯一一家高风险供应商，同时可以保留市场竞争，有助于运营商优化成本。⑤

在英国就华为 5G 作出官方决定之后，美国依然敦促英国应重新考虑。2020 年 1 月 30 日，美国 42 名众议员发表联名信，警告英国使用华为 5G 设备的后果。信中强调，尽管使用华为设备短期能为英国节省大量资金，但长期来看，英国政府需耗费大量资金用于监管华为 5G 设备，这将给财政造成

---

① Demetri Sevastopulo, "US Warns Boris Johnson over Huawei Risks to UK Citizens' Secrets," *The Financial Times*, December 24, 2019.
② Dan Sabbagh, "Using Huawei in UK 5G Networks Would Be 'Madness', US Says," *The Guardian*, January 13, 2020.
③ "Huawei Cyber Security Evaluation Centre Oversight Board: Annual Report 2019," Huawei Cyber Security Evaluation Centre Oversight Board, March 28, 2019.
④ Kylie MacLellan, "UK Government Statement on Huawei 5G Network Decision," *Reuters*, January 28, 2020.
⑤ Adam Satariano, "Britain Defies Trump Plea to Ban Huawei from 5G Network," *The New York Times*, January 28, 2020.

巨大压力。① 此外，美国参议院民主党领袖查尔斯·舒默（Charles Schumer）、时任情报委员会主席理查德·波尔（Richard Burr）等20名参议员也签署联名信，要求英方重新考虑使用华为5G的相关决定。联名信警告称，华为5G技术将带来重大安全和经济威胁，强烈敦促英方重新考虑其决定，与美国在此问题上保持一致并开展紧密合作。②

面对美国的持续施压，英国内部确实出现了新的争议与分歧。前保守党领袖伊恩·史密斯（Iain Smith）在议会提出修正案，要求英国禁止华为参与本国5G建设。2020年3月10日，英国下议院对此修正案进行表决，以306票对282票的优势，维持华为参与本国5G建设的计划。③约翰逊此时开始考虑反对华为参与英国5G网络建设，并制定计划要在2023年将华为在英国5G建设的参与率降至零。④2020年7月14日，英国国家安全委员会拟讨论华为5G政策之前，保守党议员鲍勃·西利（Bob Seely）联合其他9名议员致信英国政府，希望政府立即将华为剥离出5G和其他所有通信网络，并声称这一立场已获得60名议员的支持。⑤也就是说，此时约翰逊如果坚持既有的华为5G政策，其执政地位将难以为继。在这种背景下，7月14日，英国政府决定自2020年12月31日起将停止购买新的华为5G设备，同时继续禁止华为参与英国5G核心网建设，并将在2027年年底前拆除目前英国5G网络中的所有华为设备。与此同时，英国政府承诺，将在下次选举日之前，通

---

① "Huawei: 42 US Lawmakers Urge UK Parliament to Reject 'Dangerous' 5G Decision," https://www.c4isrnet.com/congress/2020/02/04/huawei-us-lawmakers-urge-uk-parliament-to-reject-dangerous-5g-decision/，访问时间：2020年12月10日。
② Patricia Zengerle, "U.S. Senators Want Britain to Reconsider Using Huawei Equipment," *Reuters*, March 4, 2020.
③ Dan Sabbagh, "Government Majority Cut as Almost 40 Tories Rebel over Huawei," *The Guardian*, March 10, 2020.
④ Dan Sabbagh, "Boris Johnson Forced to Reduce Huawei's Role in UK's 5G Networks," *The Guardian*, May 22, 2020.
⑤ 其主要理由是：华为与中国安全机构合作、华为参与侵犯人权行动不符合英国价值观以及涉港问题侵犯英国国家利益。参见 Dan Sabbagh and Mark Sweney, "UK's Expected U-Turn on Huawei Fails to Satisfy Tory Rebels," *The Guardian*, July 13, 2020。

过立法手段确保清除华为 5G 设备的决定不可逆转。①

概括而言，英国在很长一段时间内并未禁止华为，并于 2020 年 1 月宣布华为可以参与建设英国 5G 非核心网络，其核心动力是出于对经济利益的考虑②，而英国遵循经济逻辑的前提则是既未感受到中国对其政权安全的挑战，同时总体上也可以接受中国的国际秩序取向。不过受全球新型冠状病毒感染疫情和涉港问题影响，约翰逊面临日益严峻的保守党反对派压力。为维护其执政地位，约翰逊推翻了此前的决定，正式禁止华为参与英国 5G 建设。这一变化集中反映了美国盟国的政权安全威胁认知对其华为 5G 政策的关键作用，进一步验证了本章的解释框架和逻辑机制。

五、结论

2018 年以来中美战略竞争呈现加剧之势，而数字技术竞争则是核心领域之一。为遏制华为 5G 技术的全球拓展，美国不遗余力地动员和敦促其盟国共同抵制华为。不过，面对美国的动员和压力，美国盟国的政策选择呈现较为明显的差异。在控制既有研究已揭示因素的基础上，笔者发现美国盟国的政权安全认知是其华为 5G 政策的首要影响因素。具体而言，如果美国盟国认为中国的政策和行动挑战了其现任领导人的执政地位和（或）制度稳定，相关国家（如澳大利亚和 2020 年夏季之后的英国）将禁止华为 5G，以弱化合作可能带来的国内政治风险。如果美国盟国的领导人认为美国的政策和行动对其执政地位构成了威胁，相关国家（如菲律宾）将接受华为并展开积极合作，以利用中美战略竞争推动美国调整政策，或在美国调整政策之前借助中国支持维护其执政地位。

对于未感受到美国或中国威胁其政权安全的国家，其华为 5G 政策主要

---

① Paul Sandle and Guy Faulconbridge, "UK to Ban Huawei from 5G Network," *Reuters*, July 14, 2020.
② 数据表明，完全禁用华为 5G 技术将导致英国的 5G 网络建设滞后约 18～24 个月，英国将在 5G 时代落后于其他国家，英国经济也将承担约 45 亿～68 亿英镑的损失。参见 Jamie Doward, "UK Mobile Operators Ignore Security Fears over Huawei 5G," *The Guardian*, July 6, 2019.

第八章　美国盟国华为5G政策的政治逻辑

取决于这些国家对中/美国际秩序取向的态度。无法接受中国国际秩序取向的美国盟国（如日本）将选择委婉禁止华为5G，以表明对美国的支持和对中国的疑虑，同时防止与中国关系过分恶化，在中美战略竞争中维持最低限度的平衡；对中/美国际秩序取向持中立态度或不认可美国国际秩序取向的国家更可能接受华为，但具体机制有所不同，前者接受华为5G主要遵循经济逻辑（如西班牙等南欧国家），而后者的决策则主要出于战略考虑（如2020年夏季之前的德国）。

这些发现丰富了中美战略竞争的理论认识，一定程度上丰富了数字时代大国崛起与国际秩序转型的理论积累。首先，中美战略竞争的核心在于数字技术竞争。一方面，数字技术能力将是数字经济时代国家综合实力最为重要的物质基础，既事关国家经济模式能否顺利转型并维持高质量发展，同时也将影响到国家军事实力建设能否适应技术变化，以更好且有效地维护全新空间格局下的战略安全。另一方面，数字时代经济和军事能力的变化将直接决定大国能否塑造相关领域的国际规范以及有效动员国际支持。正是在这一背景下，华为5G才成为美国竭力限制打压的目标，进而成为美国盟国必须在中美之间作出选择的战略问题。

其次，国内政治塑造对外战略选择。数字技术既涉及国家实力能否持续提升，又事关国家治理模式和民众生活方式转型。在此背景下，美国盟国应对中美战略竞争的政策选择不但涉及国家对外战略取向，更涉及在任领导或集团的执政地位。因此，政权安全威胁认知将是这些国家政策选择的核心因素。事实上，这一发现不仅适用于美国盟国，同时也适用于非美国盟国。例如，2020年中印边界争端之后，印度现任政府的合法性受到空前挑战，因此一改此前积极与中国展开数字技术合作的姿态，连续禁用中国公司的数字应用程序。

也就是说，面对中美数字技术竞争，美国盟国（包括与中国存在战略矛盾的非盟国）作出政策选择时首先考虑其政权安全，此后才是对外战略和经济利益考量。这一发现为深入研究数字时代中美战略竞争性质及其战略影响提供了值得探索的视角，并激发了不少后续值得研究的问题。比如，美国盟国在中美其他竞争领域的政策选择是否存在类似逻辑机制？美国盟国（包括与中国存在战略矛盾的非盟国)之外国家的政策选择是否遵循类似的决策次序?中美战略竞争过程中其他国家有关中美威胁认知的影响因素和作用机制是什么?上述发现的政策启示在于,推进与美国盟国等国家的数字技术合作时,中国要充分考虑到相关国家的政权安全威胁认知。对于能够缓解的误解,尽力而为并争取最佳结果;对于无法改变的偏见,做到心中有数并静待转机,同时对于相关国家威胁认知的变化做好充分预案,如中国在其他领域的重大决策带来的难以回避的影响以及其他国家领导人或执政集团更替导致的"政随人走"现象。

第九章
美国盟国对中国智能监控技术的政策选择*

陈根锋　孙学峰

一、导论

近年来，数字技术催生了数字经济的蓬勃发展①并逐步融入社会管理的诸多领域，不断推动人类社会的数字化转型。例如，在城市数字化转型过程中，数字技术已广泛应用于态势感知、风险预警等领域。作为数字技术应用的重要环节，智能监控（Intelligent Video Surveillance）可利用计算机视觉、模式识别和机器学习等相关技术，对原始视频图像进行算法分析，进而理解监控场景内容，并对异常行为进行自动预警。②数据显示，2019年，全球视频监控市场规模已达236亿美元，预计到2025年增至440亿美元。③

---

* 本章首发于《当代亚太》2022年第3期。
① 《中国数字经济发展白皮书（2020年）》，中国信息通信研究院，2020年7月，第2页，http://www.caict.ac.cn/kxyj/qwfb/bps/202007/P020200703318256637020.pdf，访问时间：2022年7月29日。
② 黄凯奇、陈晓棠、康运锋，等：《智能视频监控技术综述》，载《计算机学报》，2015年第6期，第1095页。
③ Thomas Alsop, "Video Surveillance Camera Market Size Worldwide 2019-2025," *Statista*, July 24, 2020, https://www.statista.com/statistics/477917/video-surveillance-equipment-market-worldwide/，访问时间：2022年7月29日。

在这一过程中，中国智能监控企业发展迅猛并逐步走向全球市场。根据创投研究机构的统计数据，2017年中国企业就摄像头和视频监控申请的专利数量为530项，是美国企业申请数量的五倍多。① 2014—2018年，国际电信联盟收到了大量中国企业有关人脸识别技术标准的建议并采纳了半数以上。② 凭借过硬的技术能力和成本控制，2019年中国企业的智能监控技术已在63个国家或地区得到了应用，而使用美国企业设备的国家或地区只有32个。③

很长一段时间里，中国智能监控企业的全球商业合作进展较为顺利。但随着中美战略竞争的加剧，自2018年起，美国开始打压中国的智能监控企业及其相关产品。当年5月24日，美国众议院通过2019年度《国防授权法》，禁止联邦政府、政府承包商以及赠款和贷款接受者购买来自中国的海能达通信、海康威视或大华公司（包括其子公司或附属公司）生产的视频监控和电信设备。④ 事实上，此前四个月，美军伦纳德伍德堡基地（Fort Leonard Wood）就已移除了海康威视的五台监控摄像头。⑤ 2019年8月7日，美国联邦总务署、国防部以及国家航空航天局宣布，遵照《国防授权法》规定，拟

---

① Paul Mozur, "Inside China's Dystopian Dreams," *The New York Times*, July 8, 2018, https://www.nytimes.com/2018/07/08/business/china-surveillance-technology.html，访问时间：2022年7月29日。

② Anna Gross, Madhumita Murgia and Yuan Yang, "Chinese Tech Groups Shaping UN Facial Recognition Standards," *Financial Times*, December 1, 2019, https://www.ft.com/content/c3555a3c-0d3e-11ea-b2d6-9bf4d1957a67; "Office of the Secretary General of ITU," January 1, 2019, https://www.itu.int/en/osg/Pages/default.aspx，访问时间：2022年7月29日。

③ Steven Feldstein, "The Global Expansion of AI Surveillance," Carnegie Endowment for International Peace, September 17, 2019, https://carnegieendowment.org/2019/09/17/global-expansion-of-ai-surveillance-pub-79847，访问时间：2022年7月29日。根据其他机构的评估，中国海康威视等公司的全球销售范围更广，参见 John Honovich and Charles Rollet, "Critiquing Carnegie's AI Surveillance Paper," *IPVM*, September 25, 2019, https://ipvm.com/reports/carnegie，访问时间：2022年7月29日。

④ *John S. McCain National Defense Authorization Act for Fiscal Year 2019*, The U.S. Government Publishing Office, 2018, Section 889.

⑤ Max Greenwood, "US Army Base Removes Chinese-made Surveillance Cameras," *The Hill*, January 12, 2018, https://thehill.com/policy/defense/368710-us-army-base-removes-chinese-made-surveillance-cameras，访问时间：2022年7月29日。

第九章　美国盟国对中国智能监控技术的政策选择

从 8 月 13 日起,禁止美国联邦机构购买或使用海康威视的视频监控设备。①同年 10 月,美国将 28 家中国公司及实体列入实体清单制裁,其中包括海康威视等生产智能监控设备的企业。②

美国禁止政府及相关部门使用中国智能监控设备后,其盟国对相关议题的关注程度大大提升,但具体政策却存在着较为明显的差异(见表 9-1)。部分国家紧跟美国步伐,明确限制政府部门使用中国企业的智能监控产品。例如,2018 年 9 月,澳大利亚政府明确要求拆除国内军事设施中所有海康威视的监控摄像头。③再如,2020 年 5 月,立陶宛调整此前政策,转而限制中国企业的智能监控设备。部分国家的政府则明确表态欢迎中国的智能监控企业及其产品。例如,2017 年 5 月,匈牙利外交部部长西雅尔多(Peter Szijjarto)在会见大华公司董事长时,肯定了大华对匈牙利的贡献。④此后,大华在匈牙利开设了欧洲供应中心。大部分国家则采取了默许使用的政策,即政府并未公开表态限制或欢迎中国企业的智能监控产品,相关中国企业在这些国家的商业运作则依然能够顺利进行。例如,2020 年 3 月,大华和海康威视成功进入波兰,客户包括公共管理和安全部队等政府机构。⑤

---

① "Federal Acquisition Regulation: Prohibition on Contracting for Certain Telecommunications and Video Surveillance Services or Equipment," US Department of Defense, General Services Administration and National Aeronautics and Space Administration, National Archives, August 13, 2019, https://www.federalregister.gov/documents/2019/08/13/2019-17201/federal-acquisition-regulation-prohibition-on-contracting-for-certain-telecommunications-and-video,访问时间:2022 年 7 月 29 日。

② Kara Frederick, "The Razor's Edge: Liberalizing the Digital Surveillance Ecosystem," Center for a New American Security, September 3, 2020, https://www.cnas.org/publications/reports/ the-razors-edge-liberalizing-the-digital-surveillance-ecosystem,访问时间:2022 年 7 月 29 日。

③ Dylan Welch and Kyle Taylor, "Chinese Video Surveillance Network Used by the Australian Government," *ABC News*, September 12, 2018, https://www.abc.net.au/news/2018-09-12/chinese-video-surveillance-network-used-by-australian-government/10212600,访问时间:2022 年 7 月 29 日。

④ "Hungarian Foreign Minister Meets Dahua Chairman of the Board," *Security World Market*, June 2, 2017, https://www.securityworldmarket.com/int/Newsarchive/hungarian-foreign-minister-met-with-dahua-chairman-of-the-board,访问时间:2022 年 7 月 29 日。

⑤ Łukasz Sarek, "5G and the Internet of Things: Chinese Companies' Inroads into 'Digital Poland'," *Sinopsis*, March 1, 2020, https://sinopsis.cz/en/sarek-5g-iot/,访问时间:2022 年 7 月 29 日。

数字时代的安全竞争与国际秩序

在美国禁用中国的智能监控设备后，美国盟国的政策选择为何存在显著差异？为什么部分国家的政策在不同时期发生了明显变化？为此，本章将集中关注美国盟国对中国智能监控技术政策差异的核心原因，揭示中等强度数字技术竞争领域[①]美国盟国的政策选择机制，以拓展大国数字技术竞争的研究范围，推动数字时代大国战略竞争的理论积累。

表 9–1 美国盟国对中国智能监控设备的政策立场分布（2018 年 6 月至 2022 年 6 月）[②]

政策立场	国　　家
限制使用	澳大利亚、立陶宛（2020 年 5 月之后）、英国（2021 年 3 月之后）
欢迎使用	菲律宾、泰国、希腊、匈牙利
默许使用	阿尔巴尼亚、爱沙尼亚、保加利亚、北马其顿、比利时、冰岛、波兰、丹麦、德国、法国、韩国、荷兰、黑山、克罗地亚、捷克、拉脱维亚、立陶宛（至 2020 年 5 月）、卢森堡、罗马尼亚、加拿大、挪威、葡萄牙、日本、斯洛文尼亚、斯洛伐克、土耳其、西班牙、新加坡、新西兰、意大利、英国（至 2021 年 3 月）

说明：本章涉及的美国盟国包括其北约盟国和东亚盟国（包括提供军事基地的新加坡）。美国盟国政策取向的具体测量方法是：（1）"限制使用"指官方明确表示中央政府部门不能使用中国企业的智能监控设备或者中央政府公开表示对相关中国产品进行审查；（2）"欢迎使用"指官方表态欢迎中国智能监控产品或者两国官方达成合作项目；（3）"默许使用"指官方对中国企业的智能监控产品没有限制也未表示欢迎，中国企业在这些国家的商业运作正常进行。

资料来源：笔者根据相关资料自制。

---

① 本章将 5G 技术确定为高强度竞争领域，其主要表现为美国不但自身全面禁止使用华为 5G 技术和设备，而且公开敦促／动员其盟国针对华为 5G 采取相同政策，而在智能监控领域，美国自身虽对中国相关企业的技术和设备进行限制，但并未公开对其盟国进行广泛动员，因此，本章将这一领域确定为中等强度竞争领域。参见 Krystal Hu and Jeffrey Dastin, "Exclusive: Amazon Turns to Chinese Firm on U.S. Blacklist to Meet Thermal Camera Needs," *Reuters*, April 29, 2020, https://www.reuters.com/article/us-health-coronavirus-amazon-com-cameras/exclusive-amazon-turns-to-chinese-firm-on-us-blacklist-to-meet-thermal-camera-needs-idUSKBN22B1AL?utm_source=Twitter&utm_medium=Social，访问时间：2022 年 7 月 29 日。

② 编者注：本章所涉及的美国盟国对中国智能监控设备政策的时间范围截至本章发表之时（2022 年 6 月），对此后部分美国盟国政策的变动未作讨论。

二、既有解释及不足

围绕相关国家对中国智能监控技术的政策选择，既有研究主要从经济技术优势、跨国企业风险和政治安全考量三个视角进行了分析。这些解释通常从产品特点或相关国家的对外政策入手，关注特定企业产品或事件，尚未形成较为系统且说服力较强的解释框架。

（一）经济技术视角

这类观点认为，从性价比角度看，中国企业的智能监控设备价格较低，但产品质量过硬，因此能够吸引众多全球客户。例如，日本分销商就表示，选择海康威视的主要原因在于其性价比优势，即故障率低且价格很有竞争力。[1]相关市场调查报告则显示，海康威视的显著优势是价格较低[2]，并由此成为欧洲最为畅销的智能监控设备。[3]中国设备价格更具竞争力的原因是在成本控制等方面更胜一筹。[4]研究发现，尽管中美企业都参与了马来西亚的智慧城市建设，但是中国企业凭借着更具吸引力的定价使美国公司逐步退出

---

[1] William Pao, "Japanese Distributor Has High Hopes for Hikvision," *Asmag*, July 13, 2015, https://www.asmag.com/showpost/29978.aspx，访问时间：2022年7月29日。

[2] "Hikvision Favorability Statistics 2021," *IPVM*, March 24, 2021, https://ipvm.com/reports/hikvision-fav-21，访问时间：2022年7月29日。例如，英国政府采购文件显示，海康威视定价为1310美元的监控系统，德国博世的定价则是近4000美元。参见Ryan Gallagher, "Cameras Linked to Chinese Government Stir Alarm in U.K. Parliament," *The Intercept*, April 9, 2019, https://theintercept.com/2019/04/09/hikvision-cameras-uk-parliament/，访问时间：2022年7月29日。

[3] Dan Strumpf et al., "Surveillance Cameras Made by China Are Hanging All over the U.S.," *The Wall Street Journal*, November 12, 2017, https://www.wsj.com/articles/surveillance-cameras-made-by-china-are-hanging-all-over-the-u-s-1510513949，访问时间：2022年7月29日。

[4] Federica Russo, "Virus Crisis Will Open Doors to Huawei 5G in Europe," *Asia Times*, April 30, 2020, https://asiatimes.com/2020/04/virus-crisis-will-open-doors-to-huawei-5g-in-europe/，访问时间：2022年7月29日。

了该国市场。①

也有分析强调,灵活的合作方式促进了中国企业与相关国家的合作。例如,有分析认为,中国企业与厄瓜多尔等国家采取石油换监控设备的方式,较好地弥合了双方的需求分歧,推动了合作的顺利进行。②此外,中国进出口银行等机构为发展中国家与中国企业合作的智能监控项目提供资金支持,也使得中国企业的产品和技术能在相关国家快速占领市场。③

除经济因素外,不少分析强调中国企业过硬的技术能力是吸引全球客户和投资者的关键。④不过,也有分析认为,中国企业的硬件虽在很大程度上可以与美国产品相提并论,但在交互性等软件方面却落后于美国产品,这使得美国企业的相关产品更具有竞争优势。⑤例如,思科公司(Cisco)等美国企业强大的软硬件实力推动了其与越南的多项合作。⑥

总体而言,经济技术视角强调,性价比优势是影响相关国家选择中国设备的核心因素。这一思路确实具有一定的说服力,尤其适用于解释发展中国家的政策选择。但是,经济技术优势无法解释在中国产品同样具有性价比优势的情况下,为何一些国家(如澳大利亚等)仍然采取限制中国智能监控技术的政策。对于英国和立陶宛等国的政策由默许使用转为限制使用,经济技

---

①③⑤ Katherine Atha et al., "China's Smart Cities Development," SOS International LLC, January, 2020, p.105, https://www.uscc.gov/sites/default/files/2020-04/China_Smart_Cities_Develop ment.pdf,访问时间:2022 年 7 月 29 日;Ty Joplin, "China's Newest Export? Policing Dissidents", *Al Bawaba*, May 31, 2018, https://www.albawaba.com/news/china%E2%80% 99s-newest-global-export-policing- dissidents-1139230,访问时间:2022 年 7 月 29 日。

② Paul Mozur, "Made in China, Exported to the World: The Surveillance State," *The New York Times*, April 24, 2019, https://www.nytimes.com/2019/04/24/technology/ecuador-surveillance-cameras-police-government.html,访问时间:2022 年 7 月 29 日。

④ Louise Lucas and Emily Feng, "Inside China's Surveillance State," *Financial Times*, July 19, 2018, https://www.ft.com/content/2182eebe-8a17-11e8-bf9e-8771d5404543,访问时间:2022 年 7 月 29 日;Lauly Li, Coco Liu and Cheng Ting-Fang, "China's Sharp Eyes Offer Chance to Take Surveillance Industry Global," *Nikkei Asia*, June 5, 2019, https://asia.nikkei.com/Business/China-tech/China-s-sharp-eyes-offer-chance-to-take-surveillance-industry-global,访问时间:2022 年 7 月 29 日。

⑥ 澎湃新闻:《美国越南数字经济合作渐行渐近,中国企业如何应对?》,2020 年 6 月 17 日, https://www.thepaper.cn/newsDetail_forward_7878567,访问时间:2022 年 7 月 29 日。

术优势的解释更缺乏说服力，因为在此过程中，中国智能监控设备的价格和技术水平并未发生明显变化。

（二）跨国企业视角

这类研究重点关注国家层面的制度或政策因素对企业跨国经营的影响。从静态角度出发，相关研究发现，国家之间的制度差异会阻碍企业的跨国经营。为此，科斯托娃（Tatiana Kostova）等学者曾提出"制度距离"（institutional distance）的概念，以解释东道国与跨国公司母国之间政治、经济和社会差异给相关企业融入东道国构成的挑战。[1] 具体而言，制度距离越大，政治阻碍越强，企业在东道国遭受的质疑也越大，因而也会遭到更多的审查和限制。[2] 国有企业或有政府背景的企业更容易被认定为具有战略意图，从而遭遇更大挫折。[3] 不过，制度距离解释面临的最大挑战在于，对于中国企业的智能监控技术，政治制度和价值观相近的国家却采取了明显不同的政策，例如，澳大利亚采取了限制政策，日本等国则采取了默许政策，而英国则经历了从默许政策到限制政策的转变。

---

[1] Tatiana Kostova and Srilata Zaheer, "Organizational Legitimacy under Conditions of Complexity: The Case of the Multinational Enterprise," *The Academy of Management Review*, Vol. 24, No. 1, 1999, p.64.

[2] Xu Dean and Oded Shenkar, "Institutional Distance and the Multinational Enterprise," *The Academy of Management Review*, Vol. 27, No. 4, 2002, pp.608-618; Xu Dean et al., "The Effect of Regulative and Normative Distances on MNE Ownership and Expatriate Strategies", *MIR: Management International Review*, Vol. 44, No. 3, Springer, 2004, pp.285-307；严若森、钱晶晶：《中国企业国际化背景下的制度距离文献计量分析》，载《管理学报》，2016年第3期，第465-470页。在文化分类的基础上，科古特等学者提出了"文化距离"的解释，即"一国文化价值观与他国文化价值观的差异程度"会导致企业作出不同的战略选择。参见 Bruce Kogut and Harbir Singh, "The Effect of National Culture on the Choice of Entry Mode," *Journal of International Business Studies*, Vol. 19, No. 3, 1988, p.427。

[3] Rui Huaichuan and George S. Yip, "Foreign Acquisitions by Chinese Firms: A Strategic Intent Perspective," *Journal of World Business*, Vol. 43, Issue 2, 2008, p.224; Carl Henrik Knutsen et al., "Does State Ownership Matter? Institutions' Effect on Foreign Direct Investment Revisited," *Business and Politics*, Vol. 13, No. 1, 2011, p.26；陈兆源、田野、韩冬临：《中国不同所有制企业对外直接投资的区位选择——一种交易成本的视角》，载《世界经济与政治》，2018年第6期，第129页。

对此，有学者从动态角度出发认为，制度距离与企业性质并非投资受阻的显著影响因素，双边政治关系才是核心原因①，尤其是在权力转移过程中，如果跨国公司母国与东道国处于战略竞争状态，东道国会动用国家力量"校正"市场逻辑，采取政治手段限制来自竞争对手的跨国公司，以维持自身战略竞争优势。②当东道国比较优势受到威胁时，无论跨国公司母国是发展中国家还是发达国家，都会受到东道国政府的限制，即使发展中国家的跨国公司希望借助"后发优势"，快速学习掌握先进技术，也会引发东道国政府因担心本国先进技术流失而产生的戒备。③就中国数字技术监控领域而言，这一思路可以较好地解释美国的限制和打压政策，同时也可以解释部分国家因美国政策增加了与中国数字技术企业合作的不确定性而选择了替代产品。④不

---

① Sheena Chestnut Greitens, "China's Surveillance State at Home & Abroad: Challenges for U.S. Policy," Working Paper for the Penn Project on the Future of U.S.-China Relations, 2020. p.8, https://cpb-us-w2.wpmucdn.com/web.sas.upenn.edu/dist/b/732/files/2020/10/Sheena-Greitens_Chinas-Surveillance-State-at-Home-Abroad_Final.pdf，访问时间：2022年7月29日；王碧珺、肖河：《哪些中国对外直接投资更容易遭受政治阻力？》，载《世界经济与政治》，2017年第4期，第125页。

② 黄河：《中国企业跨国经营的政治风险：基于案例与对策的分析》，载《国际展望》，2014年第3期，第68-87页；黄琪轩：《世界技术变迁的国际政治经济学——大国权力竞争如何引发了技术革命》，载《世界政治研究》，2018年第1期，第88-111页；李滨、陈怡：《高科技产业竞争的国际政治经济学分析》，载《世界经济与政治》，2019年第3期，第135-154页；于永达、林玮、张晴：《科技竞争形式的"修昔底德陷阱"——中美经贸摩擦的正名与应对》，载《和平与发展》，2019年第6期，第19-38页；任琳、黄宇韬：《技术与霸权兴衰的关系——国家与市场逻辑的博弈》，载《世界经济与政治》，2020年第5期，第131-153页。有关利用相互依赖"武器化"的最新讨论，参见Daniel W. Drezner, Henry Farrell and Abraham L. Newman, *The Uses and Abuses of Weaponized Interdependence*, Washington, D.C.: Brookings Institution Press, 2021。

③ Rustam Lalkaka, "Is the United States Losing Technological Influence in the Developing Countries?" The Annals of the American Academy of Political and Social Science 500, 1988, pp.33-50.

④ 赵明昊：《美国对数字丝绸之路的认知与应对》，载《国际问题研究》，2020年第4期，第60页；姜志达、王睿：《中国—东盟数字一带一路合作的进展及挑战》，载《太平洋学报》，2020年第9期，第86-88页；Sheena Chestnut Greitens, "Dealing with Global Demand for China's Surveillance Exports," in Tarun Chhabra et al., eds., *Assessing China's Growing Role in the World*, Washington, D.C.: Brookings Institution Press, 2021, p.187; Jane Lanhee Lee and Ju-min Park, "South Korea's Hanwha Likely to Win from Surveillance Rivals' Blacklisting: Industry Experts," *Reuters*, October 8, 2019, https://www.reuters.com/article/us-usa-trade-china-hanwha-idUSKBN1WN0B5，访问时间：2022年7月29日。

过，这一思路无法完整解释美国盟国选择的差异性，尤其无法解释双边关系水平相近的国家为何采取明显不同的政策，例如，澳大利亚采取了限制政策，日本等国则采取了默许政策，北约国家的选择也不尽相同。

（三）政治安全视角

这一视角主要关注数字技术合作可能带来的安全风险，并在此基础上解释相关国家对中国智能监控技术的政策选择。具体而言，此类解释包括两个主要思路。一是关注数据流动与存储风险的影响。例如，美国对外关系委员会的研究报告认为，数字丝绸之路使得中国企业可以深入相关国家的市场，并借此收集沿线国家的重要数据。①对此，西方有分析认为，中国企业的数据收集不但会强化自身的竞争优势，而且导致相关国家开始担心智能监控设备的安全风险（主要涉及政府信息泄漏、搜集生物识别数据引发社会不安等）②，从而加剧这些国家对中国智能监控产品的疑虑。不过，也有学者指出，正因为中国的数据法规涉及范围较小且不过分推广数据本地化，所以对一些国家才更具吸引力。③

二是关注智能监控对政治体制的影响。例如，有分析认为，部分国家

---

① Stewart M. Patrick and Guest Blogger, "Belt and Router: China Aims for Tighter Internet Controls with Digital Silk Road," Council on Foreign Relations, July 2, 2018, https://www.cfr.org/blog/belt-and-router-china-aims-tighter-internet-controls-digital-silk-road，访问时间：2022 年 7 月 29 日；Rachel Brown, "Beijing's Silk Road Goes Digital," Council on Foreign Relations, June 6, 2017, https://www.cfr.org/blog/beijings-silk-road-goes-digital，访问时间：2022 年 7 月 29 日。

② Lauren Maranto, "Who Benefits from China's Cybersecurity Laws?" CSIS, January 25, 2020, https://www.csis.org/blogs/new-perspectives-asia/who-benefits-chinas-cybersecurity-laws，访问时间：2022 年 7 月 29 日；Joel Gehrke, "It Improves Targeting: Americans under Threat from Chinese Facial Recognition Systems, Rubio Warns," Washington Examiner, August 27, 2019, https://www.washingtonexaminer.com/policy/defense-national-security/chinas-overseas-smart-city-surveillance-empire-could-trap-americans-lawmakers-warn，访问时间：2022 年 7 月 29 日。

③ James A. Lewis, "Artificial Intelligence and China's Unstoppable Global Rise: A Skeptical Look," in Nicholas D. Wright eds., AI, China, Russia, and the Global Order: Technological, Political, Global, and Creative Perspectives, Maxwell AFB: Air University Press, 2019, p.101.

担心中国的智能监控技术会对其意识形态和价值观产生冲击。① 尤其是涉疆问题出现后，一些国家的官员对中国智能监控技术的担心进一步加剧。② 澳大利亚一些学者因此建议其政府不应采用中国的智能监控。③ 还有学者认为，一些国家担心智能监控技术的扩散有助于中国输出政治模式④，因此不愿接受中国的智能监控设备。与此同时，一些国家则认为数字监控有助于其维护社会稳定。⑤ 有分析发现，数字监控有助于应对犯罪，有效提升公共安全，同

---

① Richard Fontaine and Kara Frederick, "The Autocrat's New Tool Kit," *The Wall Street Journal*, March 15, 2019, https://www.wsj.com/articles/the-autocrats-new-tool-kit-11552662637, 访问时间: 2022 年 7 月 29 日; Ross Andersen, "The Panopticon Is Already Here," *The Atlantic*, September 2020, https://www.theatlantic.com/magazine/archive/2020/09/china-ai-surveill ance/614197/, 访问时间: 2022 年 7 月 29 日; Chris Daw, "Watch Out: Everything We Do and Say Can Now be Monitored and Stored for Future Reference," *The Spectator*, July 6, 2019, https://www.spectator.co.uk/2019/07/chinas-surveillance-technology-is-terrifying-and-on-show-in-london/amp/, 访问时间: 2022 年 7 月 29 日。

② Louise Lucas and Emily Feng, "Inside China's Surveillance State," *Financial Times*, July 19, 2018, https://www.ft.com/content/2182eebe-8a17-11e8-bf9e-8771d5404543, 访问时间: 2022 年 7 月 29 日; Charlie Campbell, "'The Entire System is Designed to Suppress Us.' What the Chinese Surveillance State Means for the Rest of the World," *The New York Times*, November 21, 2019, https://time.com/5735411/ china-surveillance-privacy-issues, 访问时间: 2022 年 7 月 29 日。

③ Dahlia Pterson, "Foreign Technology and the Surveillance State," in William C. Hannas and Didi Kirsten Tatlow eds., *China's Quest for Foreign Technology: Beyond Espionage*, New York: Routledge, 2020, pp.241-257.

④ Sheena Chestnut Greitens, "Surveillance, Security, and Liberal Democracy in the Post-COVID World," *International Organization*, Vol. 74, No. S1, 2020, p.178.

⑤ Andrew Nachemson and Kong Meta, "Cambodia's Digital Surveillance Serves to Silence the Opposition and Suppress Criticism of the Government," *South China Morning Post*, October 19, 2010, https://www.scmp.com/magazines/post-magazine/long-reads/article/3033508/cambodias-digital-surveillance-serves-silence, 访问时间: 2022 年 7 月 29 日。

第九章　美国盟国对中国智能监控技术的政策选择

时降低了政府大规模持续动员的压力。^①因此，一些犯罪率较高的国家更愿意采用相关技术。如果已经使用中国技术，贸然更换也可能带来较高风险。^②

概括而言，政治安全视角聚焦于数字技术产品的特性及其安全风险，对部分美国盟国的限制政策具有较强说服力，但依旧无法解释安全风险相似情况下美国盟国政策的明显差异。例如，尽管澳大利亚等少数国家限制了中国的智能监控产品，但包括日本等在内的大部分美国盟国选择了默许政策，部分盟国（如菲律宾和泰国）则公开表示欢迎中国的智能监控产品。因此，影响美国盟国政策选择的核心因素还有待进一步挖掘和明确。

还需指出的是，有关美国盟国华为5G政策的既有解释也难以完全适用于这些国家对中国智能监控技术的政策态度。例如，马骉提出，美国施加的压力与华为公司在当地的嵌入水平可以解释美国盟国对华为5G态度的差异^③，但在智能监控技术领域，美国并未像针对华为5G一样向盟国公开施压。笔者此前的研究发现，盟国对政权威胁的认知与是否认可中美国际秩序取向是影响美国盟国政策的关键因素。^④但是，这一框架难以解释一些"委婉禁止"华为5G的国家（如日本），对中国的智能监控产品却采取了默许政策。

综合看来，既有研究关注的经济技术优势、跨国企业风险与政治安全考

---

① Myat Pyae Pho, "Huawei to Supply Mandalay's Safe City Project with Security Cameras, Equipment," *The Irrawaddy*, May 9, 2019, https://www.irrawaddy.com/news/burma/huawei-supply-mandalays-safe-city-project-cameras-security-equipment.html，访问时间：2022年7月29日; Cassandra Garrison, "Safe Like China: in Argentina, ZTE Finds Eager Buyer for Surveillance Tech," *Reuters*, July 5, 2019, https://www.reuters.com/article/us-argentina-china-zte-insight-idUSKCN1U00ZG，访问时间：2022年7月29日; "Chinese Technology Brings Falling Crime Rate to Ecuador," *Xinhua*, January 19, 2018, http://www.xinhuanet.com/english/2018-01/19/c_136908255.htm，访问时间：2022年7月29日。

② Thomas Brewster, "Thousands of Banned Chinese Surveillance Cameras Are Watching over America," *Forbes*, August 21, 2019, https://www.forbes.com/sites/thomasbrewster/2019/08/21/2000-banned-chinese-surveillance-cameras-keep-watch-over-us-government-sites/?sh=4a0f2cfc7f65，访问时间：2022年7月29日。

③ 马骉：《中美竞争背景下华为5G国际拓展的政治风险分析》，载《当代亚太》，2020年第1期，第18页。

④ 孙学峰、张希坤：《美国盟国华为5G政策的政治逻辑》，载《世界经济与政治》，2021年第6期，第114页。

量,能够部分解释美国盟国对中国智能监控技术的政策选择,但都难以有效解释美国盟国的政策差异,特别是同一盟国政策的前后变化。在三类解释中,政治安全视角具有较大启发性,但是目前的研究通常聚焦于监控技术本身的政治影响,没有考察相关影响产生的政治条件,而本章将在既有研究的基础上,集中关注美国盟国对中国数字监控技术政策形成的政治逻辑,进而建立更为清晰合理的解释框架。

三、政治安全认知与美国盟国政策选择

数字时代的个体越来越依赖于数字技术构成的网络接收信息和汲取资源。① 在这一过程中,以信息和算法驱动的数字技术可以不断记录海量信息,数据由此逐渐成为经济社会发展的核心驱动要素以及国家综合国力竞争的关键所在。② 本章关注的智能监控设备一方面可以提升社会管理水平,另一方面也会直接识别与储存公民的关键身份信息,其中,大量敏感信息一旦为竞争对手所获取,将会给一国政府和社会带来潜在风险,包括领导人遭受胁迫、社会稳定遭遇挑战、国际谈判中被迫让步等。③

因此,在引进其他国家智能监控设备的过程中,国家一方面十分重视相应技术和设备自身的安全水平,另一方面更为关注技术设备提供企业所在国对本国可能构成的威胁,以更好地评估对方是否会利用可能的数据和技术优势对其构成威胁。从当前数字技术与军事技术的融合水平来看,一国的数字

---

① 董青岭:《大数据与机器学习:复杂社会的政治分析》,北京:时事出版社,2018年,第149页。

② Joseph S. Nye, *Power in the Global Information Age: From Realism to Globalization*, New York: Routledge, 2004, p.75; Kenneth Cukier and Viktor Mayer-Schoenberger, "The Rise of Big Data: How It's Changing the Way We Think about the World," *Foreign Affairs*, Vol. 92, No. 3, 2013, p.28; Yan Xuetong, "Bipolar Rivalry in the Early Digital Age," *The Chinese Journal of International Politics*, Vol. 13, Issue 3, Autumn 2020, p.323; 蔡翠红:《国际关系中的大数据变革及其挑战》,载《世界经济与政治》,2014年第5期,第129-133页。

③ 例如,2021年,曾任英国卫生部部长的汉考克(Matt Hancock)因其办公室监控画面泄露,导致丑闻曝光,被迫宣布辞职。Martin Evans, "Camera that Caught Matt Hancock Should Have Been Pointing in Opposite Direction," *The Telegraph*, June 28, 2021, https://www.telegraph.co.uk/politics/2021/06/28/camera-caught-matt-hancock-should-have-pointing-opposite-direction/,访问时间:2022年7月29日。

第九章　美国盟国对中国智能监控技术的政策选择

技术和数据优势可能尚难以对其他国家构成严重的军事威胁①,但足以对其国内政治运行和社会稳定构成较为严重的威胁。②因此,如果一国认为数字技术来源国已影响到其国内政治和社会稳定,特别是危及政权安全,那么,这些国家必然会对相关数字技术合作施加限制,以阻止威胁升级,防范潜在风险。③正如沃尔特(Stephen M. Walt)所言,一国政府不会容忍国家安全与政治权威遭遇新兴技术和科技巨头的挑战。④

政治安全聚焦国家的组织稳定性,其核心关切是针对国家主权的非军事威胁。⑤而政治安全的核心是政权安全,主要涉及现任领导人的执政地位与国家核心政治制度的稳定。⑥有鉴于此,尽管实际上相关威胁并不存在或者没有达到决策者认知的严重程度,但决策者一旦形成相关认知,就会直接

---

① 罗易煊、李彬:《军用人工智能竞争中的先行者优势》,载《国际政治科学》,2022年第3期。
② "Rethinking Data Centers as Resilient, Sustainable Facilities," Data Centre Dynamics, October 8, 2021, https://buildings.honeywell.com/content/dam/hbtbt/en/documents/downloads/data-centers-report.pdf,访问时间:2022年7月29日;阚天舒、王子玥:《数字经济时代的全球数据安全治理与中国策略》,载《国际安全研究》,2022年第1期,第133页。
③ 孙学峰、张希坤:《美国盟国华为5G政策的政治逻辑》,载《世界经济与政治》,2021年第6期,第115-118页。
④ Stephen M. Walt, "Big Tech Won't Remake the Global Order," *Foreign Policy*, November 8, 2021, https://foreignpolicy.com/2021/11/08/big-tech-wont-remake-the-global-order/,访问时间:2022年7月29日。
⑤ Barry Buzan, "New Patterns of Global Security in the Twenty-First Century," *International Affairs*, 1991, Vol. 67, No. 3, pp.431-451; Barry Buzan et al., *Security: A New Framework for Analysis*, London: Lynne Rienner, 1998, pp.141-142.
⑥ 相关讨论参见孙学峰、张希坤:《美国盟国华为5G政策的政治逻辑》,载《世界经济与政治》,2021年第6期,第116-118页;关于领导人执政地位与政权安全的讨论,参见 Scott Wolford and Emily Hencken Ritter, "National Leaders, Political Security, and the Formation of Military Coalitions," *International Studies Quarterly*, Vol. 60, Issue 3, 2016, pp.540-542;另外,利兹等人提出,当领导人执政地位遭到削弱时,更不愿遵守国际承诺,参见 Brett Ashley Leeds et al., "Interests, Institutions, and the Reliability of International Commitments," *American Journal of Political Science*, 2009, Vol. 53, Issue 2, p.475。

影响其政策选择①。就政权安全认知的类型划分而言，主要包括三种情形：一是认为特定国家的政策和行动不利于自身政权安全，如现任领导人认为其执政地位受到了威胁和挑战等；二是认为特定国家的政策和行动有助于巩固自身政权安全，如现任领导人认为其执政地位的巩固受益于与特定国家的密切合作；三是认为特定国家的政策和行动对本国的政权安全状态并无实质性影响。具体如表 9-2 所示。

表 9-2 美国盟国有关中国对其政权安全影响的认知

认知	国家	判断依据示例
不利	澳大利亚、立陶宛、英国	2017 年 12 月，澳大利亚时任总理马尔科姆·特恩布尔指责中国正干预澳大利亚政治，批评中国尝试"秘密地"介入澳国内事务，抨击工党议员山姆·达斯特阿里（Sam Dastyari）接受"中国政治捐款"*
有利	菲律宾、泰国、希腊、匈牙利	2016 年 10 月，菲律宾总统罗德里戈·杜特尔特公开表示："我们愿意同中方开展合作，希望中方帮助建设我们的国家和经济……只有中国才会帮助我们。"** 2018 年 11 月，杜特尔特表示："中国对菲律宾的支持及援助……是诚心诚意的。"***
无实质影响	其他欧洲和东亚盟国	未出现上述两类公开表态

说明：本章仅关注美国盟国的行政当局和领导人的认知和判断，具体测量方法是

---

① 威胁感知的来源可以分为主观与客观两类。客观因素包括物质实力、制度文化等，参见 J. David Singer, "Threat-perception and the Armament-tension Dilemma," *Journal of Conflict Resolution*, Vol. 2, No. 1, 1958, p.94; Barbara Farnham, "The Theory of Democratic Peace and Threat Perception," *International Studies Quarterly*, Vol. 47, No. 3, 2003, pp.395-413。主观因素则包括社会建构与个体心理等，参见 Dean G. Pruitt, "Definition of the Situation as a Determinant of International Action," in Herbert C. Kelman ed., *International Behavior: A Social-Psychological Analysis*, New York: Holt, Rinehart and Winston, 1965, pp.399-407；罗伯特·杰维斯：《国际政治中的知觉与错误知觉》，秦亚青，译，上海：上海人民出版社，2015 年，第 127-234 页。有关国内政治压力、领导人选举、连任期望对政权安全威胁的认知的研究，参见 Charles Lockhart, *The Efficacy of Threats in International Interaction Strategies*, Beverly Hills: Sage Publications, 1973, pp.44-45; Benjamin Fordham, "The Politics of Threat Perception and the Use of Force: A Political Economy Model of U.S. Uses of Force, 1949-1994," *International Studies Quarterly*, Vol. 42, No. 3, 1998, p.584; Alastair Smith, "Diversionary Foreign Policy in Democratic Systems," *International Studies Quarterly*, Vol. 40, No. 1, 1996, p.150; Alexandre Debs and H. E. Goemans, "Regime Type, the Fate of Leaders, and War," *American Political Science Review*, Vol. 104, No. 3, 2010, p.442。

第九章　美国盟国对中国智能监控技术的政策选择

(1)是否认为其国内政治制度运行受到中国影响或中国的支持有助于现任领导人执政，考察行政当局或领导人的公开表态；(2)现任领导人执政地位是否受到影响，考察其国内媒体公开报道中提到的领导人认知。

资料来源：* Ben Blanchard, "China Complains to Australia over Turnbull Comments on Interference," Reuters, December 8, 2017, https://www.reuters.com/article/us-china-australia-idUSKBN1E218S，访问时间：2022年7月29日。** 杨柯、杨天沐、马峥：《专访菲律宾总统杜特尔特："只有中国才会帮助我们"》，新华网，2016年10月17日，http://www.xinhuanet.com/world/2016-10/17/c_1119731700.htm，访问时间：2022年7月29日。*** 袁梦晨、郑昕：《专访：习近平主席到访将把菲中关系提升到全新高度——访菲律宾总统杜特尔特》，新华网，2018年11月18日，http://www.xinhuanet.com/world/2018-11/18/c_1123730621.htm，访问时间：2022年7月29日。有关通过官方文件、媒体报道等文本测量威胁感知的国际关系文献，参见 Mark L. Haas, *The Ideological Origins of Great Power Politics*, 1789-1989, Ithaca: Cornell University Press, 2018, p. 35; Peter Trubowitz and Watanabe Kohei, "The Geopolitical Threat Index: A Text-Based Computational Approach to Identifying Foreign Threats," *International Studies Quarterly*, 2021, Vol. 65, Issue 3, pp. 853-857; Brian C. Rathbun and Caleb Pomeroy, "See No Evil, Speak No Evil? Morality, Evolutionary Psychology, and the Nature of International Relations," *International Organization*, 2021, pp. 17-22.

针对中国的智能监控技术合作，美国盟国的政权安全认知差异将直接塑造其不同的政策选择，解释框架见图9-1。首先，如果美国盟国认为中国的对外政策和行动不利于其政权安全，相关国家更可能采取"限制使用"的政策，即出台政策禁止其政府部门使用或开始审查中国的智能监控设备[①]，以向中国发出相应信号，同时防范可能的风险。具体的影响机制包括两类：一是朝野就中国的潜在影响达成共识，进而采取限制政策；二是相关国家反对党或执政党内部反对派持续强化中国构成"威胁"的认知，向执政党或现任领导人不断施压，促使其通过限制政策向中国发出明确信号。面对不断上升的内部

[①] 如果一国对相关中国企业作出一定的投资限制，但其政府部门依然使用中国设备，则不归入限制使用，涉及的国家包括加拿大、丹麦和挪威。Zane Schwartz, "Canadian Military Won't Block Chinese Surveillance Cameras Banned by U.S.," *The Logic*, February 19, 2020, https://thelogic.co/news/canadian-military-wont-block-chinese-surveillance-cameras-banned-by-u-s/，访问时间：2022年7月29日；Christain Wenande, "Chinese Equipment Poses Espionage Concern for Danish Navy," *The Post*, August 5, 2020, https://cphpost.dk/?p=117282，访问时间：2022年7月29日；Gregers Møller, "47 Cameras from Controversial Chinese Technology Company Monitor Citizens in Danish City," *Scandasia*, November 29, 2021, https://scandasia.com/47-cameras-from-controversial-chinese-technology-company-monitor-citizens-in-danish-city/，访问时间：2022年7月29日。

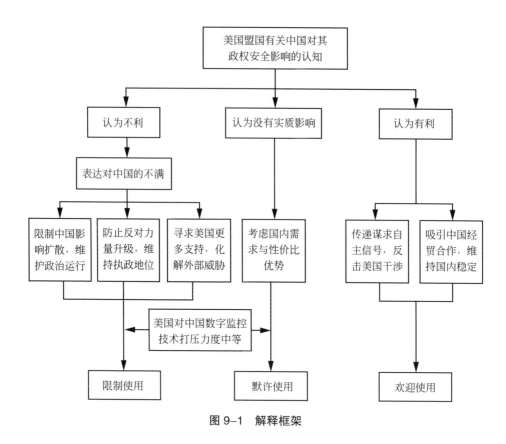

图 9-1 解释框架

压力,现任领导人不得不支持限制政策,以维系自身和所在党派的执政地位。此外,对于部分美国盟国而言,还希望通过限制政策向美国发出其主动对抗中国的信号,进而寻求美国更多的支持,帮助其化解外部挑战。需要说明的是,由于智能监控设备应用广泛,加之其不属于美国对中国高度竞争的领域,因此,这类国家将对中国的智能监控设备采取限制而非禁止的政策,即仅明确要求政府部门不能使用中国企业的智能监控设备。

其次,如果美国盟国认为与中国合作有利于巩固其政权安全,则更可能采取"欢迎使用"的政策,即政府表态欢迎中国的智能监控产品或与中国达成官方合作项目。相应的影响机制也包括两个方面:一是相关国家希望通过吸引中国投资或深化与中国的经贸合作,提振国内经济,促进社会发展。而智能监控技术领域的合作不仅有助于其经济社会发展,而且可以深化与中国的整体合作关系,这些国家因此选择了欢迎政策。二是相关国家领导人认为,美国的政策和行动对其执政地位和国内稳定构成了挑战，希望通过公开欢迎美国禁用的中国智能监控产品向美国传递谋求自主的信号，推动美国调整相关政策，以更好地维护国内稳定和执政地位。需要说明的是，采取"欢迎使用"政策的国家中，也会存在针对中国智能监控设备的不同声音。不过，在执政党或现任领导人的强力支持下，反对声音通常可以很快平息，并不会影响中国智能监控企业正常的商业运作。

最后，如果美国盟国认为中国的对外政策和行动并未影响其政权安全（即没有损害其政权安全也无须争取中国支持巩固其政权安全），加之美国在智能监控技术领域并未向盟国公开施压，因此，这些国家通常会采取"默许使用"的政策，即一国官方未公开表态限制或欢迎，但该国政府和社会机构均使用了中国的智能监控设备。这些国家的政府或社会机构选择中国产品主要源于实际需求和产品性价比，特别是对于有明显需求的美国盟国而言更是如此。例如，2021年召开的东京奥运会强化了日本对中国智能监控产品的需求。不过，考虑到美国采用了禁用政策，这些国家通常不会公开表示欢迎中国的智能监控设备，以维持与美国的高水平合作。

值得注意的是，采取"默许使用"政策的美国部分盟国（如日本等）对华为5G的政策却是委婉禁止，即官方虽未公开禁用华为5G，但该国电信企业实际上都选择了禁用。造成这一差异的主要原因在于，这些国家始终难以接受中国的国际秩序取向。面对美国的强力施压，相关国家自然会更倾向于配合美国，同时也要尽量平衡与中国的双边关系，因此选择了委婉禁止。当美国对特定的中国数字技术打压维持在中等强度（即本国禁用但没有公开呼吁盟国禁用）时，这些国家要配合美国的压力显著下降，于是自身需求和产品性价比就成为其制定政策时更为关键的影响因素。这些发现可以帮助我们更好地理解美国的打压力度影响其盟国政策选择的作用条件和逻辑机制。

四、案例分析

本节主要关注五个美国盟国的政策选择，来完成案例分析。欢迎使用中国智能监控技术的案例选择了菲律宾，主要原因在于，杜特尔特执政期间，菲律宾主动推进与中国的合作，同时借此多次表达对美国干涉其内政的不满，有助于我们检验理论解释部分提出的相应逻辑机制。默许使用中国智能监控技术的案例选择了日本，原因在于作为美国最为重要的盟国之一，日本没有追随美国的政策，可以更好地检验本章的核心变量以及美国的不同打压力度的影响及其逻辑机制。过去五年间，立陶宛和英国对中国智能监控技术的政策选择都经历了从默许使用到限制使用的变化。考察两国政策的前后变化，不但可以增加默许使用的检验案例，而且有助于控制相关干扰因素，增强案例检验的可靠性，尤其是有关限制使用案例检验的可靠性。此外，立陶宛和英国限制使用的案例可以分别检验理论部分提出的不同逻辑机制（寻求美国支持化解外部威胁以及维持现任领导人的执政地位）。限制使用中国智能监控技术的案例选择了澳大利亚，原因在于2017年以来，澳大利亚对中国影响其政权安全的认知一直较为负面，而且是唯一一直坚持限制政策的国家。

（一）菲律宾：欢迎使用

2009—2016年，中菲关系受南海争端影响处于低谷。杜特尔特就任菲律宾总统后，放弃了前任总统的对华对抗政策，同时积极寻求中国支持，以巩固其国内执政地位。2018年11月，杜特尔特接受专访时特别提及中国在反恐、禁毒等领域给予菲律宾的支持，并强调"不同于别的国家，中国对菲律宾的支持及援助不附带任何条件，是诚心诚意的"①。不难发现，在向中国表达谢意的同时，杜特尔特也表达了对美国借禁毒等问题干涉菲律宾内政的不满。②

---

① 袁梦晨、郑昕：《专访：习近平主席到访将把菲中关系提升到全新高度——访菲律宾总统杜特尔特》，新华网，2018年11月18日，http://www.xinhuanet.com/world/2018-11/18/c_1123730621.htm，访问时间：2022年7月29日。
② 针对美国等一些西方国家对菲律宾人权方面的指责，菲律宾政府对此多次回击。例如，2016年，杜特尔特直接指出，美国不支持盟友的重大决策，严重干涉了菲律宾内政，参见 "Speech of President Rodrigo Duterte during the Meeting with the Filipino Community in Singapore, The Max Pavilion and Hall 9," Presidential Communications Operations Office of the Philippines, December 16, 2016, https://pcoo.gov.ph/dec-16-2016-speech-of-president-rodrigo-duterte-during-the-meeting-with-the-filipino-community-in-singapore-the-max-pavilion-and-hall-9/，访问时间：2022年7月29日。2018年，菲律宾外交部部长卡耶塔诺（Alan Cayetano）专门发表声明反对外国势力干涉禁毒等国内事务，强调该国内政"无须其他国家的指导"。参见 "Philippines Slams U.S. Human Rights Report, Defending Anti-Drug War," Xinhua English News, April 21, 2018, http://www.xinhuanet.com/english/2018-04/21/c_137127239.htm，访问时间：2022年7月29日。

第九章　美国盟国对中国智能监控技术的政策选择

在认可中国对其巩固执政地位积极作用的背景下，菲律宾积极推动与中国的数字技术合作。①在智能监控领域，2018年11月，菲律宾与中国发布《联合声明》，决定加速推动"平安菲律宾"一期等项目并签署了商务合同，中标单位则是中国通信建设集团有限公司（CITCC）。②项目协议总额约200亿菲律宾比索，将为马尼拉、杜特尔特的家乡达沃（Davao）以及马里基纳（Marikina）等城市提供1.2万套中国企业的智能监控设备。③

不过，这一合作遭到了菲部分议员的质疑。时任参议院议长雷克托（Tempore Ralph Recto）指出，中国国有公司承担项目，而设备来自华为，如果允许相关设备进入政府，会不会构成安全威胁？④为此，时任菲律宾内政和地方政府部部长阿诺（Eduardo M. Año）专门做了详细解释，表示公众不必担心项目数据泄露，因为监控摄像头中不会存储对国家安全不利的机密数据或信息。⑤对此，雷克托并不认可，认为虽然国家安全顾问已向"平安菲律宾"项目承包商颁发了安全证书，但事态发展还是带来了相当大的安全风险。⑥在此背景下，2019年2月，菲律宾参议院否决了视频监控项目的拨款

---

① 除了坚持使用华为5G技术之外，2020年菲律宾组建了新的合资电信公司——迪托公司（Dito Telecommunity），以支持其建设移动网络并在菲律宾军队基地安装通信设备，中国电信持有其40%的股份。参见Elyssa Lopez, "Philippines Gives China-backed Telecom Firm Green Light to Build Cell Towers on Military Bases," *South China Morning Post*, September 14, 2020, https://www.scmp.com/week-asia/economics/article/3101316/philippines-gives-china-backed-telecom-firm-green-light-build，访问时间：2022年7月29日。
② 《中华人民共和国与菲律宾共和国联合声明（全文）》，新华社马尼拉11月21日电。
③ "DILG: Safe Philippines Project Will Improve Police Response Time, Deter and Reduce Crime," The Department of the Interior and Local Government, Philippines, October 17, 2017, https://dilg.gov.ph/news/DILG-Safe-Philippines-project-will-improve-police-response-time-deter-and-reduce-crime/NC-2018-1376，访问时间：2022年7月29日。
④ Camille Elemia, "Senators Sound Alarm over China-Funded DILG Surveillance Project," *Rappler*, December 13, 2018, https://www.rappler.com/nation/dilg-china-telecom-affiliate-partnership-video-surveillance-system-philippines，访问时间：2022年7月29日。
⑤ "DILG: Safc Philippines Project Will Improve Police Response Time, Deter and Reduce Crime," The Department of the Interior and Local Government, Philippines，访问时间：2022年7月29日。
⑥ "Recto Seeks Senate Probe into DILG's China-funded CCTV Project," *Rappler*, January 17, 2019, https://www.rappler.com/nation/recto-seeks-senate-probe-dilg-china-funded-cctv-project，访问时间：2022年7月29日。

计划，并启动了相关国家安全风险调查。①

三个月后，杜特尔特所在党派在国会中期选举中获胜并掌控了参众两院，项目推进随之出现了转机。杜特尔特在国会表示，不得不直接否决限制公共视频监控和通信系统大额支付的议案，因为其限制了总统作为对外政策首席设计师的权力。②2019年11月，项目试点在马里基纳正式启动。阿诺表示，项目将升级菲律宾国家警察的911应急系统，并将改善公共安全证据收集，提升灾害预防响应能力。③内政和地方政府部副部长兼发言人马拉亚（Jonathan Malaya）则表达了对中国投资的欢迎。④2021年1月，菲律宾财政部副部长约文（Mark Dennis Joven）表示，正与中国就项目第一阶段的资金进行谈判，总价值3.77亿美元的贷款协议将很快签署。按照项目计划，第一阶段将为马尼拉大都会和达沃的18个地方政府单位建设综合运营指挥中心和远程备份数据中心。⑤

（二）日本：默许使用

2010年之后，日本对华政策的对抗性明显增强，中日双边关系下滑至较低水平。不过，日本采取对抗政策的主要原因在于双边领土领海纠纷，以及地区/国际秩序取向的分歧，而非形成中国对其政权安全构成"威胁"的认知。中日领土问题主要集中体现在钓鱼岛的主权归属上。在《2018年外交蓝皮书》中，日本政府认为，中国的主张不符合现行国际秩序并单方面改变现状，而

---

①② Bernadette D. Nicolas, "Duterte Vetoes Budget Restriction on Funding," *Business Mirror*, May 6, 2019, https://businessmirror.com.ph/2019/05/06/duterte-vetoes-budget-restriction-on-funding，访问时间：2022年7月29日。

③ Christopher Lloyd Caliwan, "DILG Launches 'Safe PH Project' in Marikina," *Philippine News Agency*, November 22, 2019, https://www.pna.gov.ph/articles/1086797，访问时间：2022年7月29日。

④ Loreben Tuquero, "Año Says China-funded Safe Philippines Project will be 'All-Filipino'," *Rappler*, November 22, 2019, https://www.rappler.com/nation/ano-china-funded-safe-philippines-project-all-filipino，访问时间：2022年7月29日。

⑤ Mayvelin U. Caraballoand, "PH Hopes for More China Funds for Projects, Grants," *The Manila Times*, January 13, 2021, https://www.manilatimes.net/2021/01/13/business/business-top/ph-hopes-for-more-china-funds-for-projects-grants/827133，访问时间：2022年7月29日。

这些行动都可能直接影响日本的安全。①在地区和国际秩序问题上,日本追随美国,批评中国没有遵守所谓的"以规则为基础的国际秩序"。例如,2021年3月,美日"2+2"会谈之后发表的公报中指出,中国的行为与"以规则为基础的国际秩序"不一致,对美日同盟和国际社会构成了"挑战"②。无可辩驳的是,钓鱼岛是中国的固有领土,中国政府和中国人民对钓鱼岛及其附属岛屿拥有不可动摇的主权和管辖权。

在此背景下,日本对与中国的数字技术合作采取了相对务实的态度。尽管对华为5G采取了"委婉禁止"的政策,但在2019年第十五届北京—东京论坛的分论坛期间,围绕科技创新及数字经济领域的合作前景,日方还是表示,今后两国可以在数字经济的人工智能等底层技术和商业模式领域开展合作。③与此同时,中日数字贸易规模也不断扩大。据统计,2010—2019年,中日跨境数字订购贸易和跨境数字交付贸易从21.43亿美元增长至244.36亿美元,整体贸易规模扩大了10余倍,数字贸易在双边贸易中的占比也从0.67%增长至6.87%。④

在数字监控领域,随着美国采取禁用政策,日本国会也曾有过集中讨论。2019年3月8日,在日本第198回国会内阁委员会的讨论中,自民党议员中山展弘(Norihiro Nakayama)提出质疑,认为日本私营部门安装了大量监控摄像头,很多产品的核心技术来自中国华为,信息泄漏是需要关注的问题,并建议使用日本本土品牌。⑤3月28日,在被问及美国对海康威视等中国企

---

① Ministry of Foreign Affairs of Japan, *Diplomatic Bluebook 2018*, Tokyo: Ministry of Foreign Affairs, 2018, p.194.
② "Joint Statement of the U.S.-Japan Security Consultative Committee(2+2)," Ministry of Foreign Affairs of Japan, March 16, 2021, https://www.mofa.go.jp/na/st/page 3e_001112.html,访问时间:2022年7月29日。详细分析参见孙学峰、张希坤:《美国盟国华为5G政策的政治逻辑》,载《世界经济与政治》,2021年第6期,第125-128页。
③ 吴琼静:《"北京—东京"论坛探讨中日数字经济合作前景》,中国网,2019年10月27日,http://news.china.com.cn/txt/2019-10/27/content_75344544.htm,访问时间:2022年7月29日。
④ 王爱华、王艳真:《中日跨境数字贸易规模测度分析》,载《现代日本经济》,2021年第1期,第52页。
⑤ 日本衆議院,"第198回国会 内閣委員会 第4号," March 18, 2019, https://www.shugiin.go.jp/Internet/itdb_kaigiroku.nsf/html/kaigiroku/0002219820190308004.htm,访问时间:2022年7月29日。

业发布禁令的评论时，日本政府官员表示，"这并不意味着排除个别国家和个别公司，而是在处理供应链风险时，进行综合评估并为风险做好准备"①。在众议院的后续讨论中，有日本议员认为美国的禁令不仅会影响美国公司，还会影响与美国政府和企业有业务往来的日本公司。②对此，有日本政府官员则认为，"在不强制执行对中国智能监控禁令的阶段很难把握具体影响"③。上述言论表明，日本政府事实上采取了默许使用中国智能监控产品的政策。

在默许使用的政策背景下，日本政府和社会机构在选择中国产品时主要考虑其现实需求和产品性能。就现实需求而言，东京奥运会的安保工作需要采购大量智能监控设备。④ 2016 年，东京奥组委首席执行官武藤敏郎（Toshiro Muto）表示，东京奥运会要吸取里约奥运会筹备的经验教训，务必把安全放在第一位。⑤ 2017 年，日本国土交通省宣布，作为 2020 年东京夏季奥运会安全措施的一部分，将在若干机场安装新的视频监控摄像头。⑥ 2019 年，东

---

① 日本衆議院，"第 198 回国会 安全保障委員会 第 5 号，"March 28, 2019, https://www.shugiin.go.jp/Internet/itdb_kaigiroku.nsf/html/kaigiroku/0015198201903280005.htm，访问时间：2022 年 7 月 29 日。
② 日本衆議院，"第 198 回国会 経済産業委員会 第 6 号，"April 10, 2019, https://www.shugiin.go.jp/Internet/itdb_kaigiroku.nsf/html/aigiroku/0098198201904100006.htm，访问时间：2022 年 7 月 29 日。
③ 日本衆議院，"第 198 回国会 経済産業委員会 第 6 号，"April 10, 2019, https://www.shugiin.go.jp/Internet/itdb_kaigiroku.nsf/html/aigiroku/0098198201904100006.htm，访问时间：2022 年 7 月 29 日。
④ Joe Jackson, "Security Giants Earn Huge Windfalls with Olympics," *Al Jazeera America*, February 23, 2016, http://america.aljazeera.com/articles/2016/2/23/security-companies-profit-surveillance.html，访问时间：2022 年 7 月 29 日。
⑤ Andrew Mckirdy, "2020 Tokyo Olympics CEO Weighs in on Security, Differences with Rio," *The Japan Times*, April 4, 2016, https://www.japantimes.co.jp/news/2016/04/04/national/2020-tokyo-olympics-ceo-weighs-security-differences-rio/，访问时间：2022 年 7 月 29 日。
⑥ "Japan to Install New Surveillance Cameras at Airports ahead of 2020 Olympics," *Agencia EFE*, April 3, 2017, https://www.efe.com/efe/english/sports/japan-to-install-new-surveillance-cameras-at-airports-ahead-of-2020-olympics/50000266-3226913，访问时间：2022 年 7 月 29 日。

第九章　美国盟国对中国智能监控技术的政策选择

日本铁路公司提出，要在2020年奥运会之前安装约2.2万个安全摄像头。①就产品性能而言，中国智能监控产品也得到了日本社会的认同。例如，有日本媒体认为，日本已具备了自行设计考虑隐私的监控操作系统，但同中国的监控摄像头相比，技术上仍然存在差距。②

需要指出的是，日本社会对智能监控设备的态度也对日本政府采取默许政策发挥了一定作用。首先，日本民众对智能监控引发的隐私权争论一直持比较中立的态度。尽管2005年日本修改了个人信息保护法案，但是执法部门并不受相关隐私法规约束。据报道，日本警方正在测试的面部识别系统可将嫌疑人照片与社交媒体和智能监控摄像头的图像匹配起来。③其次，日本社会和执法部门较为认可智能监控的积极作用。2019年，政府官员在日本国会表示，在警方看来，监控摄像头对反恐发挥了积极作用。日本政府正在加强与相关方的合作，以确保恐怖袭击发生时可以快速使用智能监控图像。④日本媒体也认为，日本警察厅确认的刑事案件数量连续17年下降，主要归功于各地广泛安装了安全摄像头。⑤在这一过程中，日本地方政府也愿意为安装智能监控设备提供补贴，导致近年来相关设备数量猛增，已成为警方调查取证的重要支撑。⑥

---

① Jessica Davis, "Tokyo to Install 22000 Security Cameras on Metro in Advance of 2020 Olympics," *Security Today*, March 12, 2019, https://securitytoday.com/articles/ 2019/03/12/tokyo-to-install-22000-security-cameras-on-metro-in-advance-of-2020-olympics.aspx?admgarea=ht.networkcentric&m=1，访问时间：2022年7月29日。
② Makino Takefum, "監視カメラ大国、中国の「スカイネット」の普及により、日本ではエンジニアの貢献が重要に，" *Geekroid*, June 25, 2020, https://mynavi-agent.jp/it/geekroid/2020/06/post-242.html，访问时间：2022年7月29日。
③ Alessandro Mascellino, "Police in Japan Reveal Use of Facial Biometrics in Criminal Probes," *Biometric Update*, September 16, 2021, https://www.biometricupdate.com/202009/police-in-japan-reveal-use-of-facial-biometrics-in-criminal-probes，访问时间：2022年7月29日。
④ 日本衆議院，"第198回国会 内閣委員会 第4号"。
⑤ "Expansion of Security Cameras behind Drop in Japan Crime Figures," *Inquirer News*, July 29, 2019, https://newsinfo.inquirer.net/1147464/expansion-of-security-cameras-behind-drop-in-japan-crime-figures，访问时间：2022年7月29日。
⑥ Murata Hiroko, "State Surveillance: How Much is Too Much?" *NHK*, March 5, 2019, https://www3.nhk.or.jp/nhkworld/en/news/backstories/387/，访问时间：2022年7月29日。

（三）立陶宛：从默许使用到限制使用

2019年之前，立陶宛与中国的关系一直处于正常状态并在经贸领域开展了较为深入的合作。例如，2017年11月，两国正式签署合作谅解备忘录，立陶宛成为"一带一路"倡议合作国。在数字技术领域，立陶宛也展现了较强的合作意愿。2018年8月，时任总统达利娅·格里包斯凯特（Dalia Grybauskaitė）公开表示，立陶宛对于在创新、科学和前沿技术方面与中国合作很感兴趣，愿与中国在开发信息通信产品方面展开合作。① 在此背景下，海康威视、大华等中国智能监控企业在立陶宛的发展也较为顺利。根据立陶宛官方2020年发布的统计数据，其国内57家机构已选用了来自海康威视或大华的智能监控设备。②

不过，随着中国在立陶宛影响力的增强，立陶宛官方的担忧逐步加深。③ 2019年7月，新当选的总统瑙塞达（Gitanas Nausėda）认为，中国对克莱佩达港的投资可能损害立陶宛乃至整个欧洲的国家安全，因此公开反对仓促推动项目完成。④ 2020年版的《国家威胁评估》则将中国定义为"安全威胁"，认为中国追求技术优势和渗透性投资活动增加了其他国家的脆弱性，并加剧了关键基础设施失控的风险。⑤

---

① 郭明芳：《专访：中国首届进博会向世界发出了致力于对外开放和全球贸易的强烈讯息——访立陶宛总统达利娅·格里包斯凯特》，新华网，2018年10月29日，http://www.xinhuanet.com/world/2018-10/29/c_1123630715.htm，访问时间：2022年7月29日。
② NCSC under MND, "Assessment of Cyber Security of Video Surveillance Cameras Supplied in Lithuania Analysis of Hikvision and Dahua Product Samples," June 9, 2020, p.1, https://www.nksc.lt/doc/en/analysis/2020_06_09_Hikvision-Dahua.pdf，访问时间：2022年7月29日。
③ 张艳璐：《小国对外战略的逻辑与偏好分析：以波罗的海三国为例——兼论波罗的海三国对华关系和政策的演变》，载《俄罗斯东欧中亚研究》，2019年第5期，第64页。
④ Saulius Jakučionis, "Chinese Investment into Klaipėda Port a 'Concern' for National Security, President Says," LRT, July 29, 2019, https://www.lrt.lt/en/news-in-english/19/1083021/chinese-investment-into-klaipeda-port-a-concern-for-national-security-president-says，访问时间：2022年7月29日。
⑤ Second Investigation Department Under the Ministry of National Defence, Republic of Lithuania, National Threat Assessment 2020, Vilnius: The General Affairs Department of the Ministry of National Defence of Lithuania, 2020, p.7.

第九章　美国盟国对中国智能监控技术的政策选择

立陶宛政府的担心和疑虑逐步波及中国的智能监控产品。2020年2月初，立陶宛国家广播电视台（LRT）调查小组发布报告，对立陶宛边防部队、警察和移民部门以及国家领导人汽车上仍使用中国智能监控表示"担忧"。① 报告发布三个月后，立陶宛国家网络安全中心启动了对中国智能监控设备的安全评估。② 针对报告指出的中国相关设备的所谓安全"漏洞"，时任总理斯克维尔内利斯（Saulius Skvernelis）表示，可能需要修改和调整允许购买此类摄像头的相关法律。③

2020年10月，此前的反对党祖国联盟—立陶宛基督教民主党赢得议会选举，成为议会第一大党并组成新政府。新政府的执政理念特别强化了反共价值观，更加主动地寻求美国支持，同时与俄罗斯等国的关系日趋紧张，并较为严重地影响到了其对中国的政策取向。④ 2021年5月，新任外交部部长兰茨贝吉斯（Gabrielius Landsbergis）指责中国分裂欧盟，并借此宣布退出中国—中东欧"17+1合作"机制，同时大力呼吁欧盟成员国与中国进行切割，一致应对中国。⑤

---

① Mindaugas Aušra, "Chinese Cameras Banned in US Monitor Lithuanian Leaders-LRT Investigation," *LRT*, February 6, 2020, https://www.lrt.lt/en/news-in-english/19/1139300/chinese-cameras-banned-in-us-monitor-lithuanian-leaders-lrt-investigation，访问时间：2022年7月29日。

② "Security Risks Identified in Hikvision and Dahua Video Surveillance Cameras," Ministry of National Defence Republic of Lithuania, May 27, 2020, https://kam.lt/en/news_1098/current_issues/security_risks_identified_following_the_assessment_of_hikvision_and_dahua_video_surveillance_cameras.html?__cf_chl_jschl_tk__=pmd_04d2486ce7e90ee13baf549b17a16fc9b959f75b-1626969346-0-gqNtZGzNArijcnBszQii，访问时间：2022年7月29日。

③ Ignas Jačauskas et al., "Gaižauskas: Nesaugios Kameros Turi Būti Išmontuotos, Jei Spragų Pašalinti Neįmanoma," *LRT*, May 27, 2020, https://www.lrt.lt/naujienos/lietuvoje/2/1182562/gaizauskas-nesaugios-kameros-turi-buti-ismontuotos-jei-spragu-pasalinti-neimanoma，访问时间：2022年7月29日。

④ Denis Kishinevsky, "Why Little Lithuania is Taking on Mighty China," Carnegie Endowment for International Peace, November 29, 2021, https://carnegiemoscow.org/commentary/85873.

⑤ Stuart Lau, "Lithuania Pulls out of China's '17+1' Bloc in Eastern Europe," *Politico*, May 21, 2021, https://www.politico.eu/article/lithuania-pulls-out-china-17-1-bloc-eastern-central-europe-foreign-minister-gabrielius-landsbergis/，访问时间：2022年7月29日。

受价值观外交的影响①，为了表达对中国的不满，进而获取美国的支持，立陶宛新政府对中国的智能监控产品采取了进一步限制措施。据当地媒体报道，因需处理数据保护问题，立陶宛第二大城市考纳斯（Kaunas）的234台海康威视摄像头到2021年7月依然无法使用，而按照计划这些设备一年前就应投入使用。立陶宛国家数据保护监察局法律部顾问瓦尔丘克（Margarita Valčiukė）证实，对于海康威视的这些监控设备，该部门一直没有发放许可。②

立陶宛对中国智能监控产品的限制也从中国方面得到了印证。2021年5月，时任中国驻立陶宛大使申知非就中立关系接受《波罗的海时报》专访时表示，同方威视、海康威视、大华等公司的正常商业活动受到了严重干扰。某些立陶宛政客和媒体认为，上述中国企业"威胁"立陶宛的国家安全，一些中国公司甚至被迫解除公开招标所获得的合同。③申知非还表示，海康威视、大华等中国公司在立陶宛已经建立了良好的声誉，不仅创造体面的就业机会，还提供物美价廉的产品与服务，促进立陶宛技术进步和经济发展，中国企业应该得到公平对待和平等的商业机会，不受任何政治偏见干预影响。④

（四）英国：从默许使用到限制使用

21世纪的前20年，中英关系发展较为顺利，双方还建立了"面向21世

---

① 相关讨论参见 Finbarr Bermingham, "Keeping Big Brothers at Bay: Why Lithuania is Taking on China," *South China Morning Post*, December 1, 2021, https://www.scmp.com/news/china/diplomacy/article/3157869/keeping-big-brothers-bay-why-lithuania-taking-china，访问时间：2022年7月29日；Linas Eriksonas, "Lithuania External Relations Briefing: An Outlook of Lithuania's Value-based Foreign Policy," China-CEE Institute, February 9, 2021, https://china-cee.eu/wp-content/uploads/2021/02/2021er01_Lithuania.pdf，访问时间：2022年7月29日；杨博文：《立陶宛力推冒进外交，到底为哪般？》，载《世界知识》，2021年第16期，第46页。

② "Žiniasklaida: Kaune Sumontuotos Kinijos Gamintojo Vaizdo Stebėjimo Kameros vis Dar Neveikia," *LRT*, July 16, 2021, https://www.lrt.lt/naujienos/verslas/4/1452000/ziniasklaida-kaune-sumontuotos-vaizdo-stebejimo-kameros-vis-dar-neveikia，访问时间：2022年7月29日。

③④ 中国驻立陶宛大使馆：《驻立陶宛大使申知非就中立关系接受〈波罗的海时报〉专访》，2021年7月21日，https://www.fmprc.gov.cn/ce/celt/chn/sgxw/t1893990.htm，访问时间：2022年7月29日。

第九章　美国盟国对中国智能监控技术的政策选择

纪的全球全面战略伙伴关系"。① 在欧美大国中，英国是第一个发行人民币主权债券的国家，也是第一个与中国共同发布科技创新合作战略的国家。得益于两国的友好关系以及英国强烈的国内需求，海康威视等中国智能监控企业逐步打开了英国市场。2018年，海康威视英国分公司与鹰眼网络（Eagle Eye Networks）宣布建立技术合作伙伴关系，并开始为英国客户提供云视频监控解决方案。② 当年，威尔士警方开始在17个城镇安装中国制造的智能监控设备；在北爱尔兰，300多辆公交车安装了海康威视的监控设备；在英格兰，根据2019年公开发布的信息，当时伦敦议会已购买并部署了海康威视或大华的智能监控设备。③ 此外，中国公司的智能监控设备还覆盖了英国多个地区的医院、学校和商业中心。④

2019年前后，英国国内舆论陆续出现了质疑中国智能监控设备的声音并逐渐增强。2019年2月7日，在上议院辩论中，英国前海军司令韦斯特（Alan West）质询内阁是否担心海康威视以及其他监控设备会收集并传递数据。⑤ 4月，英国工党议员李（Karen Lee）向媒体表示，她已敦促英国政府考虑抵制海康威视产品，尤其是用于公共建筑的产品。⑥ 期间这些舆论还将智能监控设备与中国的人权状况联系起来，以引起立法者的警觉。⑦

不过，面对这些质疑，英国政府并未过多回应，也没有出台相应举措限

---

① 新华网：《中英关于构建面向21世纪全球全面战略伙伴关系的联合宣言》，2015年10月22日，http://news.xinhuanet.com/world/2015-10/22/c_1116911370.htm，访问时间：2022年7月29日。
② "Hikvision and Eagle Eye Technology Partnership Announced," *Eagle Eye Networks*, June 6, 2018, https://www.een.com/blog/hikvision-uk-and-eagle-eye-networks-announce-preferred-technology-partnership/，访问时间：2022年7月29日。
③⑦ Avi Asher-Schapiro, "Half London Councils Found Using Chinese Surveillance Tech Linked to Uyghur Abuses," *The Global and Mail, February* 18, 2021, https://www.theglobeandmail.com/world/article-half-london-councils-found-using-chinese-surveillance-tech-linked-to/，访问时间：2022年7月29日。
④⑥ Ryan Gallagher, "Cameras Linked to Chinese Government Stir Alarm in U.K. Parliament," *The Intercept*, April 9, 2019, https://theintercept.com/2019/04/09/hikvision-cameras-uk-parliament/，访问时间：2022年7月29日。
⑤ "Cyber Threats-Hansard," UK Parliament, October 18, 2018, https://hansard.parliament.uk/Lords/2018-10-18/debates/A56749A0-AC64-481E-87C1-70D9C7BCD456/CyberThreats，访问时间：2022年7月29日。

制中国监控设备。例如，对于议员要求对海康威视"侵犯人权"进行调查，当局并未回应。① 2019 年 4 月，中英双方还共同发布了《第七届中英互联网圆桌会议成果文件》，在数字经济、网络安全、数据和人工智能等领域达成了多项合作共识。② 英国内政部也依然允许海康威视参加在英国国内举办的安全和警务交易会。③

进入 2020 年，涉港问题对英国国内政治的影响逐步显现。执政的保守党部分议员开始通过组建"中国研究小组"（China Research Group）等方式，推动对华采取更为强硬的路线。自由保守派议员格林（Damian Green）与其他 14 名保守党资深人士联合致信时任首相约翰逊（Boris Johnson），呼吁"重新思考和重置"与中国的关系。保守党前领袖史密斯（Iain Duncan Smith）也表示，现在必须停止对中国的"荒谬"（ridiculous）政策。④ 保守党前主席戴维斯（David Michael Davis）敦促政府阻止中国收购英国一家图形芯片制造商。⑤

面对英国政府以"安全风险"为由，下令各部门停止在敏感建筑上安装

---

① Charles Rollet, "9 UK MPs Call out Hikvision over Human Rights Violations," *IPVM*, March 26, 2019, https://ipvm.com/reports/uk-mp-9，访问时间：2022 年 7 月 29 日。
② 中国国家互联网信息办公室：《第七届中英互联网圆桌会议成果文件（全文）》，2019 年 4 月 19 日，http://www.cac.gov.cn/2019-04/11/c_1124353137.htm，访问时间：2022 年 7 月 29 日。
③ Stephanie Kirchgaessner, "Chinese Cameras Blacklisted by US Being Used in UK School Toilets," *The Guardian*, September 21, 2020, https://www.theguardian.com/world/2020/sep/21/chinese-spy-tech-firm-linked-uighur-abuses-increases-uk-presence，访问时间：2022 年 7 月 29 日；"Britain Slammed for Inviting Chinese Surveillance Giant Hikvision to Security Fair," *South China Morning Post*, February 18, 2020, https://www.scmp.com/news/world/europe/article/3051056/britain-slammed-inviting-chinese-surveillance-giant-hikvision，访问时间：2022 年 7 月 29 日。
④ Gerrard Kaonga, "Iain Duncan Smith Warns 'Ridiculous Addiction' to China Must End after COVID-19 Cover-up," *Express*, April 28, 2020, https://www.express.co.uk/news/uk/1274963/Iain-Duncan-smith-China-coronavirus-news-latest-update-response，访问时间：2022 年 7 月 29 日。
⑤ Guy Faulconbridge, "UK Urged to Stop China Taking Control of Imagination Tech: Lawmaker," *Reuters*, April 14, 2020, https://www.reuters.com/article/us-china-britain-imaginationtechnologies/uk-urged-to-stop-china-taking-control-of-imagination-tech-lawmaker-idUSKCN21W1FW，访问时间：2022 年 7 月 29 日。

第九章　美国盟国对中国智能监控技术的政策选择

与中国有关的监控摄像头，海康威视与大华均对此作出过回应，强调产品的安全性并坚守当地法律法规，反对被"妖魔化"。①2022年11月25日，中国外交部发言人也作出回应，中方坚决反对一些人泛化国家安全概念，无理打压中国企业，中国政府也将坚定维护中国企业的正当合法权益。②2023年6月，驻英国使馆发言人也表示，坚决反对英方刻意曲解中国相关法律、歧视打压中国企业的错误做法。③

反对派的压力对约翰逊的执政地位逐步形成了较为严峻的挑战。④为此，约翰逊政府开始调整对华政策，以缓解其执政地位面临的挑战。2020年4月，时任英国外长拉布（Dominic Rennie Raab）表示，与中国的关系不可能再遵循以往的模式。⑤英国的政策调整很快波及与中国的数字技术合作领域，最为典型的例子就是英国政府发布禁令，要求其境内的电信供应商从2021年开始不得在英国的5G网络中安装华为设备，已安装的华为5G设备必须在

---

① "Uk Government Bans New Chinese Security Cameras," *BBC News*, November 24, 2022, https://www.bbc.com/news/uk-politics-63749696，访问时间：2023年6月30日。
② 中国外交部：《2022年11月25日外交部发言人毛宁主持例行记者会》，2022年11月25日，http://www1.fmprc.gov.cn/fyrbt_673021/jzhsl_673025/202211/t20221125_10980876.shtml，访问时间：2023年6月30日。
③ 中华人民共和国驻大不列颠和北爱尔兰联合王国大使馆：《驻英国使馆发言人就英方宣称将发布移除中国监控设备时间表答记者问》，2023年6月7日，http://gb.china-embassy.gov.cn/lcbt/sgryr/202306/t20230608_11091368.htm，访问时间：2023年6月30日。
④ Adam Payne, "Boris Johnson Is under Pressure from His Own Party to Reset the UK's Relationship with China after Beijing 'Consistently Lied' about the Coronavirus Pandemic," *Business Insider India*, April 25, 2020, https://www.businessinsider.in/politics/world/news/boris-johnson-is-under-pressure-from-his-own-party-to-reset-the-uks-relationship-with-china-after-beijing-consistently-lied-about-the-coronavirus-pandemic/articleshow/75373443.cms，访问时间：2022年7月29日。例如，在2020年3月在英国下议院关于华为5G的提案中，包括保守党前领袖史密斯在内的38名保守党议员投票反对约翰逊政府，为其敲响了警钟。参见Dan Sabbagh, "Government Majority Cut as Almost 40 Tories Rebel over Huawei," *The Guardian*, March 10, 2020, https://www.theguardian.com/politics/2020/mar/10/government-wins-huawei-vote-despite-tory-rebellion，访问时间：2022年7月29日。
⑤ Kitty Donaldson and Joe Mayes, "No 'Business as Usual' with China after Covid-19, U.K. Says," *Bloomberg*, April 16, 2020, https://www.bloomberg.com/news/articles/2020-04-16/no-business-as-usual-with-china-after-coronavirus-u-k-says，访问时间：2022年7月29日。

2027年之前拆除。① 智能监控领域的行动也随之逐步展开。2020年12月，富时罗素表示，因美国对中国监控公司实施制裁，决定将海康威视从富时中国A50指数中剔除。② 与此同时，英国议会开始审查与海康威视的摄像头设备合同，到2021年年底，接受采购审查或安全审查的合同金额达数十万英镑。③

2021年3月，英国政府公布《竞争时代的全球英国》白皮书，认为中国具有不同的价值观，对英国及盟友形成挑战④，英国将对来自中国的贸易和投资保持开放，但也会保护自己免受不利影响。⑤ 不过，报告发布后，部分保守党议员仍然指责约翰逊的中国政策不够强硬。⑥ 为了更好地弥合党内分歧，维护执政地位，约翰逊政府对中国的智能监控设备采取了进一步的限制措施。当月，英国情报机构开始推动限制地方当局使用包括面部识别在内的中国智能监控技术。⑦ 在这一过程中，达德利（Dudley）都市区议会决定在2021年年底进行全面的采购审查，借此考虑替代中国智能监控产品的选择。北沃里

---

① "Huawei to be Removed from UK 5G Networks by 2027," Government of UK, July 14, 2020, https://www.gov.uk/government/news/huawei-to-be-removed-from-uk-5g-networks-by-2027，访问时间：2022年7月29日。

② Samuel Shen and Tom Westbrook, "FTSE Russell to Remove SMIC and Hikvision from China Indexes," *Reuters*, December 22, 2020, https://www.reuters.com/article/us-china-ftse-blacklist-idUSKBN28W101，访问时间：2022年7月29日。

③ Mutaz Ahmed, "Councils to Review CCTV Contracts with Chinese Firm Amid Human Rights Concerns," *The Telegraph*, June 19, 2021, https://www.telegraph.co.uk/news/2021/06/19/ councils-review-cctv-contracts-chinese-firm-amid-human-rights/，访问时间：2022年7月29日。

④⑤ "Global Britain in a Competitive Age: The Integrated Review of Security, Defence, Development and Foreign Policy," Government of UK, July 2021, https://www.gov.uk/government/publications/global-britain-in-a-competitive-age-the-integrated-review-of-security-defence-development-and-foreign-policy/global-britain-in-a-competitive-age-the-integrated-review-of-security-defence-development-and-foreign-policy，访问时间：2022年7月29日。

⑥ Henry Ridgwell, "UK Aims to Counter China 'Threat' in Major Defense Review," *VOA*, March 17, 2021, https://www.voanews.com/a/europe_uk-aims-counter-china-threat-major-defense-review/6203431.html，访问时间：2022年7月29日。

⑦ "UK Spy Agencies Push for Curbs on Chinese 'Smart Cities' Technology," *Financial Times*, March 18, 2021, https://www.ft.com/content/47c9b28b-8247-4984-9398-dc78ff62b424，访问时间：2022年7月29日。

克郡（North Warwickshire）自治市议会则表示，正在考虑采取专家的建议，以确保与海康威视相关的技术不会对公众构成"风险"。①

2021年6月，时任英国卫生部部长汉考克（Matt Hancock）监控画面泄漏。调查人员发现，拍摄汉考克画面的摄像头为中国制造，英国部分媒体和政客便将"锅"甩到了海康威视生产的摄像头上，还将其与美国禁令和涉疆问题联系起来。保守党的"中国研究小组"表示，海康威视摄像头正在包括政府部门、国会议员办公室和上下议院在内的敏感地点使用，而使用这些摄像头肯定存在安全风险②，呼吁对来自中国的智能监控技术进行审查，以评估安全风险。③ 6月29日，在关于部长办公室通信安全的上议院辩论中，韦斯特再次表达了对海康威视安全担忧。对此，时任内阁办公室部长特鲁（Nicholas True）回应称，正在政府安全小组支持下进行调查。④ 一个月之后，英国议会外交事务委员会（FAC）发布报告，要求政府禁止英国公司与海康威视以及其他与涉疆问题有关的企业开展业务。⑤ 2022年4月，英国卫生部正式决定

---

① Mutaz Ahmed, "Councils to Review CCTV Contracts with Chinese Firm Amid Human Rights Concerns," *The Telegraph*, June 19, 2021, https://www.telegraph.co.uk/news/2021/06/19/ councils-review-cctv-contracts-chinese-firm-amid-human-rights/，访问时间：2022年7月29日。

② Martin Evans, "Camera That Caught Matt Hancock Should Have Been Pointing in Opposite Direction," *The Telegraph*, June 28, 2021, https://www.telegraph.co.uk/politics/2021/06/28/camera-caught-matt-hancock-should-have-pointing-opposite-direction/，访问时间：2022年7月29日。

③ "Security Sweeps of Whitehall Offices Ordered after Hancock CCTV Leak," *Financial Times*, June 28, 2021, https://www.ft.com/content/61a0ff14-d2d4-408c-a4d1-d02ee0222778，访问时间：2022年7月29日。

④ "Lord West of Spithead-Debates," UK Cabinet Office, June 29, 2021, https://www.parallelparliament.co.uk/lord/lord-west-of-spithead/dept-debates/cabinet-office，访问时间：2022年7月29日。

⑤ "Never Again: The UK's Responsibility to Act on Atrocities in Xinjiang and Beyond Second Report of Session 2021-22 Report, Together with Formal Minutes Relating to the Report," House of Commons, Foreign Affairs Committee, UK, July 8, 2021, https://committees.parliament.uk/publications/6624/documents/71430/default/，访问时间：2022年7月29日。

禁止购买海康威视摄像头。①

（五）澳大利亚：限制使用

2016 年以来，中澳双边关系持续走低。在这一过程中，澳大利亚对中国的政权安全威胁认知愈加趋于负面。例如，2017 年 11 月，在回应"来自中国的政治捐款"等报道时，时任总理特恩布尔（Malcolm Turnbull）指责中国正"干预"澳大利亚政治，批评中国尝试"秘密地"介入澳国内事务。② 2020 年 6 月，时任总理莫里森（Scott Morrison）在谈及中国留学生问题时首次使用"胁迫"（coercion）一词，表示"永远不会为了应对胁迫而改变价值观"。③ 与此同时，澳大利亚推出了一系列针对中国影响的立法和行政措施④，并于 2018 年 5 月正式禁止华为和中兴参与澳大利亚 5G 网络建设⑤。

在智能监控领域，美国发布相关禁令后，澳大利亚议会与媒体中出现

---

① James Titcomb, "Health Department Bans Chinese Cameras that Caught Matt Hancock's Affair," *The Telegraph*, April 16, 2022, https://www.telegraph.co.uk/business/ 2022/04/16/health-department-bans-chinese-cameras-caught-matt-hancocks/，访问时间：2022 年 7 月 29 日。

② Caitlyn Gribbin, "Malcolm Turnbull Declares He will 'Stand up' for Australia in Response to China's Criticism," *ABC News*, December 9, 2017, https://www.abc.net.au/news/2017-12-09/malcolm-turnbull-says-he-will-stand-up-for-australia/9243274，访问时间：2022 年 7 月 29 日。

③ Stephanie Dalzell, "Scott Morrison Says Australia Won't Respond to Chinese 'Coercion' over Warning about Universities," *ABC News*, June 11, 2020, https://www.abc.net.au/news/2020-06-11/australia-morrison-china-respond-coercion-on-universities/12342924，访问时间：2022 年 7 月 29 日。不过，澳大利亚前总理基廷（Paul John Keating）指出，实际上，中国从未对澳大利亚构成"威胁"，甚至从未暗示过会采取军事手段上的"威胁"。参见 Paul Keating, "Morrison Is Making an Enemy of China-and Labor Is Helping Him," *The Sydney Morning Herald*, September 22, 2021, https://www.smh.com.au/world/asia/morrison-is-making-an-enemy-of-china-and-labor-is-helping-him-20210921-p58tek.html，访问时间：2022 年 7 月 29 日。

④ 主要包括《国家安全立法修正案》《间谍和外国干涉法》（*Espionage and Foreign Interference Bill*）、《外国影响透明度计划法》（*Foreign Influence Transparency Scheme Bill*）和《关键基础设施安全法》（*Security of Critical Infrastructure Act 2018*）等。

⑤ Peter Hartcher, "Huawei? No Way! Why Australia Banned the World's Biggest Telecoms Firm," *The Sydney Morning Herald*, May 21, 2021, https://www.smh.com.au/national/huawei-no-way-why-australia-banned-the-world-s-biggest-telecoms-firm-20210503-p57oc9.html，访问时间：2022 年 7 月 29 日。

了反对中国数字企业相关设备的声浪。2018年9月，众议员扎皮亚（Tony Zappia）在众议院发起动议时指出，海康威视和大华摄像头与中国政府关系密切，在世界其他地方进行了"间谍活动"。①澳大利亚广播公司则花费数周时间排查政府采购记录以及政府大楼中的海康威视和大华摄像头，并发布了相关报告，认为从联邦政府机构到地区议会仍在使用中国的智能监控设备，其中还包括位于阿德莱德的爱丁堡皇家空军基地，而这一基地是澳大利亚最为机密的军事设施之一。②

面对上述声浪和压力，澳大利亚政府立即进行了回应并采取限制措施，特别是有关澳大利亚军事基地使用中国智能监控设备的报道发酵后，澳大利亚国防部立即表示，珀斯和阿德莱德两个基地的海康威视摄像头已于2018年拆除，其他基地均未发现海康威视摄像头。同时，澳大利亚国防部特别强调，澳大利亚国防产业在任何情况下都不会使用来自中国的智能监控摄像头。③2020年1月，南澳大利亚州卫生部表示，出于安全和技术考虑，其终止了与海康威视的合作关系，因为该州公民的福利、安全和隐私是重中之重，政府绝不会把人民置于危险之中。④对此，澳大利亚政策分析人士也表达了担忧，认为澳大利亚地方政府和企业与海康威视等中国公司合作的挑战之一是这些

---

① "Hansard-House of Representatives 17/09/2018," Parliament of Australia, September 17, 2018, https://www.aph.gov.au/Parliamentary_Business/Hansard/Hansard_Display?bid=chamber/ hansardr/b8101fb1-edde-4753-a50e-1709934db485/&sid=0061，访问时间：2022年7月29日。

② Dylan Welch and Kyle Taylor, "Chinese Video Surveillance Network Used by the Australian Government," *ABC News*, September 12, 2018, https://www.abc.net.au/news/ 2018-09-12/chinese-video-surveillance-network-used-by-australian-government/10212600，访问时间：2022年7月29日。

③ Dylan Welch and Kyle Taylor, "Chinese Video Surveillance Network Used by the Australian Government," *ABC News*, September 12, 2018, https://www.abc.net.au/news/2018-09-12/chinese-video-surveillance-network-used-by-australian-government/10212600，访问时间：2022年7月29日。

④ Charlotte Karp, "The Chinese CCTV Cameras the Government Is Refusing to Take down Despite Spying Fears," *Daily Mail Online*, January 21, 2020, https://www.dailymail.co.uk/news/article-7910409/The-Chinese-CCTV-cameras-government-REFUSING-despite-spying-fears.html，访问时间：2022年7月29日。

公司不能"独立于中国政府"。①

与此同时,澳大利亚官方还将中国的数字智能监控设备与维护其政治制度运行联系起来。② 例如,在 2018 年讨论面部识别技术时,澳大利亚议会情报与安全联合委员会认为,监控技术不仅可用于犯罪调查,也可以用于社会控制,澳大利亚不能走中国的道路,引入面部识别技术必须符合澳大利亚的政治价值观。③ 2019 年,澳大利亚官方还批评参与中国数字监控研究项目的两位澳学者违背了澳大利亚的政治价值观。④

澳大利亚政府的限制措施对其学术机构与中国企业的合作也产生了消极影响。作为提供智能监控产品的中国企业之一,中国电子科技集团公司(CETC)曾于 2015 年与悉尼科技大学(UTS)建立联合研究中心,并于 2017—2018 年期间合作开展了公共安全视频检索项目的联合研究。⑤ 不过,2018 年后,面对政府政策的转向和公众舆论的质疑,悉尼科技大学对

---

① Danielle Cave et al., "Mapping More of China's Tech Giants: AI and Surveillance," Australian Strategic Policy Institute, November 2019, https://www.aspi.org.au/report/mapping-more-chinas-tech-giants,访问时间:2022 年 7 月 29 日。

② Elise Thomas, "Should Australia Be Partnering with the Chinese Tech Giants Designing a Surveillance State?" *ABC News*, May 3, 2019, https://www.abc.net.au/news/2019-05-03/xinjiang-china-surveillance-company-partnership-with-aus-unis/11074122,访问时间:2022 年 7 月 29 日。

③ "Hansard Display-Committeeon 17/08/2018," Parliament of Australia, August 17, 2018, https://www.aph.gov.au/Parliamentary_Business/Hansard/Hansard_Display?bid=committees/commjnt/f3c745bf-4c77-4777-b3a9-f3ca60f42290/&sid=0001,访问时间:2022 年 7 月 29 日。

④ Sophie McNeill et al., "UTS, Curtin Unis Announce Reviews over Links to Surveillance Tech Used by Chinese Government," *ABC News*, July 16, 2019, www.abc.net.au/news/2019-07-16/australian-unis-to-review-links-to-chinese- surveillance-tech/11309598,访问时间:2022 年 7 月 29 日; Ben Packham, "UQ Researcher Probed over AI Uighur Surveil," *The Australian*, August 26, 2019, http://www.theaustralian.com.au/nation/politics/uq-researcher-probed-over-ai-uighur-surveil/news-story/33a6ae6b304c6363d2a4be6a22bc488 7,访问时间:2022 年 7 月 29 日; Alex Joske, "The Company with Aussie Roots that's Helping Build China's Surveillance State," *The Strategist*, August 26, 2019, www. aspistrategist.org.au/the-company-with-aussie-roots-thats-helping-build-chinas-surveillance-state/,访问时间:2022 年 7 月 29 日。

⑤ Danielle Cave et al., "Mapping China's Tech Giants," Australian Strategic Policy Institute, April 18, 2019, https://www.aspi.org.au/report/mapping-chinas-tech-giants,访问时间:2022 年 7 月 29 日。

与 CETC 的合作伙伴关系进行了内部审查,并最终建议停止监控相关项目的合作。[1]

对于澳大利亚国防部移除中国海康威视和大华两家公司的摄像头,中国外交部发言人在 2023 年 2 月 9 日与 2 月 14 两次的例行记者会上连续表示,中国政府一贯鼓励中国企业按照市场原则和国际规则、在遵守当地法律的基础上开展对外投资合作,反对任何泛化国家安全概念、滥用国家力量歧视打压中国企业的错误做法,希望澳大利亚方面为中国企业正常经营提供公平、公正、非歧视的环境,多做有利于双方互信和合作的事情。[2]

五、结论

随着人类社会加速进入数字时代,以数字技术为代表的高新技术竞争已成为大国综合国力竞争的核心所在。为维持和扩大数字技术优势,美国近年来采取多种措施打压限制中国企业的数字技术能力和全球影响力。在这一过程中,美国盟国对中国数字技术的态度差异逐渐成为相关研究分析的重点。不过,既有研究大多关注 5G 技术等美国采取高强度对抗举措的领域,而对美国对抗举措和给盟国施加压力处于中等水平的智能监控技术领域几乎没有关注。

本章的研究表明,美国盟国有关中国对其政权安全影响的认知是造成其对中国智能监控技术政策差异的核心因素。具体而言,认为中国的政策和行动不利于其政权安全的国家更可能采取限制使用政策,以向中国表达不满,并借此巩固现任领导人或党派的执政地位或确保本国政治的平稳运行,前者的典型案例是 2020 年春之后的英国和立陶宛,而后者的典型案例则是澳大利亚。认为中国的支持和合作有助于其维护政权稳定的国家则更可能采取欢迎

---

[1] "UTS CETC Review," University of Technology Sydney, September 13, 2019, http:// www.uts.edu.au/news/media-contacts/uts-cetc-review,访问时间:2022 年 7 月 29 日。
[2] 中国外交部:《2023 年 2 月 9 日外交部发言人毛宁主持例行记者会》,2023 年 2 月 9 日, http://russiaembassy.fmprc.gov.cn/web/wjdt_674879/fyrbt_674889/202302/t20230209_11022711.shtml,访问时间:2023 年 6 月 30 日;中国外交部:《2023 年 2 月 14 日外交部发言人汪文斌主持例行记者会》,2023 年 2 月 14 日, https://www.fmprc.gov.cn/fyrbt_673021/202302/t20230214_11024982.shtml,访问时间:2023 年 6 月 30 日。

使用的政策,以深化与中国的合作,推动自身经济和社会发展并进一步巩固执政地位,或者通过深化与中国的合作,向美国传达其干涉相关盟国内部事务的不满,这方面典型的案例是菲律宾。认为中国的政策和行动对其政权安全没有实质影响的国家将更可能采取默许使用政策,一方面,这些国家的政府不会明确表示限制或欢迎中国企业的智能监控设备,另一方面会根据现实需求和性价比选择中国产品,典型案例是日本。

日本委婉禁止华为 5G 与默许使用中国企业智能监控技术的政策差异,也有助于我们更加准确地理解美国施加的压力对其盟国选择中国数字技术政策的影响。具体而言,在美国高度关切并施加高强度压力的领域(如 5G),即便日本并未形成有关中国不利于国内稳定的认识,同时还要考虑平衡与中国的关系,也不得不顾及美国的影响以及自身与中国在国际层面的竞争,选择委婉禁止的政策。而在美国高度关切但施加的压力处于中等水平的领域(如智能监控技术),只要日本并未形成中国不利于其国内稳定的认知,就会采取默许使用的政策。当然,智能监控设备的应用场景广泛也是这类国家采取默许政策的影响因素。事实上,美国施加的压力处于中等水平加之应用场景广泛也是澳大利亚等国针对中国企业智能监控设备采取限制使用(政府机构不得使用)而非全面禁止政策的影响因素。

上述发现有助于我们更为清晰地把握美国对华数字技术打压处于中等强度背景下,美国盟国对中国数字技术政策形成的核心因素和逻辑机制,拓展了大国数字技术竞争的研究范围,一定程度上深化了数字时代大国战略竞争的理论认识,为推动数字时代国际关系理论的发展做了初步尝试。与此同时,学理认识的深化也在一定程度上有助于中国数字技术企业在充满不确定性的国际环境中不断优化全球发展战略。

索引

A

安全伙伴 70

安全困境 99-102，105，141

安全战略 Ⅷ，2-3，15，57-59，61，66，74，139，209

安全秩序 Ⅷ，52-56，61-62，66，71-72，74-76，80-81

昂贵信号 117

B

霸权秩序 53

半自主和全自主运载工具 108-109，128-130

本地化 68-69，251

比例原则 Ⅷ，85，89，95-97

标准化 32，38-39，42，45，47

C

测算基准 115

沉没成本 177，178

冲突 Ⅳ，Ⅸ，4-9，18-19，21，25-26，31-52，54，70，72，74，83，85，88-93，95-96，132，134-135，138，141，142-143，145，147-165，167-168，170-173，179，186，193-194，226

出口管制 14，51，58-60，62，65，71，119，121

D

搭便车 40

大国竞争 Ⅳ，Ⅶ，32，34-36，46，61，135

大华 244-266，268-269，271，275，277

代顿协议 145-146

单一技术决定论 172

等级体系 54，74，80

地雷议定书 85，94

地区秩序 Ⅶ，53，56，140，141

第五战场 175

F

非常规战争 135

分布式拒绝服务 189-191

G

攻防平衡 101-102，107

规模效应 108，110，112，115-123

国防授权法 244

国际法 Ⅷ，52，83-88，91-93，95-98，100，140，158，160，179

国际格局 7，24

国际规范 Ⅶ，2，25，29，31，59，61，143，179，223，228，241

国际制度 52，53

国际秩序 Ⅳ，Ⅶ，Ⅹ，1，4-6，23-24，30，52-53，56，62，73，81-82，135，

211，214，219-223，227-228，230，234，240-241，253，259，262-263
国家中心论 182
过分杀伤常规武器条约 85，94

H

海康威视 244-245，247，263，266，268-275，277
核驱使 186
核威慑 182，186
红灯机制 94-95，97
华为 Ⅹ，12，15，18-21，24，29，58，61-62，68-69，76，81-82，209-215，217-241，246，253，259，261，263，271，274，278

J

技术壁垒 Ⅷ，33-34，38-39，41-45，48
技术标准 Ⅶ-Ⅷ，32-51，59，63-64，113，244
技术冷战 46
竞争护城河 105，113
俱乐部合作 78-79
军备竞赛 54-55，67，76，80，99-106，172，174，208
军用无人机 Ⅸ，120，132-140，144-149，151-154，156-157，159，162-163，169，171-174
均势秩序 53，55

K

科技联盟 63
可信性 176，178，188-189，196，198，203-204，207-208

空中均势 149-151，153-154
空中优势 Ⅸ，134，145，148-151，153-157，161-163，166-168，170-171
跨境数据流动 68-69

L

棱镜计划 192
冷战思维 Ⅶ，5-6，17，19，21，23，30，67，182
联邦数据战略 57
联合国宪章 88
两极格局 4-6
两极化 6
量子计算 57-58，65，77
零和资源 108，110-111，116，118，120-123
绿灯机制 94-95，97

M

梅文计划 108，124
美日安保条约 64
美英澳三边伙伴关系 78
美中经济与安全审查委员会 32-33
模仿学习 108，110，112-113，115-120，122-123

N

南北关系 26
南南关系 26
匿名性 189
匿名者 191

Q

清洁网络 62

索引

情报监视与侦察 108，123，125

区块链 12，16

权威秩序 53-54，80

全面与进步跨太平洋伙伴关系协定 67

确保相互欺骗 180

R

人工智能 Ⅷ-Ⅸ，1，14，16，57-60，62，65，76，83-88，90，93-100，102-109，111-112，114-118，120-131，135，174，209，218，263，270

人机结合 108，114，122-123，128

软杀伤 151，166

S

社会制度主义 35-36

深度学习 115-116，128

实体清单 50，62，71，245

市场禁入 51

试错成本 41，108，110，112，115-123

数据本地化 251

数据货币化 12

数字技术竞争 Ⅶ-Ⅷ，Ⅸ，52，55-56，61，63，66，71，75，81-82，209，218，240-241，246，278

数字经济 Ⅲ-Ⅳ，Ⅶ，5-6，11-13，16-17，28，30，57，61，67，70，214，241-243，263，270

数字生态 60

数字时代 Ⅲ-Ⅴ，Ⅶ-Ⅷ，Ⅹ，1，5-6，17，25-26，55-58，60，71，73-74，80，82，211，220，222，227，241，246，254，277-278

数字思维 Ⅶ，5-6，11，16-21，23，27，30，31

T

脱钩 Ⅶ，4，14，17-18，28-29，31，46，51，61-62，66

W

瓦森纳协定 58

外围硬件 108，120-122，125-130

网络安全 Ⅶ，5-6，11，14-17，20，28，30，64-66，73，190，207，214，216，229，232，235，238，267，270

网络拒止 181

网络空间作战 108-109，126，130

网络驱使 176，184-185，207-208

网络威胁 24，29，64-65，178，216

网络胁迫 Ⅸ，175-176，178，180-186，188-189，192-194，196，199-201，203-208

网络珍珠港 72

维基解密 196，201-203，208

巫师行动 187

5G Ⅲ-Ⅳ，Ⅹ，6，15，18-21，24，29，43，58-59，63-65，68-69，76-77，81-82，209-241，246，253，259，261，263，271，274，277-278

五眼联盟 235-237

武装冲突法 83，85，88，92-93，95-96

X

先行者优势 Ⅷ-Ⅸ，33，36，40，49，99-100，102-103，105-131

相称性原则 Ⅷ，85，88-93，95，97

小院高墙 61

281

数字时代的安全竞争与国际秩序

新冷战　2-4，10，55，67，76，236
信息战　108-109，127，130，208
学习曲线　112，115，117，119

Y

意识形态　Ⅶ，1，3-7，9-11，17-19，21，23，26，30，67，210，252
赢者通吃　Ⅷ - Ⅸ，34，36-39，43，49，100，110-111，120，129，131
硬杀伤　151，155，166
有效负载　186
预警即发射　92

Z

战略对冲　Ⅷ　54-56，69，74-81，219
战略防御倡议　104
政权安全　Ⅹ，19，27，72，210，214，216-222，230，240-242，255-260，262，274，277，278
指挥控制　108-109，127-130
制度距离　249-250
制空权　145，149-150，155-157，161，163-164
致命性自主武器系统　108-109，129-130
智能监控　Ⅹ，68-69，81，243-249，251-254，257-261，264-269，272-278
中国战略小组　105，113
专用硬件　108，114，118-121，126-130
最终军事用户清单　62